Historia

HECHOS Y FIGURAS
DEL SIGLO XVIII ESPAÑOL

por

ANTONIO DOMINGUEZ ORTIZ

siglo
veintiuno
de españa
editores
sa

siglo veintiuno editores, sa
GABRIEL MANCERA 65, MEXICO 12, D.F.

siglo veintiuno de españa editores, sa
EMILIO RUBIN, 7, MADRID-33 - ESPAÑA

siglo veintiuno argentina editores, sa
Av. CORDOBA 2064, BUENOS AIRES, ARGENTINA

Primera edición, octubre 1973.

© Antonio Domínguez Ortiz.

© SIGLO XXI DE ESPAÑA EDITORES, S. A.
Emilio Rubín, 7, Madrid-33.

DERECHOS RESERVADOS CONFORME A LA LEY.

Impreso y hecho en España.
Printed and made in Spain.

Depósito legal: M. 27.965 - 1973.
I.S.B.N. 84-323-0105-1.

Diseñó la cubierta: Diego Lara.

Impreso en Maribel, Artes Gráficas.
Tomás Bretón, 51, Madrid-7.

INDICE

Prólogo   IX

1. EL OCASO DEL REGIMEN SEÑO-
RIAL EN LA ESPAÑA DEL SIGLO
XVIII   1

2. LA VILLA Y EL MONASTERIO DE
SAHAGUN EN EL SIGLO XVIII ...   63

3. UNA VISION CRITICA DEL MADRID
DEL SIGLO XVIII   89

4. ASPECTOS DE LA ESPAÑA DE FEI-
JOO   121

5. DOS MEDICOS PROCESADOS POR
LA INQUISICION   159
   I. *El doctor Juan Muñoz Peralta* ...   159
   II. *El proceso inquisitorial del doc-
   tor Diego Mateo Zapata*   178

6. DON LEANDRO FERNANDEZ DE
MORATIN Y LA SOCIEDAD ESPA-
ÑOLA DE SU TIEMPO   193

7. REFLEXIONES SOBRE «LAS DOS
ESPAÑAS»   247

ÍNDICE

Prólogo ... IX

1. EL OCASO DEL RÉGIMEN SEÑORIAL EN LA ESPAÑA DEL SIGLO XVIII ... 1

2. LA VILLA Y EL MONASTERIO DE SAHAGÚN EN EL SIGLO XVIII ... 43

3. UNA VISIÓN CRÍTICA DEL MADRID DEL SIGLO XVIII ... 89

4. ASPECTOS DE LA ESPAÑA DE FELIPE ... 121

5. DOS MÉDICOS PROCESADOS POR LA INQUISICIÓN ... 159
   I. El doctor Juan Muñoz Peralta ... 160
   II. El proceso inquisitorial del doctor Diego Mateo Zapata ... 178

6. DON LEANDRO FERNÁNDEZ DE MORATÍN Y LA SOCIEDAD ESPAÑOLA DE SU TIEMPO ... 193

7. REFLEXIONES SOBRE LAS DOS «ESPAÑAS» ... 247

Por gentileza de Siglo XXI de España se reproducen en este volumen algunos escritos breves, unos agotados, otros desperdigados en diversas revistas de no siempre fácil localización. Se incluye como pórtico mi estudio sobre «El ocaso del régimen señorial», que forma un capítulo de mi Sociedad española del siglo XVIII; aunque data ya de hace casi veinte años y hoy podría añadir mucho a lo que escribí entonces, pienso que su orientación sigue siendo válida en lo esencial.

Sigue, en íntima relación con el anterior, un breve trabajo que, referido a un caso concreto, ilustra las premisas generales del anterior: las discordias entre el monasterio y la villa de Sahagún a causa de la percepción de derechos señoriales y otras cuestiones derivadas de la simbiosis, no siempre fácil, de una comunidad rica, poseedora de antiguos privilegios, y unos labradores castellanos celosos también de su autonomía y de sus derechos.

Siguen, como intermedio cómico entre estos enfrentamientos dramáticos, unas páginas sobre la vida madrileña en el siglo XVIII, extractadas de una curiosa y desconocida obra de cierto aristócrata canario, con puntas y ribetes de volteriano, que veía la Corte con la mirada crítica de quien había conocido por experiencia otras ciudades más cosmopolitas y otros horizontes más abiertos.

IX

«Aspectos de la España de Feijóo» muestra, según creo, la carga de irracionalidad y superstición que se encubría bajo nobles apariencias en aquella España que el ilustre benedictino y algunos otros espíritus abiertos se esforzaban por modernizar.

Muñoz Peralta y Mateo Zapata fueron dos médicos reales, ambos de remota ascendencia judía, y perseguidos por la Inquisición como sospechosos en la fe. El paralelismo se acrecienta considerando que los dos trabajaron por una renovación de los estudios científicos en España. Son dos figuras gemelas que están pidiendo un estudio profundo y detenido; mientras no contemos con él, las breves páginas que aquí se les dedican podrán dar una idea de su significado e importancia.

El largo artículo sobre «Don Leandro Fernández de Moratín y la sociedad española de su tiempo», escrito con motivo de la conmemoración de su segundo centenario, pretende ilustrar algunos aspectos de la sociedad española en aquel tránsito del XVIII al XIX que vivió el conflicto entre unos valores seculares, que estaban desvaneciéndose, y unas tendencias, aún imprecisas, hacia nuevos ideales y formas de existencia.

Cierra el volumen un artículo sobre «Las dos Españas», que, aunque no referido exclusivamente al siglo XVIII, está centrado en dicha centuria, porque en ella fue cuando por primera vez surgió a la luz, de un modo claro, la contraposición entre dos maneras de entender la cultura española.

No permite todavía hoy el estado de la investigación ofrecer una síntesis completa y homogénea de lo que fue en el aspecto espiritual *aquel siglo, al que, si por comodidad pedagógica seguimos adscribiendo a la Edad Moderna, no podemos negar una personalidad propia. En el XVIII se desvanece el sueño imperial europeo encarnado en los Habsburgos, y surge nítido el contorno de España como entidad política; mejor, de las Españas, puesto que la realidad americana era inseparable de la peninsular. Al propio tiempo que toma conciencia de sí misma como nación, España empieza a dudar de la validez del sistema en que estaba configurada y de los ideales por los que había luchado. Bajo apariencias de continuidad, todo está en crisis. La España de 1800 estaba ya más cerca de las realidades contemporáneas que del mundo de los Austrias. Muchos problemas actuales nacen entonces, y no pocos esperan aún solución. Conocer mejor nuestro siglo XVIII es contribuir al mejor conocimiento de nosotros mismos y de las cuestiones de nuestro tiempo. Desearía que los estudios reunidos en este libro pudieran significar una mínima contribución a este fin.*

1. EL OCASO DEL REGIMEN SEÑO-
RIAL EN LA ESPAÑA
DEL SIGLO XVIII *

Al comenzar el siglo XVIII, la mayor parte del territorio nacional estaba sometido al régimen señorial, es decir, que entre la autoridad soberana del rey y el vasallo se interponía otra jurisdicción particular, consentida o delegada. A fines del mismo siglo, aunque no se crearon nuevos señoríos y algunos revertieron a la Corona, todavía los municipios de realengo estaban en minoría en casi todas las regiones [1].

* Artículo publicado en la *Revista Internacional de Sociología*, núm. 39, julio-septiembre 1952.

[1] El Censo de 1797 proporciona las siguientes cifras:

	Ciudades	Villas	Lugares	Aldeas	Granjas	Cotos redondos	Despoblados	TOTAL
R.	126	1.703	7.870	879	934	118	291	11.921
A.	—	135	948	42	46	129	25	1.325
S. ecl.	7	260	1.254	123	644	154	149	2.591
S. sec.	15	2.286	4.267	671	612	400	430	8.681
O. M.	—	332	186	106	15	36	37	712
Total	148	4.716	14.525	1.821	2.251	837	932	25.230

(Abreviaturas: R = realengo; A= abadengo; S. ecl. = señorío eclesiástico; S sec. = señorío secular; O. M. = Ordenes militares.)

[1]

Verdad es que, salvo cortas excepciones, las ciudades populosas no tenían señor, y que gran número de señoríos consistían meramente en granjas, despoblados y cotos redondos; con todo, millones de españoles, campesinos en gran mayoría, vivían bajo este régimen que podemos llamar de excepción. A pesar de ello, y de las numerosas fuentes de información de que disponemos, su estudio no ha atraído a los investigadores, que, interesados sobre todo por la etapa de formación de señoríos, han descuidado su fase final [2]. Ciertamente, durante el

---

No proporciona ninguna información sobre las cifras respectivas de habitantes; lo único que puede deducirse es que los núcleos de mayor población eran realengos. Tampoco conocemos la superficie que abarcaban los señoríos; esto podría deducirse estudiando con detenimiento los mapas de don Tomás López.

Según la publicación oficial *España dividida en provincias...* (especie de nomenclátor), había en España 21.937 pueblos; de señorío secular eran 10.641, y eclesiásticos, 2.261; como se ve, las divergencias con el muy poco posterior Censo, cuyas cifras copiamos, son considerables.

En las Cortes de Cádiz (sesión del 27 de junio de 1811), el diputado Alonso López, especulando sobre la proporción entre los pueblos de realengo y de señorío, aventuró unos cálculos sobre la superficie que correspondía a cada categoría que no merecen ninguna confianza. La verdad es que desconocemos qué parte de la superficie y de la población de España vivía bajo el régimen señorial; los datos existen, y con paciencia y tiempo podría averiguarse con pequeño margen de error.

[2] Hoy no puede ya decirse que la etapa final del régimen señorial español esté sin estudiar, sobre todo gracias a los trabajos del profesor Moxó: *Incorporación de señoríos a la Corona* (1959) y *La disolución del régimen señorial* (1965). Los elementos para el estudio de los señoríos españoles en su fase final se hallan desperdigados en multitud de archivos públicos y particulares; los de las Chancillerías de Gra-

siglo XVIII no se registran en ellos modificaciones institucionales de gran volumen; el absolutismo borbónico, aunque opuesto por principio a toda desmembración de soberanía, transigió con los señoríos una vez que los hubo despojado de los últimos residuos de su significación política, ya casi inexistente bajo los

---

nada y Valladolid contienen un enorme número de documentos referentes a pleitos entre señores y vasallos del mayor interés para juzgar las modalidades del régimen señorial; algunos dieron origen a Memoriales y Alegaciones fiscales impresos, y aun a libros, como los de López de Cárdenas y Ramírez de Luque, que en su lugar mencionaremos. Del mayor interés, en este aspecto y para las demandas de reversión, son los fondos del Consejo de Hacienda (Archivo de Simancas). La documentación de la Sala de Gobierno del Consejo de Castilla, de la Junta de Incorporación, y de las diversas secciones de Ordenes Militares (sobre todo, las Visitas) forman en el Archivo Histórico Nacional una acumulación ingente y apenas explorada de datos y noticias. Aún menos conocidos son, en este aspecto, los archivos particulares de la nobleza; interesaría, entre otras cosas, la publicación de algunas de las numerosas Ordenanzas señoriales; el DUQUE DE ALBA, en un artículo titulado «Relaciones de la nobleza con sus pueblos» (BAH, XCI), dio noticia de cerca de ochenta existentes en el archivo de su casa, unas generales, otras referentes a asuntos particulares; aguas y bosques, policía, pósitos, etc.

Por su carácter confidencial y la procedencia de sus datos, merecen confianza las noticias que sobre los efectos del régimen señorial se encuentran diseminados en los voluminosos tomos (manuscritos en la Biblioteca Nacional) que contienen las respuestas de los párrocos a un interrogatorio que a fines del siglo XVIII les dirigió el famoso geógrafo real y cartógrafo don Tomás López; algunas hemos utilizado en las páginas siguientes.

Las pocas monografías que tenemos sobre el régimen señorial apenas hacen referencia a su estado en el siglo XVIII; la única que se ciñe concretamente a esta época es el artículo de M. GARCÍA PELAYO, «El esta-

últimos Austrias. Los cambios legislativos fueron pocos, y, excepto la abolición de los señoríos eclesiásticos en 1805, de escasa trascendencia. Pero si el estudio del ocaso de aquel régimen presenta poco interés desde el punto de vista jurídico, desde el histórico-social cabe formular preguntas como las siguientes: ¿Qué ventajas representaban los señoríos para sus poseedores? ¿Sus vasallos estaban satisfechos o quejosos? ¿Respondió a un deseo general el decreto de abolición de las Cortes de Cádiz?

Estas preguntas y otras análogas no son susceptibles de recibir contestaciones de contornos rotundos, por lo disperso y fragmentario de nuestra información y por la misma índole de la institución, diversísima en cuanto a su origen y caracteres. No cabe formular un juicio que englobe fenómenos de naturaleza tan distinta como los señoríos valencianos, los abadengos gallegos y las encomiendas extremeñas;

---

mento de la nobleza en el despotismo ilustrado español» (*Moneda y Crédito*, 1946), donde se hace un buen resumen de la cuestión y se aprovechan juiciosamente los datos contenidos en las Actas de las Cortes de Cádiz. Otras obras se refieren más bien a las consecuencias legales de las leyes de extinción, como son la *Memoria sobre señoríos territoriales y solariegos*, de Mariano AMADORI (Madrid, 1821), las *Reflexiones sobre las leyes vigentes de Señoríos y su aplicación a las pechas de la provincia de Navarra*, de Esteban OZCARIZ (Pamplona, 1846), y el libro de GARCÍA ORMAECHEA, *Supervivencias feudales en España. Legislación y jurisprudencia sobre señoríos*, Madrid, 1932. Brevísimo es el artículo de José TUDELA, «Los señoríos jurisdiccionales de la España de Carlos III» (*Rev. de Servicios Social-Agrarios*, 1932, págs. 842-847). Las historias locales suelen contener bastantes datos, y hasta cierto punto, su consulta puede suplir la de los archivos municipales, difícil o imposible en muchos casos.

sin contar con lo que en las relaciones entre señores y vasallos había de puramente personal, aparte cualquier consideración jurídica; el estatuto legal más duro resultaba llevadero aplicado por un señor tolerante y compasivo, y a la inversa.

La inmensa mayoría de los señoríos procedían del Medievo; sin embargo, acrecentamientos importantes tuvieron lugar en los siglos XVI y XVII que, salvo algún raro caso de autoventa [3], procedieron de enajenaciones efectuadas por los Austrias, aquejados de crónica penuria. En el XVI, aunque no faltaron las ventas de realengos, destacan las enajenaciones de propiedades eclesiásticas; en el XVII no se vuelve a tocar a éstas y, en cambio, se venden, bajo Felipe IV, jurisdicciones que dan lugar a 169 nuevos señoríos [4]. Pero éstos son meramente jurisdiccionales, mientras que en los de origen medieval el señor, a más de su potestad delegada de la real, tenía la propiedad particular de todo o parte del territorio, es decir, que sus vasallos eran a la vez sus colonos o arrendatarios. También se vendieron en dichos dos siglos gran número de oficios y rentas reales, cuya posesión no implicaba señorío, pero por llevar aparejadas delegaciones de soberanía, tenían efectos semejantes, que en la práctica iban más allá

---

[3] De uno de estos casos (el del municipio castellano de Redueña) di noticia en «La ruina de la aldea castellana», art. en la *Revista Internacional de Sociología*, 1948.
[4] Marqués de SALTILLO, *Historia nobiliaria española*, tomo I, capítulo III; interesante por la enumeración de los lugares que abarcaba cada señorío. Del mismo autor es una interesante monografía sobre *El Señorío de Valverde*, Madrid, 1945.

de los puramente económicos que motivaron su concesión; con mucha frecuencia fue el propio señor quien reforzó su autoridad en el pueblo por medio de estas adquisiciones, y así meros solariegos fueron transformados en auténticos señoríos.

Dentro, pues, de tan multiforme variedad podían distinguirse:

a) Pueblos en los que un particular poseía oficios públicos, rentas y otras regalías. (Esto, por sí sólo, no constituía señorío.)

b) Pueblos en los que el señor no poseía jurisdicción, sino la mera propiedad de las tierras, acompañada de ciertos derechos honoríficos (solariegos de Castilla).

c) Pueblos en los que el propietario de toda o parte de la tierra era a la vez el señor jurisdiccional; estos señoríos mixtos eran los más numerosos y característicos; eran también aquellos en que la potestad del señor alcanzaba su plenitud; y

d) Pueblos en los que el señor jurisdiccional no tenía propiedades. A esta última categoría pertenecían muchos de los señoríos modernos. Ya se comprende que al decir que no tenía propiedades se entiende respecto a las tierras de labor y bienes del concejo, pues para la administración de justicia y recolección de rentas necesitaba edificios apropiados.

Antes de pasar más adelante digamos que si bien la mayoría de los señores eran nobles y títulos, el «señor de vasallos» podía ser un simple particular, un advenedizo enriquecido que precisamente invertía su fortuna en la compra de un pueblo para ascender de categoría social. No pocos de los señoríos creados en los siglos XVI y XVII tuvieron este origen, más afín a la vanidad que a la especulación, pues la mera jurisdicción, ejercida en conciencia, no era gran negocio. Los señoríos productivos eran los solariegos y mixtos, en los que además de las multas y penas de Cámara, de escasísimo rendimiento, y de ciertas reliquias feudales casi en todas partes caídas en desuso, percibían rentas en dinero o frutos; era, además, corriente que el señor poseyera las tierras de pasto y arbolado, mientras las de labor, si le pertenecían, las había cedido a censo enfitéutico; el derecho exclusivo de caza y pesca apenas debía practicarse, pues no aparece mencionado por los oradores de las Cortes de Cádiz, que enumeraron con espíritu de acerba crítica los males del régimen señorial. En cambio, sí eran de gran rendimiento y motivo de frecuentes quejas los monopolios de horno, molino, lagar, mesón y otros análogos. También era fuente de ingresos para los señores de las dos últimas categorías mencionadas los arriendos de escribanías y otros oficios públicos, en algunos sitios la percepción de pontajes, peajes y barcajes; la posesión de alcabalas y tercias, para los que tenían este derecho por compra o prescripción; los diezmos en no pocos casos y, en fin, una gran variedad de derechos, algunos de antiquísimo origen, de los que muchas veces es imposible decidir si se pagaban por la jurisdicción o por la propiedad de la tierra. Cárdenas [5] escribe que en la Edad Moderna «tanto las tierras que los solariegos tenían de los nobles como las que éstos poseían de la Corona vinieron a confundirse de hecho con

---

[5] CÁRDENAS, *Historia de la propiedd territorial en España*, Madrid, 1873, capítulos I y II (libro VIII).

las que siempre fueron alodiales y libres». (Es decir, que lo que perdió políticamente la nobleza lo ganó económicamente al conseguir el pleno dominio de las tierras que en otro tiempo les concedieron los reyes.) Más adelante, siguiendo a Castillo Bobadilla, enumera como atribuciones de los señores jurisdiccionales el derecho de tomar de los montes concejiles toda la leña que necesitaran, y en los demás aprovechamientos comunales la parte de dos vecinos; hacer que sus vasallos guardaran sus castillos en caso de peligro, hospedarse gratuitamente en casa de sus vasallos, ocupar los bienes abandonados o mostrencos, publicar ordenanzas y bandos de gobierno, cobrar penas de Cámara, proveer a la seguridad de los caminos, etc.

Como se ve, los derechos que de esta clase estaban subsistentes en el siglo XVIII (caídos en desuso otros como el de hospedaje y guarnición del castillo) eran de poca monta, y a veces ni siquiera sufragaban los gastos de administración. De donde se infiere que la inmensa mayoría de las rentas señoriales procedían de los señoríos solariegos y mixtos. Dichas rentas fueron calculadas por Canga a principios del siglo XIX en 82.450.000 reales anuales para toda España [6]. Ignoro el grado de confianza que merezca esta cifra, que parece muy moderada, pues distribuida entre más de diez mil lugares de señorío apenas corresponden a cada uno ocho mil reales. Lo que importa hacer resaltar es la extremada desigualdad de su repartición, pues el propio Canga atribuye casi la

---

[6] *Diccionario de Hacienda*, artículo «Derechos dominicales».

mitad del total al solo Reino de Valencia (40.000.000), seguido de Cataluña, con 20 millones; Galicia y Aragón, con cuatro cada uno; en Andalucía representaban muy poco; el millón que pagaban los pueblos de Guadalajara representaba una carga mucho más pesada que los dos millones que tributaban los de Sevilla.

Las dos únicas provincias que aparecen enteramente realengas en el Censo de 1797 son las de Vizcaya y Guipúzcoa; en las demás, no sólo era muy variable su número, sino su clase. La institución señorial aparece en vísperas de su extinción como un aglomerado informe de viejos usos y anacrónicas supervivencias confundidos con los problemas derivados de la cuestión siempre candente de las relaciones entre propietarios y colonos: dos cosas totalmente diversas que entonces aparecían unidas. En aquel siglo XVIII, que se nos presenta dominado por la preocupación del orden y la uniformidad, los señoríos presentaban la imagen del más pintoresco abigarramiento; en su régimen interno, cada uno era un caso especial; en cuanto a su tamaño, iban desde el despoblado, la granja, el coto redondo, a los enormes *estados* de los grandes, diseminados por toda España y que en muchas comarcas agrupaban en torno a una villa importante docenas de lugares sin solución de continuidad. Incluso se daban ejemplos de pueblos que pertenecían a dos jurisdicciones: Ibros era mitad del rey, mitad del conde de Santisteban, por lo menos, en los tiempos en que Ordóñez escribía su *Historia de Jaén*. Villafranca y Los Palacios, cerca de Lebrija, eran materialmente una sola villa; jurídicamente, dos: la primera de realengo, la segunda del duque de Arcos. En Cataluña cita

Desdevizes du Dezert los casos de Alfaras, que dependía en lo civil del marqués de este nombre y en lo criminal del rey; Alcolea, que era, a la vez, de la priora de un convento y del ayuntamiento de Lérida, y Momblanquet, repartido entre el abad de Poblet y el rey[7].

Mejor que pretender abarcar tal multiplicidad será poner algunos ejemplos tomados de distintas regiones de España. El abadengo de Santa María de Belmonte, en Asturias, es bien conocido por el estudio del señor Prieto Bances[8]. El monasterio poseía a la vez la jurisdicción y la propiedad; cada uno de los vecinos del coto le pagaba una marrana, un cordero, una cesta de panes de escanda y un haz de leña; pagaban además el *adria* o *anubda*, que en su origen era el rescate por el servicio de las armas; por eso era el único que en Belmonte no pagaban los hidalgos, que satisfacían todos los otros derechos. Tenían además que pagar foros por los terrenos que cultivaban, y cuyo importe, elevado a partir del XVI, dio lugar a varios pleitos. Finalmente, los monjes, dotados de jurisdicción civil y criminal (mero y mixto imperio), nombraban jueces, alcaldes, escribanos, tenían cárcel, cobraban multas y percibían las penas.

Villamañán, a cinco leguas de León y siete de Astorga, era el centro de treinta pueblos y aldeas pertenecientes a la jurisdicción del marqués de Astorga; a fines del siglo XVIII cobraba el marqués los siguientes derechos en dicha

---

[7] DESDEVIZES, *Les Institutions...*, pág. 151.
[8] PRIETO BANCES, *Apuntes para el estudio del señorío de Santa María de Belmonte*, Disc. Universidad de Oviedo, 1928.

villa: las alcabalas del pan y del vino, de las que no se exigía el 10 por 100 legal; un derecho del tres por ciento de todo lo que se vendiera en la villa y mercados, rebajado en la práctica al dos; derecho de pesca en el Esla, que se arrendaba en 500 reales. Sumados todos, importaban unos 22.000 reales anuales, que se obtenían por arrendamiento, pues de querer recaudarlos por gestión directa harían falta (dice el administrador del marqués que suministra estos datos) tres personas, y más en épocas de feria. Otros ingresos proporcionaban los diezmos, que el marqués percibía conjuntamente con otros beneficiarios eclesiásticos y seculares, y 78 eminas de prado, que rentaban 700 reales anuales. Competía al señor jurisdiccional el nombramiento de alcalde mayor, de los ocho regidores, cuatro por el estado general y cuatro por el estado noble, a propuesta de doble número de éstos, y la provisión de las tres escribanías. Entre los lugares agregados, Villacalviel pagaba al marqués 700 maravedís por San Martín (martiniega), ocho gallinas computadas a dos reales cada una, ocho eminas de trigo y otras tantas de centeno «por razón de foro y con título de yantares, atribuyéndose esto a lo que disfrutan del término que es privativo de S. E. sin que en las escrituras antiguas ni modernas resulte el fundamento u origen de esta pensión, como ni tampoco de 300 maravedís que contribuyen por razón de pedidos». Pertenecían al señor en dicho lugar las alcabalas y unas casas. En el de Villivañe (40 vecinos) percibía 24 reales y el valor de ocho gallinas por San Martín, mil maravedís por razón de pedidos, una carga de trigo y otra de centeno, más el producto de las alcabalas y

de cinco pedazos de tierra de centeno. Los de
Villagallegos «pagan alcabalas, 800 maravedís
de pedidos, 515 de yantar, 16 reales, valor de
ocho gallinas, 20 eminas y un celemín de trigo
y 26 de centeno. Tiene S. E. media casa dezme-
ra». Análogos derechos, que sería prolijo relatar, tributaban los restantes lugares de la administración de Villamañán [9].

En Extremadura, el monasterio de Guadalupe tenía la jurisdicción espiritual y temporal
sobre este pueblo; nombraba los regidores, alguacil, escribanos y demás cargos concejiles;
cada uno, en reconocimiento del señorío, le
daba al año cien gallinas de presente. Llevaba
los diezmos de todo lo que se criaba y cogía
en el término; el pueblo le tributaba 5.000 maravedís de martiniega, y por San Juan, seis
fanegas de pan cocido, 12 arrobas de vino esco-
gido, 60 gallinas, tres terneras y 10 carneros,
costeados por repartimiento entre todos los
vecinos. Muchas eran las propiedades del monasterio, pero las que por su carácter monopo-
lista tenían más sabor feudal eran las rentas
de los tres mesones, de las carnicerías, de los
hornos de pan y la exclusiva de la pesca [10].

En Andalucía era más chocante el contraste
entre los pueblos que, como Osuna, Marchena
y otros muchos, prosperaron bajo el régimen
señorial y aquellos otros para los que representó pesada rémora; como ejemplo de estos últimos puede citarse Baena; allí percibía el señor un derecho por arroba de líquido, una

---

[9] *Descripción de todos y cada uno de los pueblos
que comprende la administración de la villa de Villamañán...*, 1785 (B. N. ms. 18293).
[10] B. BLANCO: *Para la historia del monasterio de
Guadalupe*, RABM, 1910, II, 153-54.

gabela sobre el ganado que entraba en la posada llamada *cuerno y atadero*, portazgo y peaje y otros derechos llamados *alcaldía del agua*, *almojarife* (una libra carnicera por cada res vacuna que se mataba) y *almotacén de pesos y medidas* [11]. Pero allí, y en otras poblaciones de Andalucía, era el monopolio del molino de aceite el que más perjuicios y protestas causaba. Sobre esto volveremos más adelante.

En la Corona de Aragón, los señoríos tenían características especiales que requieren mención aparte; con diferencias entre sus cuatro reinos, daban en conjunto la sensación de ser allí el régimen señorial más duro que en Castilla. Esto era cierto, sobre todo por lo que toca a Aragón, donde el señor poseía derecho de vida y muerte sobre sus vasallos. Como se ha escrito (y fantaseado) bastante sobre este punto, conviene precisar el grado de exactitud de este aserto. No puede dudarse de que existió tal derecho de vida y muerte porque consta en los Fueros aragoneses [12]. El señor tenía derecho a matar a su vasallo de hambre, sed o frío. En el siglo XIV, el justicia mayor Sancho Jiménez reconoció a los señores dicha potestad, pero sólo con justa causa; anteriormente, las Cortes de Huesca de 1247 la habían limitado a los casos en que un vasallo diera muerte a otro del mismo señor. Pero la influencia romanista

---

[11] VALVERDE Y PERALES: *Historia de la villa de Baena*, Toledo, 1903, capítulo IX.

[12] Está inserto en las *Observancias*, de DÍAZ DE AUX, libro V, titulado *De privilegio militum*. V. LA FUENTE, *Estudios críticos sobre la historia y el derecho de Aragón*, 2.ª serie, Madrid, 1885. Recarga las tintas al tratar del régimen feudal aragonés como reacción contra los apologistas del supuesto *liberalismo* de la primitiva Constitución aragonesa.

se hizo sentir después de modo nefasto; las *Observancias* compiladas por Martín Díaz de Aux a principios del siglo xv sostienen la potestad señorial absoluta y arbitraria, negando incluso al mísero vasallo el derecho de apelar al rey. Más extremoso aún es el *Analyticus tractatus de lege regia...* (Zaragoza, 1616), de Calixto Ramírez, que Hinojosa llama «apología desaforada e imprudente del despotismo señorial»[13]; para el citado leguleyo, la vida y bienes del vasallo están en absoluto a disposición del señor, sin que contra sus desafueros quepa recurso ni protección en ninguna autoridad terrena; la única limitación que establece es la prohibición de profanar el cadáver del siervo, porque con su muerte cesaba el vínculo de dependencia. Razón tuvo Montemayor al escribir que en el reino de Aragón «los vasallos de signo servicio son de peor condición aún que los esclavos»[14].

Sin embargo, creo que puede sostenerse que la realidad fue mejor que la teoría, y que, al menos en los últimos siglos, ningún señor hizo perecer a un vasallo suyo de hambre y sed; si este derecho existió debió ser, según conjetura Hinojosa, como vestigio de la ley visigótica que prohibía a los dueños de esclavos la efusión de sangre y mutilación de miembros; y aún esto debió caer en desuso, pues los señores aragoneses tuvieron, como los de otras partes de España, la horca como emblema de su

---

[13] «La servidumbre de la gleba en Aragón» (*España Moderna*, octubre 1904).

[14] *Sumaria investigación del origen y privilegios de los ricos hombres, caballeros, infanzones y señores de vasallos de Aragón y del absoluto poder que en ellos tienen*, Méjico, 1664. (Cit. por HINOJOSA.)

potestad criminal (mero imperio) que allí perduró más tiempo. El jurisconsulto Lázaro Dou, en la oración inaugural que pronunció en la Universidad de Cervera en 1783, aplaudió la abolición de unas leyes que permitían azotar y ahorcar hombres libres por mandato de un juez y sin apelación [15]. Ninguna referencia, como se ve, a la potestad arbitraria de los señores tal como había sido definida por los juristas. Es más, incluso aplicada en la forma ordinaria, rara vez o nunca debió aplicarse durante el siglo XVII; a comienzos de dicha centuria, las Cortes de Barbastro (1626) pidieron al rey la abolición del derecho de vida y muerte; si tenemos en cuenta el carácter eminentemente aristocrático de las Cortes aragonesas, podemos deducir que, aun entre los beneficiarios, dicho derecho se había hecho impopular [16]. Los autores que con más fuerza han declamado contra él no alegan casos de aplicación concreta que demuestren que la práctica medieval seguía vigente, lo que hace creer que había caído en desuso. El propio Macanaz, tan encarnizado contra los viejos Fueros aragoneses, da a entender que aquella temible potestad señorial sólo servía *ad terrorem* [17].

---

[15] El diputado Caneja, recordando a Dou dicho discurso, le reprochó como una inconsecuencia que se opusiera al proyecto de ley de abolición de señoríos. (Actas de las Cortes de Cádiz, sesión del 9 de junio de 1811.)

[16] Así lo dice HINOJOSA (art. citado). No hemos podido comprobar la existencia de dicha petición consultando las Actas de las Cortes de Barbastro, que se imprimieron en Zaragoza, 1627. El resumen que hace de ellas DANVILA (*El Poder Civil en España*, III, 69-76) no la menciona.

[17] *Regalías de los señores reyes de Aragón*, M. 1889, páginas 98 y siguientes. Según MACANAZ, los señores

Hemos insistido en este punto por librar de un feo oprobio a nuestra nación, ya que es frecuente leer que hasta Felipe V los señores aragoneses podían matar a sus vasallos de la manera más cruel y sin forma de juicio. Esto no quita valor al decreto de 16 de enero de 1716 que recabó para la Corona toda la jurisdicción criminal; tuvo, sobre todo, un efecto psicológico, mas no por eso menos real; desde entonces, los vasallos tuvieron la sensación de que el monarca no era una figura lejana e inaccesible, sino su verdadero señor, que podía y quería protegerlos; y el temor reverencial que el señor territorial les inspiraba disminuyó en el mismo grado; la comparación de un acta de posesión de mediados del XVII con otra posterior un siglo es reveladora del cambio de actitud; en la primera, de 1656, el señor entra en el lugar (Liesa) y toma posesión de él y sus términos, con la jurisdicción criminal y civil, mero y mixto imperio, «y en señal de verdadera posesión se paseó por la plaza y calles públicas, arrancando unas hierbas, abriendo y cerrando las puertas de los graneros. Y asimismo entró en los montes y términos y se fue paseando por ellos, arrancando algunas hierbas y matas y haciendo y ejerciendo actos denotantes de la verdadera, corporal y actual posesión. Y asimismo, en señal de posesión de la dicha jurisdicción criminal, mandó plantar en la plaza

aragoneses cobraban sisas del pan, vino, carne, aceite y demás comestibles, llevaban tributos del comercio y de los frutos, obligaban a sus vasallos a que labrasen sus tierras con sus ganados o por sus personas si no los tenían, y a que les dieran gallinas, pesca, caza, leña, paja, etc., por poco o ningún dinero. Además cobraban *treudos* de las casas y tierras.

de dicho lugar una horca de palo, y así plantada mandó ahorcar un guante...» Reunido luego el concejo, sus miembros se reconocieron por vasallos suyos, «y sentándose el señor en un banco del Concejo fueron pasando, desde el alcalde al último concellante, a prestarle homenaje de fidelidad, arrodillados con las dos rodillas en tierra delante de dicho Ilustre Señor y juraron en poder y manos suyas... reservándose sus gozes y usos que hasta aquí han tenido y usado, pagando solamente las pechas y hechas acostumbradas...»

Un descendiente del señor protagonista de la anterior escena tomó posesión en 1745 de la villa de Almuniente; paseó por la plaza, entró en los graneros, revocó y volvió a nombrar el alcalde y nombró un juez de ribera; pero todas las humildes ceremonias han desaparecido, así como la de plantar la horca; más aún: en el acto de la toma de posesión, el Síndico Procurador del lugar hizo constar que protestaba de los siguientes derechos señoriales: llevar los granos al granero y las uvas al lagar del señor; pagar los cincuenta reales de la tabla el año que se arrienda; ítem, las 33 gallinas que se le daban anualmente; ítem, pagarle derechos del cáñamo; ítem, traer la crisma; ítem, de todos los impuestos del año 1728 y de todo aquello que no está en auto de avecinamiento [18].

Lo que no cambió gran cosa fue la opresión pecuniaria que por derechos jurisdiccionales y territoriales pesaban sobre los vasallos aragoneses; éste era el verdadero motivo de sus

---

[18]   F. Aznar Navarro: «Los señores aragoneses. Actos de posesión y homenajes», *Cultura Española*, tomo VIII.

quejas y la causa del lastimoso estado de muchos pueblos; Asso, que escribía en pleno «Absolutismo Ilustrado», lo testifica, entre otros, respecto a los de la ribera del Jalón, fértiles, pero arruinados por las exacciones señoriales, sobre todo por los *treudos*, que no bajaban del octavo de los granos; lo mismo, dice, pasaba en la ribera del Huerva [19]. Aquí, como en Valencia, la herencia de los moriscos fue fatal; aquellos míseros gemían bajo cargas insoportables, y, a su expulsión, los señores las traspasaron a los colonos cristianos que llegaron a reemplazarlos; pero la servidumbre de la gleba tenía en Aragón raíces aún más profundas, pues los *mezquinos* y *exáricos* coexistieron con siervos adscripticios cristianos que parecen derivar sin interrupción de los visigóticos. Tal vez el recuerdo de la dureza del régimen señorial influyó en la actitud notoriamente *liberal* de Aragón en las contiendas civiles del pasado siglo, que fue para los carlistas un serio obstáculo, al impedirles soldar el núcleo vasco-navarro con los del Maestrazgo y Cataluña.

Porque en Cataluña, a pesar de la gran extensión que alcanzó (778 localidades de señorío secular, 261 de eclesiástico y 75 de Ordenes, contra sólo 588 realengos) el régimen señorial tuvo un carácter muy distinto, y en general, no fue considerado vejatorio por sus habitantes, lo que cabe atribuir a la falta casi total de tradición morisca y, más que nada, a la sentencia arbitral de Guadalupe, magna realización del genio político de Fernando el Católico, que convirtió a los payeses de remensa en colonos

---

[19] *Historia de la economía política en Aragón*, Zaragoza, 1798, pág. 124.

libres. La diputación catalana en las Cortes de Cádiz, en la que figuraban hombres tan independientes como Dou y Capmany, miró el proyecto de ley de abolición de señoríos con una frialdad que contrasta con el apasionamiento de los valencianos; diferencia de criterio que reflejaba, sin duda, una diferencia en la realidad social; Dou habló repetidamente contra el proyecto, y otro diputado catalán, Creus, en la sesión del 11 de junio (1811) declaró que temía que la ley quebrantase la unidad de voluntades tan necesaria para la prosecución de la guerra, y ello, no sólo por el resentimiento de los señores despojados, sino de los mismos pueblos, puesto que en Cataluña eran muy pocos los que habían solicitado la reversión a la Corona; citó como pruebas del sentir popular en este punto que las promesas hechas por los franceses de abolir los señoríos no habían hallado eco, y los españoles que hablaron en el mismo sentido no fueron elegidos para las Cortes. «Muchos pueblos de señorío hallan en la beneficencia de sus señores recursos en sus necesidades que no consiguen los de realengo.»

El completo contraste que en este punto formaba Cataluña con la vecina región valenciana prueba cuán difícil es emitir un juicio general sobre una institución de tan cambiantes perfiles. Valencia recibió de Aragón, con otras instituciones, la dureza de su régimen señorial. Aunque no intentamos hacer aquí su historia, es preciso indicar, después de las concesiones y repartimientos consecutivos a la conquista, dos hitos fundamentales: el Privilegio Alfonsino y la expulsión de los moriscos.

En 1328, a petición de las Cortes valencianas, Alfonso I concedió a los que fundaran un pueblo de quince casas de cristianos casados la jurisdicción civil y criminal, exceptuando la pena de muerte y la mutilación de miembros. Por efecto de este privilegio, incluido luego en el Fuero 78 del título *De Curia et Baiulo* (*Fueros valencianos*, ed. de 1842), se crearon muchas villas y lugares en terrenos incultos y se fomentó la colonización y cristianización del reino. Justamente declaró Felipe V en 1707, contra el parecer del fiscal del Consejo, que no debía considerarse incluido en la abolición de los *Fueros valencianos* (Nov. Recop. II, 3, 3). En estos señoríos, asimilables a los solariegos castellanos, el señor daba las tierras a censo enfitéutico, reservándose una parte de los frutos. Sus poderes jurisdiccionales, en cambio, fueron reducidos, y la potestad señorial pesaba menos en ellos que en los de otro origen.

El reinado de Felipe III tuvo un color aristocrático acentuado; puede calificársele de época de reacción nobiliaria contra la bien conocida actitud de Felipe II; una muestra de ello es la concesión que obtuvieron las Cortes valencianas de 1604 en favor de los señores jurisdiccionales; en adelante podrían conocer de todas las causas civiles y criminales que se cometieran en sus baronías, «encara que sien feytos y comesos en camins reals y delictes per los quals se hagués de imposar pena de confiscació de bens. Exceptats solament els crims de lesa Magestad divina o humana, falsa moneda o collera... no sols entre sos vasalls, pero també en qualsevol estrangers delinquents... encara que sian vasalls de Su Magestad» [20].

---

[20] L. Matheu Sanz: *Tractatus de regimine regni Valentiae*, Lyon, 1677, capítulo VI.

Conocida esta tendencia, se explica el criterio con que se efectuó la repoblación de los territorios abandonados por los moriscos, máxime siendo el favorito Lerma un magnate valenciano. Las nuevas cartas-pueblas expedidas por los señores para atraer colonos mantenían en general las pesadas cargas que gravitaron sobre los expulsos, y en algunos casos se apropiaron el dominio de la tierra donde no poseían más que la jurisdicción, ya que no todos los moriscos eran colonos; una proporción difícil de evaluar eran propietarios libres. La Corona transigió con estas usurpaciones disfrazadas de indemnización, recabando sólo la devolución de las tercias, alcabalas y otras regalías.

A mediados del XVII, Lorenzo Matheu Sanz hallaba grandes diferencias entre la potestad señorial de los tres reinos de la Corona de Aragón y caracterizaba a la de Valencia como intermedia entre el extremo abusivo de Aragón y el carácter mucho más mitigado que tenía en Cataluña. El juramento de fidelidad y homenaje era común a los tres. Distingue en Valencia las baronías, dotadas de extensa jurisdicción, con primera y segunda apelación en las causas de recurso y manifiesta opresión, de la jurisdicción de los señores de lugares según el privilegio alfonsino, reducida al mixto imperio (jurisdicción civil); no podían ejecutar penas corporales ni imponer corveas a sus vasallos [21].

El descontento de los vasallos valencianos se manifestó en los tumultos de 1693, negándose a pagar las rentas, y estalló con gran violencia en la Guerra de Sucesión, que aquí tomó un carácter social innegable, con asalto de propie-

---

[21]   Obra y lugar citados.

dades y vejaciones a los nobles por parte de
las turbas [22]. Tan hondo era el deseo de sacu-
dir el odiado yugo aprovechando aquella guerra (cuyo aspecto dinástico poco o nada les
interesaba) que llegó a causar preocupación al
Pretendiente austríaco. Así se desprende de varios párrafos de las Instrucciones que el Archi-
duque Carlos dio al conde de la Corzana al
nombrarle lugarteniente y capitán general de
Valencia: «Habiendo en algunos pueblos de
este reino concebido sus moradores que rin-
diéndonos la debida obediencia quedaban libres y exentos de los derechos dominicales o
de señorío y otros que por legítimos títulos
son tenidos a pagar a los Barones decimadores,
eclesiásticos y seglares, y a otros particulares,

---

[22] Así se desprende de varios pasajes del *De bello
rustico valentino*, del padre MIÑANA, testigo ocular de
los sucesos. Don Vicente Castañeda, traductor de esta
obra, publicó también, en la RABM, unas *Relaciones
geográficas de Valencia*, sacadas de las contestaciones
enviadas por párrocos al cuestionario de don Tomás
López, y adicionadas con eruditas notas, tomadas en
gran parte de la obra inédita de Castelló. Allí figuran
extractos de algunas cartas-pueblas dictadas por señores de lugares de moriscos después de la expulsión
de éstos. En la de Lucena, expedida por el conde de
Aranda en 1620, se expresa que los colonos estarán
obligados a venderle los productos de primera necesidad a un precio invariable. La Carta de Buñol, que
es de 1611, prohíbe a los vasallos que se ausenten de
la villa; si la ausencia pasara de seis meses, perderían
su casa y tierras. Falta un estudio de conjunto de
estas cartas-pueblas, las últimas quizá que se dictaron
en España; sería del mayor interés su comparación
con las medievales.
Puede decirse que gracias a esta obra y a la del
inmortal Cavanilles, conocemos la situación económi-
co-social del país valenciano al finalizar la decimo-
octava centuria mejor que la de ninguna otra región
española.

en que se ha procurado aplicar las diligencias posibles, y con dificultad se les puede disuadir y desimpresionar de la primera idea: es nuestra voluntad apliquéis el mayor cuidado con los medios más benignos y suaves a reducirles a la paga de estos derechos, así por lo que en ello se interesa el culto divino y la subsistencia de las iglesias, como por lo que se hacen preciso los medios para atender a la conservación, defensa y libertad deste reino; a más que el derecho del tercero, cual es el del Barón, no está en nuestra mano perjudicarle sin su consentimiento.» Otro posterior le exhorta a favorecer y hacer justicia a los pueblos, «aunque sea contra los poderosos y sus mismos dueños; y con especialidad lo debéis observar con los de Barones, porque éstos suelen excitar con ellos algunas extorsiones a que pondréis la mano siempre que se ofrezca» [23].

La gravedad de la situación social agraria levantina dimanaba de la enorme extensión de los señoríos (sólo un sexto de los pueblos eran de realengo) y de la elevada proporción de los frutos que se reservaban los señores; estas percepciones parecían, sobre todo, injustas cuando, a causa del crecimiento de población, se pusieron en cultivo extensiones incultas a costa de enormes esfuerzos, y cuando los colonos pensaban recoger el fruto de sus afanes, surgía el dueño reclamando su parte sin haber hecho nada para la valorización del terreno. La tensión existente en la segunda mitad del XVIII produjo interminables pleitos, y queda reflejada en los apuntes del ecuánime Cavanilles,

---

[23] RODRÍGUEZ VILLA: *El conde de Corzana*, Madrid, 1907, págs. 220-222.

que recorrió palmo a palmo todo el reino de
Valencia; con la excepción de los monjes de
Benifazá, bienhechores de los pueblos de su jurisdicción, lo que vio en los pueblos de señorío
le causó mala impresión: en Bicorp la aceituna
se deteriora por la insuficiencia de los molinos
señoriales; en Sumacárcel, el señor territorial
lleva la cuarta parte de los frutos, lo que es
mucho más del sexto o el octavo que se pagaba
en otros lugares, pero en la actualidad no se
cederían tierras por menos del tercio; y agrega: «No pretendo autorizar con esto las vexa-
ciones que se experimentan... La actividad e
industria de los valencianos sería mayor en
varios distritos si los señores territoriales no
pusiesen obstáculos con las pretensiones que
renuevan apenas descubren nuevas produccio-
nes en terrenos antes abandonados. No bien
empieza el labrador a lograr el fruto de sus
trabajos, sacando agua a fuerza de excavacio-
nes, complanando cerros y peñas para formar
huertas, reduciendo a cultivo breñas abando-
nadas y terrenos reputados eriales, quando muchos señores quieren percibir lo mismo que se
les contribuye por otros campos que desde la
antigüedad fueron huertas o secanos fructí-
feros. Es preciso entonces buscar remedio en
los tribunales...»[24].

En Ayelo (valle del Albaida) pagaban al señor
el tercio del fruto de árboles, excepto de las
higueras, que eran francas; el cuarto de los
granos de huerta, el sexto de los de secano y el
séptimo del vino; «a esta contribución, que

---

[24] *Observaciones sobre la historia natural, geografía, agricultura, población y frutos del reino de Valencia*, tomo 1, Madrid, 1795, libro I.

igualmente pagan otros muchos pueblos del reyno, se añade que el propietario del campo incurre en tres pesos de pena si coge la más pequeña porción del fruto antes de verificarse la partición; no puede hacer su aceite sino en la almazara del señor, donde debe dexar la mitad; no puede sin licencia cortar ramo alguno principal de los árboles, podarlos ni arrancar los muertos, cuyo tronco se apropia el señor; debe traer también a sus expensas las cosechas y hacer de ellas tres montones para que el representante del señor escoja el que más le acomode, resultando de las demoras perjuicios que causan las lluvias y contratiempos» [25]. También en Ayelo los vecinos, obligados por el crecimiento demográfico, roturaron espacios yermos, mas como una vez puestos en cultivo, los dueños exigieron los derechos acostumbrados, prefirieron descuajar montes de otros términos.

Los habitantes de Cocentaina, «recargados de tributos señoriales, sólo parece que trabajan para llenar los cofres del señor»; si no fuese por la laboriosidad de sus habitantes, que suministraban hilaturas a la vecina Alcoy, los dos tercios perecerían de hambre. Cavanilles no era un demagogo, sino un sabio sacerdote, perfecto conocedor de la región, por lo que sus censuras deben estimarse objetivas; sin embargo, los juicios que hemos trascrito no deben generalizarse con exceso; los derechos señoriales eran en todo el reino de Valencia muy elevados, pero no en todos los lugares pesaban tan duramente como en Cocentaina, cuyo carácter excep-

---

[25] Obra citada, tomo II (1797), libro IV.

cional también está apuntado en otro autor de fines de aquella centuria [26].

Con más violencia que Cavanilles, aunque conviniendo en el fondo con él, se expresaron varios de los diputados valencianos en las Cortes de Cádiz; sus discursos son del mayor interés por los datos que aportan, y su mismo apasionamiento debe también tenerse en cuenta como indicio de un estado de opinión, cuyos intérpretes más destacados fueron Aparici y Lloret; sus alegatos, aunque referidos a la cuestión señorial en conjunto, están inspirados, sobre todo, por las circunstancias reinantes en su tierra natal. Aparici, tras haber denunciado a las justicias señoriales como cómplices de los abusos de los señores, enumeró los derechos dominicales en esta forma:

Regalías de hornos, molinos, almazaras y tiendas. Todas van contra el derecho natural y no tienen apoyo en el positivo.

Partición de frutos. En mucha parte provienen de la usurpación de las tierras que fueron de moriscos; niega a los señores el derecho a cobrar las cantidades excesivas que percibían aún por los terrenos yermos reducidos a cultivo, aparte de otras adealas y derechos que habían introducido: «tales son el cobro en dinero de la yerba y piensos para el ganado de labranza; la paja y otros frutos con que se hacen servir los dueños sin premio alguno; el obligar en muchos pueblos a conducir los frutos al mismo pueblo y a las plazas públicas,

---

[26] CAVANILLES, obra cit. Castañeda, Relac. geográficas: «Vense —dice Cavanilles— las calles de Concentaina embarazadas con multitud de tornos que mueven sin cesar aquellas gentes, recibiendo cada semana al pie de seiscientos pesos de la villa de Alcoy.»

donde eligen su porción, y aun a que los suban a sus cámaras o habitaciones destinadas al intento».

Censos: En 1750, los redimibles fueron rebajados del 5 al 3 por 100, pero los enfitéuticos no se han reducido.

Luismos o laudemios, consistentes en el 10 por 100 del precio de venta de la finca. Debían suprimirse.

Quindenio: Así se llamaba a un laudemio que se cobraba cada quince años de las fincas enajenadas a manos muertas y que por consiguiente no eran susceptibles de causar derechos de transmisión.

Fadiga: Era el derecho de prelación que tenía el dueño directo en caso de venta de la finca, por igual precio y durante treinta días; era enajenable a un tercero y causaba muchos incidentes.

A consecuencia de todas estas exacciones, los pueblos de señorío vivían, según Aparici, en una especie de esclavitud, pues no hay que olvidar que además estaban sujetos al diezmo eclesiástico y a todas las contribuciones que pagaban los de realengo. «En medio de sus continuos afanes apenas consiguen que la tierra les produzca lo que basta para llegar a la boca un pedazo de pan de panizo... En vez de encontrar algún socorro en aquellos que con pródiga mano debían franquearles los correspondientes auxilios, por lo general les insultan, les oprimen, les ejecutan y les conducen al estado de la desesperación o de la mendiguez» [27].

---

[27] Actas de las Cortes de Cádiz, sesión del 9 de junio de 1811.

Por su parte, Lloret, repitiendo la enumeración de las cargas que soportaba el agricultor valenciano, clamaba: «Paga del tercio al octavo de los frutos que recoge de un terreno que se le dio cubierto de piedras o malezas, sin el menor auxilio de frutos o aperos. Por llevar el grano y la aceituna al molino se le quedan una mitad de la cuarta parte con los desperdicios y cierta cantidad en dinero; no puede vender sus cosechas al por menor, paga el llamado derecho de pilón, en que se corta la carne, y si se inutiliza hay que hacerlo de nuevo a costa del pueblo; tiene que hacer cocer el pan en el horno del señor, con el sobrecargo de una docena o quincena parte; y en algunos pueblos hasta haber de pisar y exprimir la uva en el lagar y prensa dominical con el ocho o diez por ciento del mosto y todos los desperdicios, con la dolorosa precisión de haberlo de verificar en el solo día que le señalan por turno, aunque sea muy copiosa la cosecha, sin que los vecinos puedan construir estas oficinas pues, desde luego, son denunciadas y deshechas con amargas penas.» Como ilustración a su tesis bosquejó la historia de Alberique, de donde era natural; enajenada en el siglo XIV, pagaba de 32 a 40.000 pesos anuales de derechos dominicales, y además 12.000 de diezmo, 6.000 de primicia, 5.000 de equivalente y 3.000 de agua. Entablado el pleito de reversión, había ganado sentencia de vista en el Consejo de Hacienda, pero la influencia del señor tenía paralizada la ejecución [28].

---

[28] Id., íd., sesión del 14 de junio. En el Diccionario de MADOZ puede verse el decepcionante resultado que alcanzó Albérique de su larguísimo pleito.

Sin embargo, los labradores valencianos no eran unos meros arrendatarios; el dominio útil de la tierra los constituía en verdaderos propietarios de ella; esta propiedad, aunque gravada con fuertes cargas en favor del propietario directo, les daba la seguridad de que nunca serían arrojados de la tierra que cultivaron sus padres y que ellos legarían a sus hijos; podían, incluso, cederla o venderla, sin más obstáculos que los derivados de la *fadiga* y *laudemio*, cuya naturaleza queda ya expresada. Los defensores de los señoríos hacían también notar que no habían sido obstáculo para que la población se duplicase en Valencia en el transcurso de un siglo; incluso sostenían que la partición de frutos era más llevadera para el agricultor que el pago de una renta fija que habría de pagarse en los años malos como en los buenos.

Nos hemos detenido en la exposición de los señoríos valencianos porque en ellos se revela con mayor pureza el carácter eminentemente económico que el problema había tomado en el siglo xviii; desaparecida su importancia política, muy disminuidas sus peculiaridades administrativas, el régimen señorial casi no era ya más que la expresión de las relaciones entre propietarios de la tierra y colonos; y estas relaciones tendían fatalmente a envenenarse, porque en ellas el carácter privado y el público se mezclaban de la manera menos satisfactoria posible; los señores sólo mantenían los restos de su jurisdicción en cuanto les servían para afirmar la percepción de sus rentas y derechos; es decir, se comportaban como meros propietarios sin función tutelar alguna. Los pueblos, estimando, con razón o sin ella, que las cargas señoriales dimanaban de la jurisdicción, estimaban que, por cuanto ésta casi había desaparecido absorbida de la real, no tenían ya razón de existir. La cuestión señorial tomaba ya los perfiles de lo que en el siglo XIX fue la cuestión social agraria: de un lado, los señores tratan de consolidar el dominio directo con el útil; de otro, los campesinos aspiran a la plena propiedad de la tierra.

En el resto de España, la tendencia no es tan clara porque la variedad de condiciones era grandísima; las partes de frutos no solían ser tan elevadas como en Valencia; por regla general se pagaba de un séptimo a un dozavo; había pueblos, sobre todo entre los de señorío eclesiástico, que sólo hacían una ofrenda simbólica en reconocimiento del vasallaje. Otros vivían en condiciones mucho peores: los foristas de Galicia no obtuvieron la perpetuidad del disfrute hasta las leyes de Carlos III; en muchos pueblos de Castilla la Vieja, los colonos no tenían ninguna garantía contra un desahucio arbitrario. Lo que puede afirmarse es que en todos la cuestión de la tierra interesaba más que la de la jurisdicción; pero separar las rentas y prestaciones que pertenecían a cada concepto era ya imposible (si es que alguna vez pudieron separarse con claridad). Evidente carácter feudal tenía la martiniega, que en otros puntos se llamaba infurción, y también fumaje, porque se cobraba de los *fuegos* o casas en calidad de derecho de ocupación del suelo; los regalos de Navidad y de boda (*vesas*), los *yantares;* las rentas que con varios nombres se pagaban como rescate por el servicio militar; los monopolios, pontazgos y otros análogos. Pero muchos de estos viejos servicios

y derechos habían caído en desuso, y otros
habían cambiado de naturaleza; los pueblos
tenían gran interés en trocar las prestaciones
en especie y las corveas personales por una
renta en dinero, y los señores, aleccionados
por las devaluaciones monetarias de los siglos XVI y XVII, no sentían ningún entusiasmo
por este cambio; en su monografía sobre Santa
María de Belmonte, Prieto Bances hace un relato de uno de estos incidentes, que sin duda
se repitieron; los vasallos del monasterio pagaban por San Martín una marrana, que era la
infurción; un año se presentaron tumultuaria-
mente ofreciendo a los monjes cuatro reales en
lugar de la marrana; el abad se negó a recibirlos porque el precio no era equitativo, y
la cárcel se llenó de recalcitrantes. Por fin, ambas partes transigieron y se convino en que la
martiniega consistiera en el pago de seis reales.

Otros derechos, jurisdiccionales en su origen,
se habían desnaturalizado completamente; los
reyes habían vendido rentas, oficios, monopolios y otros servicios cuyo carácter público
es innegable, pero que por la forma de adqui-
sición se habían convertido en propiedad particular. Lo mismo se diga de los hornos, molinos, pontajes, peajes y barcajes; habían llegado a ser valores comerciales sin perder del
todo su naturaleza de función pública. La pérdida de los primitivos títulos y las modificaciones acaecidas en el transcurso de los siglos
por usurpaciones, litigios, ventas y transacciones entre los señores y los pueblos embrollaron
la cuestión de tal manera que nunca ha podido
esclarecerse. Aún resultaba más complicada la
situación en muchos pueblos en que los señores no sólo poseían rentas reales, sino ecle-

siásticas. Respecto a los diezmos, el caso era
frecuentísimo; por lo menos una quinta parte
de los diezmos estaban en poder de laicos;
sólo el diezmo de Monóvar producía al señor
17.000 pesos[29]. Los litigios de los señores con
los pueblos por esta causa eran continuos, y
las consecuencias las pagaban las iglesias, con
frecuencia destituidas hasta de lo más preciso.
En Cataluña, los nobles poseían la mayor parte
de los diezmos y, sin embargo, la conservación
de las iglesias estaba a cargo de los vecinos[30].
En Aragón, los litigios llegaron a tal estado que
las constituciones sinodales amenazaron decre-
tar la extinción de las parroquias donde no se
pudiera llegar a un acuerdo[31].

---

[29] CAVANILLES, II, libro IV.
[30] CAMPOMANES, *Disc. fomento industria popular*,
LXIX.
[31] Propiamente, el pleito versaba sobre la primicia,
que las Constituciones fijaban en una medida de cada
treinta, y había de emplearse en el sostenimiento de
la fábrica de las iglesias. «Y porque en algunos lugares de señorío de este Arzobispado hay grandes controversias entre los pueblos y señores a quien toca
proveer de lo necesario para las iglesias, por razón
de que los cosecheros pagan al señor de lo que cogen
en sus tierras un cahiz de cinco, y en otras partes
de seis, siete u ocho, sin pagar otra cantidad por la
primicia, pretendiendo los señores no estar incluida
en dicho derecho la primicia y consiguientemente no
estar obligados a dar lo necesario para las iglesias,
alegando que lo que perciben es por el dominio de las
tierras, y los pueblos pretenden también estar libres
de la obligación, de lo que se origina que las iglesias
padecen ruinas en sus edificios y no tienen ornamen-
tos, aceite, cera y las demás cosas necesarias para el
culto divino..., mandamos que los tales pueblos soli-
citen el que se declare si los señores deben asistir
con lo necesario a las iglesias por razón de lo que
les pagan; y declaramos que mientras no se decida
están obligados los pueblos a pagar todo lo que se

Bajo los Borbones, casi el único resto que quedó a los señores de su antigua potestad jurisdiccional fue la justicia municipal, reducida a conocer en primera instancia de los asuntos civiles y delitos leves, con percepción de multas (*penas de Cámara*). El nombramiento de justicias debía recaer en personas que tuvieran las cualidades requeridas por las leyes, que no fueran criados suyos (no parece que esta condición se cumpliera siempre) ni arrendadores de rentas públicas. Las leyes eran las mismas en todo el territorio nacional. Siempre quedaba abierta la apelación a los tribunales reales, y a éstos competía exclusivamente el conocimiento de los delitos que llevasen aparejadas penas corporales. Aún así restringidos, los señores tenían empeño en conservar estos vestigios jurisdiccionales que les daban superioridad legal sobre sus vasallos, al par que eran una garantía de que sus derechos serían respetados. Ordinariamente lo ejercitaban por medio de *alcaldes mayores*, que, a veces, recibieron el pomposo título de corregidores; pero esta denominación, frecuente en el XVII, fue prohibida y cayó casi totalmente en desuso en

---

necesitare para la conservación de la parroquia y culto divino...», pena de censuras, y si no bastaren, se extinga la parroquia.

(*Constit. synod.*, Zaragoza, 1968, libro I, Constitución 17.)

Una «Respuesta fiscal sobre primicias de Aragón», de Floridablanca (1770), hace referencia a los recursos que los obispos de Aragón entablaron contra la circular del Consejo de 28 de noviembre de 1763, quitándoles la facultad de proceder por medios judiciales contra los pueblos para la reparación y entretenimiento de las iglesias. (SEMPERE, *Bibl. escr. Carlos III*, art. Moñino.)

el XVIII, quedando reservada a los funcionarios que presidían las ciudades y villas importantes de realengo. Cuando un señorío era suficientemente extenso, la administración señorial de justicia establecía una gradación dentro de su limitada esfera, y en algunas ciudades se establecieron tribunales superiores de apelación, remedos de chancillerías, con oidores incluso.

Estos altos tribunales señoriales, como los que tenían el duque de Medinaceli en Barcelona, y el duque de Arcos en Marchena, si un día respondieron a una realidad, en el período que historiamos sólo se conservaban por un prurito de vanidad o tradicionalismo, pues ni sus providencias causaban estado, ni eran reconocidas por los tribunales reales, y el recurso a ellos por parte de los vasallos era enteramente voluntario [32].

Muy variable era el grado de intervención de los señores en el nombramiento de justicias y oficios municipales, según las condiciones en que el pueblo fue adquirido y las transacciones que después intervinieron. En unos, el concejo elegía todos los miembros de su ayuntamiento, y al señor sólo le quedaba el derecho de confirmación total o parcial; otras veces, el señor nombraba un alcalde mayor y algunos otros oficios, libremente o entre varios que le eran propuestos, existiendo en algunos señoríos la obligación de repetir las propuestas hasta que el señor pudiese designar los que fuesen de su agrado, y no raramente nombraba todos los cargos y oficios sin intervención del municipio. Lo frecuente era que entre señor

---

[32] El diputado Hermida en las Cortes de Cádiz. (Actas del 28 de junio de 1811.)

y vasallo hubiese una colaboración de variados matices y más o menos amistosa. Por ejemplo, en Alburquerque el ayuntamiento saliente elegía al entrante, y luego el duque nombraba a los que le proponían; pero desde 1740 fue dueño absoluto de quitar y poner cargos; en Almoguera, los oficios de justicia se sorteaban, y los confirmaba el marqués de Mondéjar. Haro se gobernaba por tres jueces: uno lo nombraba por seis años el duque de Frías, otro el estado noble, y el tercero, el estado general[33]. En Vélez Rubio sólo incumbía al concejo la designación de algunos cargos secundarios: el fiel repartidor de sal, receptor de bulas y expendedor de papel sellado, todos ellos de carácter fiscal y antipático, y sin duda por eso, reservados al estado llano, mientras el marqués nombraba libremente los dos alcaldes ordinarios, seis regidores, alguacil mayor, dos escribanos, alcalde de aguas, mayordomo de propios, cuatro procuradores y tres alguaciles ordinarios y ocho tenientes de alcalde, según propuesta secreta de su alcalde mayor de Vélez Blanco. El gobernador general de sus estados, juez de apelaciones, residía en Mula. «En 1874, habiendo pretendido los concejos de Vélez Rubio y Cuevas hacer por sí estas propuestas, se entabló pleito, cuyo resultado fue una Real Provisión de 16 de junio de 1788, confirmando el derecho del señor a nombrar libremente, quedando, no obstante, en vigor otra de 1760 prohibiendo se propusieran para alcaldes ordinarios de Vélez Rubio a personas

---

[33] Estos ejemplos están tomados de las respuestas al cuestionario de don Tomás López. (B. N., mss. 7.299, 7.300 y 7.302.)

afectas al servicio del marqués, a los empleados de rentas reales y a los vecinos que no
hubiesen sido regidores» [34].

Los ejemplos aducidos demuestran que la intervención, mayor o menor, pero casi siempre
muy efectiva, de los señores en el régimen municipal, unida a su potestad de dictar ordenanzas, les daba una prepotencia que, si iba
unida a la propiedad de la tierra, podía convertirse en agobiante. En vano clamaban los
defensores del *statu quo:* «¿A qué se reduce
la jurisdicción de señorío de la cual se habla
por algunos con tanto aparato? A cero, a nada,
a menos de nada, esto es, a gravamen. Si el
alcalde de señorío debe tener las mismas cualidades que los demás; si ha de observar, como
todos, las leyes relativas a prisión y penas; si
tiene expresa prohibición de imponer pena corporal sin que lo autorice la Sala del Crimen,
es claro que ningún daño puede traer su jurisdicción» [35]. «Por más que se quiera suponer
—replicaban sus adversarios— que la jurisdicción de los pueblos de señorío está ya tan
menguada que nada perjudica a la administración de justicia, aunque se quiera sostener que
los jueces de señorío no se detienen en fallar
contra los señores mismos que los han nombrado, esta razón es especiosa y no satisface

---

[34] F. PALANQUES Y AYEN, *Historia de la villa de Vélez
Rubio*. V. Rubio, 1909, págs. 157-160. La Reina Católica
dio los dos Vélez a don Pedro Fajardo a cambio de
Cartagena, que Enrique IV había cedido a su abuelo.
Según la R. Cédula de confirmación de 1708, el marqués tenía, a más de las alcabalas, tercias y penas
de Cámaras, el estanco del aceite, jabón y carnes.
[35] Lázaro Dou en las Cortes de Cádiz. (Sesión del
5 de junio.)

al axioma de la unidad de autoridad. La jurisdicción señorial, aunque en el día no comprenda el mero imperio, no por eso altera la naturaleza de la jurisdicción, y lo que de ella se ha dejado a los señores es una desmembración de la potestad judicial, que constituye parte del ejercicio de la soberanía... ¿Qué confianza podrán tener los pueblos en jueces de esa naturaleza?»[36]. «Unos jueces puestos al servicio y sueldo del dueño directo, o han de ser ejecutores ciegos de sus ideas para oprimir a los habitantes o perder su gracia y favor, y acaso los medios de sostenerse. Hablo de los alcaldes mayores, y pudiera citar una multitud de ejemplares... (en cuanto a los alcaldes ordinarios), causa la mayor admiración que circule la vara entre la masa corrompida de una corta porción de individuos, cuya adulación hacia el dueño o sus apoderados, y cuyas ideas hacia su negocio personal les hacen olvidar la administración de justicia y atropellar a cada paso la inocencia»[37].

Tal contraste de pareceres dimanaba, en parte, del que existía en la realidad. Donde el nombramiento de las justicias y demás oficios era privativo del señor, los abusos eran frecuentes, máxime cuando consta que, a pesar de las leyes que lo prohibían, solía recaer el nombramiento en criados o dependientes del dueño de la jurisdicción, carentes de independencia, mal pagados y ansiosos de no perder los puestos de los que pendía su subsistencia y la de sus familias[38]. Si se recusan por apasionadas

---

[36] Argüelles en la sesión del 6 de junio.
[37] Aparici en la sesión del 9 de junio.
[38] Castelló en la sesión del 14 de junio.

las alegaciones de algunos diputados de las
Cortes gaditanas, no puede recaer la misma
sospecha sobre las contestaciones de los párrocos a don Tomás López; viviendo en íntimo
contacto con la realidad cuotidiana, más que
elogios son censuras las que les merecía la
administración señorial; he aquí, por ejemplo,
cómo se expresaba el párroco de Casatejada
(Cáceres): «El gobierno está a cargo de dos
alcaldes ordinarios que cada año elige el dueño
de la jurisdicción sin que para nombrarlos se
le propongan por el Concejo ni otra persona;
para la elección, únicamente se confía y dirige
de un particular vecino que tiene en clase de
administrador; si éste, como de ordinario sucede, se gobierna por fines particulares, recaen
las elecciones en los menos dignos y se trastor-
na el gobierno» [39].

---

[39] B. N. ms. 20.241-2. En Baena, los duques nombraban también todos los cargos concejiles, y por su
escasa dotación no tenían fama de manos limpias;
el alcalde mayor, a quien allí se llamaba corregidor,
percibía del duque 200 ducados anuales, 30 fanegas
de trigo y otras tantas de cebada. Un documento del
reinado de Carlos III se expresa así sobre los titu-
lares de este cargo: «Estos Corregidores se ha experimentado que vienen únicamente con el objeto de
juntar cuanto dinero puedan sea como fuere, y para
esto adhieren al partido de los manipulantes de los
caudales públicos y de los vecinos, aumentando con
su autoridad los desórdenes a fin de que les valga.
Su administración de justicia la mueve siempre el
interés. Anualmente recogen de regalos 20 ó 24 cochinos muy gordos al tiempo de las matanzas, y en lo
demás del año, trigo, cebada, aceite, vino, leña, corderos y queso, todo lo cual perciben de los labradores
criadores de ganados porque les disimulen los notables daños que hacen en las posesiones y siembras
ajenas, y de los manipulantes de los caudales comunes porque protejan y cuando llegue el caso procedan

Donde los pueblos tenían derecho a presentar todos o parte de sus autoridades y funcionarios municipales eran menos de temer los excesos del señor; en cambio, hervían las discordias y bandos entre los vecinos, y no pocas veces se acreditaba el principio de que el sistema de elección no designa forzosamente a los mejores [40].

En siglos anteriores, al pasar un pueblo a ser señorío, era frecuente que las familias de más viso se expatriaran por no estar sometidas a quien consideraban de igual o inferior categoría que ellas; los miembros del estado llano aceptaban el nuevo régimen con mayor resignación, y en ocasiones con alegría; en los difí-

---

e informen a su satisfacción; les valen mucho los propios, arbitrios, repartimientos de pósito, contribuciones y cobranzas, y en todo, el que más da, ese tiene casi siempre la razón. Les conviene que haya cierto desorden en los manejos, porque si no lo hubiera no les valdría cosa alguna, y ellos dicen que cada año sacan 4.000 ducados de este pueblo.» (VALVERDE, *Hist. Baena*, cap. IX.)

Lamentaciones semejantes abundan en la documentación de la época. (Véase la nota 46.) Somoza mencionaba entre los «estorvos» de Galicia la mala calidad de la justicia señorial, entregada a rústicos e ignorantes criados. Pero conviene tener presente que abusos de este género no faltaban en los pueblos de realengo.

[40] El párroco de Lucena del Puerto se lamentaba de que no se requiriese para ocupar oficios de concejo al menos saber leer y escribir, «pues por falta de esta corta ciencia, que acontece casi en todos, mayormente en estos pueblos cortos, se cometen muchos absurdos.» En Trigueros, que, como el anterior, era del duque de Medina Sidonia, las elecciones eran muy empeñadas; en una de las *Cartas edificantes* de jesuitas se cuenta cómo el duque hubo de recurrir al P. Manuel Marcelino de Silva, hijo de la villa, para sosegar los bandos que se habían formado (1713).

ciles tiempos de los últimos Austrias no era
raro que las poblaciones encontraran ventajoso
vivir bajo la protección de un magnate, al par
que a éste le convenía fomentar la inmigración
a sus dominios [41]. El desorden administrativo
que caracterizó la segunda mitad del siglo XVII
cesó en el siguiente, y con él las ventajas que
en algunos aspectos llevaban los pueblos de
señorío a los de realengo. Salvo casos aislados,
no existió en España aquel recrudecimiento de
la fiscalidad señorial que en Francia precedió
a la Revolución; si, conforme avanza el tiempo
se nota una creciente impopularidad del régimen señorial, un mayor deseo de sustraerse a
él no es porque se hubiera hecho más duro
sino porque la comparación con los pueblos
realengos le resultaba desfavorable, pues la monarquía absoluta, vaciando de todo su contenido real a la jurisdicción señorial, le hacía
aparecer inútil y gravosa y porque en muchos
sitios los labradores confundían en un mismo
odio al dueño jurisdiccional y al propietario
directo que exigía rentas elevadas. Esta confusión estaba facilitada, como queda dicho, por
la lenta evolución que había trasladado a la
tierra las cargas que primitivamente pesaban
sobre las personas. Si se hubieran transforma-
do todas las rentas y servicios en dinero, su
incesante devaluación hubiese traído al cabo la
solución insensiblemente; pero los propietarios mantuvieron casi en todas partes el cobro
en frutos; donde la cuota era elevada, unida

---

[41] V. *La ruina de la aldea castellana.* También se
indica como más ventajosa la residencia en lugares
de señorío en un documento del siglo XVII que publicó
el señor VIÑAS MEY (*El problema de la tierra...* página 222.)

al diezmo, que también se cobraba sin deduc-
ción de pérdidas y gastos, y a las contribuciones públicas, el cultivador resultaba abruma-
do; de aquí las disensiones, los pleitos, los intentos de eludir el pago cultivando frutos que
no estaban gravados en la carta-puebla o concesión primitiva [42].

Es posible que, junto a los motivos económicos, haya que contar con alguna influencia de
«las nuevas ideas filosóficas de libertad», como
decía uno de los constituyentes de Cádiz, en
el complejo de inferioridad que cada vez se
acusó más entre los vasallos de señores, en sus
quejas constantes y sus pleitos interminables,
llevados a veces contra las más influyentes casas del reino a costa de enormes gastos; diecisiete años y 120.000 reales costó a los vecinos
de Navalperal volver a la jurisdicción real. Los
pleitos de Oñate con su conde eran continuos;
rasgo verdaderamente curioso es que un obispo
dejó a la villa una fundación para ayudarla a
costearlos [43]. El litigio de la ciudad de Montilla
con los duques de Medinaceli, marqueses de
Priego, arrancaba de 1586; la sentencia de 1622,

---

[42] En San Martín de Valdepusa, los vecinos debían
pagar el dozavo de los granos; la plantación de oli-
vares originó, naturalmente, un pleito. (A. PALOMEQUE,
El señorío de Valdepusa, AHDE, 1947, con bibliografía
general.) Para cerrar esta escapatoria a sus colonos,
o por otros motivos, en no pocos lugares debían cultivar obligatoriamente ciertas plantas. (Castelló, sesión 11-VI-1811.)

[43] El obispo Ataduy, en 1605. Sobre estas disensiones, SORALUCE, *Historia general de Guipúzcoa*, II, 257-
259. Oñate y Orozco no se consideraban parte de la
provincia de Guipúzcoa precisamente por ser de señorío. En este sentido afirmaba el Censo de 1797 que
no los había en esta provincia.

que absolvía al marqués, fue seguida de súplica de los vecinos que, al cabo de ¡ciento cuarenta y nueve años! consiguieron sentencia favorable en 1771, de la que apeló el marqués [44]. El objeto del litigio era, como en otros muchos puntos, el monopolio señorial de molinos y almazaras ejercido de forma perjudicial. Otro pleito análogo entablado por Baena con los duques de Sesa no se había resuelto aún al dictarse la abolición de los señoríos en 1811 [45].

Sin embargo, nunca se repetirá bastante que en esta materia sería injusto pronunciar juicios absolutos; bastantes inconvenientes y abusos hemos apuntado, y los ejemplos podrían multiplicarse; no hay ningún motivo para dudar de la sinceridad de Asso, de Cavanilles, del obispo de Mallorca, que hizo un relato indig-

---

[44]   Los pleitos arrancaban desde fines del siglo XVI por la insuficiencia de las almazaras, agudizada con el aumento del plantío de olivos; a mediados del XVIII, de diecisiete vigas útiles, cinco estaban reservadas para la cosecha del marqués y doce para la de todos los vecinos; habían de llevar la aceituna a Montilla, amontonarla al aire libre largo tiempo y pagar mayor maquila que en los molinos particulares. (*Por los vecinos y cosecheros de azeytuna de la ciudad de Montilla...*, 1747.) De fecha posterior (1781?) es un «Memorial ajustado hecho en virtud de decreto del Consejo... del pleyto que en él se sigue por el duque de Medinaceli, marqués de Priego, con el Ayuntamiento de Montilla... sobre la libertad de la villa o derecho privativo y prohibitivo del señor duque en los hornos de pan cocer, molinos harineros y de aceite».

[45]   VALVERDE, obra citada, con detalles que revelan cómo en las clases rurales medias y acomodadas, más aún que en las inferiores, se fraguaba el odio por las absurdas y mezquinas vejaciones que, sin provecho real para nadie, frenaban el progreso agrícola. Estos casos no eran generales, ni tampoco excepcionales.

nado del régimen señorial en aquella isla; de los párrocos de Priego, de Mejorada, de Alba de Tormes y otras ciudades y villas [46], que en tono confidencial y sencillo contaban lo que veían y tocaban. No hay, empero, por qué callar los testimonios favorables que, menos nu-

[46] La fábrica de sedas establecida en Priego en 1600 se hallaba en 1793 en la mayor decadencia «por el impuesto de sello y medida que el marqués subasta al mejor postor, lo que da origen a muchos abusos, emigración de familias y ruina de muchos trabajadores laboriosos, que reducidos a la mendicidad, parecen cadáveres ambulantes. Nada de esto llega a noticia de los señores marqueses, ni se hace con su anuencia, pues unos corazones tan magnánimos como los suyos nunca consentirían la pérdida de un pueblo por una bagatela o cortedad de renta (y más no teniendo derecho para exhibirla), así como en tanta fuente oponerse a que se hagan molinos harineros, siendo los daños que se causan tan exorbitantes que no tienen guarismo, y más en estos años de cortas cosechas, y por consiguiente de trigo muy caro; también recusa el que se edifiquen hornos y mesones, no teniendo privilegio alguno para semejante prohibición y estanco, como lo tiene acreditado en el Consejo de Castilla el conde de Valdecañas en pleito pendiente contra el marqués. Todo esto se hace a la sombra y poderío de la jurisdicción del alcalde mayor, nombrado por el expresado marqués, y para eso se ha procurado ahogar la de los alcaldes ordinarios...» (B. N. ms. 7.294.)

En la relación de Mejorada del Campo se dice que está arruinada porque «el marqués, su señor, está tan falto de medios, que en lugar de aliviar y socorrer a sus pobres vasallos los aniquila cada día más con injustos pleitos y con subirles a excesivos precios los arrendamientos de las posesiones y casas, nombrando sin propuesta justicias a su modo, que por lo común es un criado suyo..., motivos por lo que estos moradores no permanecen de continuo en esta villa, y luego que se cumple el primer arrendamiento se mudan a otra parte, y así poco a poco se van despoblando los lugares de semejantes señoríos, contra los piadosos

merosos, no carecen, sin embargo, de fuerza
y demuestran que en determinadas circunstancias el régimen señorial podía ser favorable a
los pueblos. Ya hemos visto que los diputados
catalanes no eran partidarios de la abolición
incondicional, contra el parecer de sus colegas

---

fines de S. M...» La escuela apenas funcionaba por
falta de medios, teniendo la villa propios sobrados.
Una fundación piadosa para casamientos estaba a cargo del señor, que le debía 24.000 ducados (ms. 7.300).
Parecida situación testificaba el párroco de Velilla de
San Antonio (entre Arganda y Loeches), cuyo señor
se había apropiado un soto de pasto y leña de donde
se surtían los vecinos. Las justicias, hechuras del señor, cometían toda clase de atropellos. «Hace cincuenta años dejó una persona una fundación de 20.000
ducados para enseñanza de primeras letras y alivio
de los pobres, pero no se ha puesto por obra, y el
señor, apropiándose de estos bienes, se limita a dar
algunas limosnas y dos reales a un maestro.»
La relación de Alba de Tormes acusa a los duques
de tener apartada del gobierno de la villa a la nobleza
«para que no haya quien les dispute lo mucho que
injustamente poseen; pende su gobierno en el día de
un alcalde mayor y seis u ocho regidores, que se
aumentan o disminuyen a voluntad de los duques,
elegidos de lo ínfimo de la plebe y contra las leyes
del reino, porque entre los actuales hay dos tenderos,
tres recatones de mercería, el boticario y el cirujano».
«Consiste en el día la jurisdicción de la villa en ochenta y tantos lugares, incluso los despoblados y alque-
rías, cuya repoblación produciría muchas ventajas,
quitando a los duques el valor del disfrute de yer-
bas de que están en posesión al abrigo de tener a
sus órdenes a los alcaldes mayores...» (ms. 12.951-64.)
Otros datos aprovechables contiene esta curiosa relación, que por su tono más bien parece obra de un
hidalgo mal avenido con los duques.
La interesantes manifestaciones del obispo de Mallorca sobre los señoríos de esta isla pueden leerse
en las Actas de las Cortes. (Sesión del 21 de junio.)
Es posible que un pique personal que él mismo refiere le indujera a sobrecargar las tintas.

valencianos. Otro contraste entre comarcas muy cercanas puede señalarse comparando la tensa situación de los citados pueblos cordobeses y las circunstancias de los pueblos sevillanos (Marchena, Osuna) que vivían prósperos bajo la tutela de sus duques [47]. El duque de Alba, el más calificado para juzgar este asunto, se ha referido al tono cordial de la correspondencia entre señores y vasallos; éstos dirigían peticiones y quejas que recuerdan las que las Cortes elevaban al monarca; el señor replicaba nombrándolos «amigos», y casi siempre la respuesta era favorable. Como muestra de la cordialidad de relaciones cita la solicitud de los señores por el bien de sus vasallos, revelada en instituciones de diversa índole; seguros contra incendios, privilegios a los nuevos pobladores, justicia barata (verbal en asuntos de menos de 3.000 maravedís), etc. Por su parte, los vasallos correspondían invitando al señor a visitarlos (con la advertencia de que procurase llevar poco acompañamiento) y ofreciéndole en sus apuros pecuniarios el pago de las contribuciones condonadas [48]. No estamos en situación de aquilatar hasta qué punto perduraba esta cordialidad en la segunda mitad del

---

[47] Sobre Osuna y sus duques escribió en 1746 don Antonio GARCÍA DE CÓRDOBA un *Compendio de las antigüedades y excelencias de la ilustrísima villa de Osuna y noticias de los preexcelsos dueños que ha tenido desde su fundación*, de tono francamente apologético (B. N. ms. 10.479.) Sin embargo, hay que recordar el Memorial de los pegujaleros de Osuna a Carlos III, en que denuncian las usurpaciones y excesos frecuentes de los señores, véase en COSTA, *Colectivismo agrario en España*, Madrid, 1898, pág. 125.

[48] *Relaciones de la nobleza con sus pueblos...*, BAH., 1927.

siglo XVIII, pero sí hay pruebas de que en no pocas partes seguía viva; una relación del viaje hecho por el marqués del Viso en 1774 a sus *estados* de la Mancha (Valdepeñas, Santa Cruz de Mudela, Viso del Marqués) contiene detalles muy sabrosos acerca de los contactos personales de un gran señor con sus vasallos [49]. Algo ditirámbica, como salida de la pluma de un allegado al marqués, en el fondo debe ser exacta; las aclamaciones al señor a la entrada de las poblaciones durante la visita a las fábricas y escuelas, creadas y sostenidas por él con largueza, la ceremonia de soltar uno de los presos de la cárcel, los rudos y sencillos agasajos que le tributaban, la multitud de memoriales que recibía, componen un cuadro muy animado.

El marqués del Viso no era el único que estaba imbuido del espíritu entre optimista y utópico, pero en todo caso loable y generoso, que caracterizó la «Ilustración» y se desbordó en los proyectos de las Sociedades Económicas; otros, como él, se esforzaron por mejorar el nivel de vida de los campesinos, fomentar las industrias rurales, combatir el ocio, el vicio y la ignorancia. Ejemplo de lo que podía lograrse utilizando el régimen señorial, no como instrumento de dominio y explotación económica, sino de tutela y apoyo a grupos humanos poco desarrollados, nos lo dan los condes de Fernán Núñez. Este pueblo, situado en esa misma campiña cordobesa, donde ya hemos citado tristes

---

[49] Morel FATIO, «Grands d'Espagne et petits princes allemands au XVIII siècle», en *Etudes sur l'Espagne*, tomo II.
La relación del viaje del marqués del Viso había sido ya publicada por FERNÁNDEZ DURO en el tomo XXI del *Boletín de la R. Sociedad Geográfica*.

casos de rivalidad e incomprensión, duplicó su población y su riqueza en una centuria, gracias, en gran parte, a dos de su señores, ambos con gran experiencia europea. El primero, don Francisco Gutiérrez de los Ríos, era, por su formación, un hombre del siglo XVII, y en él se combinaban el patriarcalismo de nuestros viejos señores con una cierta ansia precoz de renovación económica; de vuelta de sus embajadas de Austria, Polonia y Suecia, se instaló en sus posesiones, donde transcurrieron los últimos años de su vida; llevó a Fernán Núñez flamencos, estableció fábricas de paños y sedas, molinos y hornos, aprovechamientos de aguas para fines agrícolas e industriales; repartió entre los vecinos tierras incultas a censo enfitéutico, instituyó mercados semanales y una feria anual.

Nieto de don Francisco fue don Carlos Gutiérrez de los Ríos, el bien conocido hombre de Estado, historiador de Carlos III, embajador en Lisboa, Londres y París; sus iniciativas son más típicamente «ilustradas» que las de su abuelo: interés por la educación popular, con solemnes distribuciones de premios a los alumnos más aventajados; fomento de las industrias caseras; preocupación demográfica (dotes para doncellas y crianza de niños abandonados), concursos agrícolas, una especie de Banco rural para ayudar a los labradores pobres y otras fundaciones en las que invirtió considerables caudales y que llevaron al pueblo una real prosperidad[50].

Otros próceres fomentaron las obras de re-

---

[50] ESPINALT, *Atlante Español*, tomo XII, págs. 5-63 (Madrid, 1789).

gadío, construyeron edificios públicos, crearon
industrias (la de tejidos de lana, en Béjar, recibió gran impulso por entonces), vigilaron de
cerca a sus administradores y subalternos, cuyos abusos eran una de las consecuencias del
absentismo de los señores. Sería tarea inútil
querer averiguar cuántos de éstos pretendieron
realizar en minúscula escala el ideal del soberano absoluto, ilustrado y benéfico. Pocos o
muchos, evitan al régimen señorial una condena sin condiciones y suministraron argumentos a sus defensores. No nos interesan los que
lo hacen basándose en consideraciones abstractas [51] o meramente jurídicas, como algunos de
los oradores de las Constituyentes gaditanas,
sino los que citan hechos concretos, como don
José J. Colón, que cuando se debatía la ley,
en 1811, escribía: «Si hay dueños de pueblos
y jurisdicciones que hayan abusado de sus facultades, también hay otros infinitos, y muchos
más, que habiendo sido incorporados justamente a la Corona, lloran la falta de los auxilios y socorros que sin cesar recibían de su ge-

---

[51] El P. Cabrera (*Crisis política determina el más
florido Imperio*, Madrid, 1717, págs. 234) es uno de
los pocos escritores del siglo XVIII que considera la
cuestión del régimen señorial de un modo general,
aprobándolo en breves líneas. En cambio, Moya Torres
escribe que «si las tiranías practicadas por los señores
se hubiesen de compilar, se necesitaban muchos libros; y siendo así que en el tiempo del reinado de
V. M. (se refiere a Felipe V) es cuando ha entrado el
respeto y el temor, sin embargo, muchísimas tropelías se pudieran deducir; y se ha de juzgar la jurisdicción incedible e intransferible, y con vasallaje en
ningún modo, porque naciendo del pueblo la autoridad del Príncipe, mal puede prestarse esclavo por
ella, de forma que quede sujeto a que luego lo pueda
vender». (*Obra citada*, pág. 107.)

nerosidad; citaré con muertos, porque no se crea que guía mi pluma la lisonja. Por el fallecimiento de la última duquesa de Alba se han incorporado y secuestrado varios pingües estados que poseía en Galicia, Extremadura y otras partes; es un clamor general, son continuos los lamentos de estos pueblos acostumbrados no sólo a condonaciones gratuitas de sus derechos dominicales y territoriales, sino a otras liberalidades, según las escaseces y necesidades de los tiempos. Cayeron en la Corona, y sólo experimentan rigores. Apenas hay pueblo de señorío en el reino que no experimente más o menos iguales gracias; ya las remisiones de los atrasos, ya los adelantos para el pago de las contribuciones reales, ya para establecimientos públicos, como hospitales, ya para sementeras, ganados y aperos de labranza... Fácil les era a muchos pueblos usar del derecho de tanteo, que por su naturaleza es breve, fácil y expedito; pero son muy pocos, en comparación de su número, los que lo introducen; y estos pocos, si se examina el motivo, se encontrará que son incitados por vecinos pudientes, díscolos y acomodados, que quieren dominar a los demás, apoderándose de algunas fincas del dueño, o que, llenos de orgullo y vanidad, se desdeñan de reconocer en otro la superioridad que su envidia les aumenta imaginariamente»[52].

----

[52] *España vindicada en sus clases y autoridades de las falsas opiniones que se le atribuyen*, págs. 8 y siguientes. La obra de COLÓN, decano gobernador del Consejo de Castilla, es quizá el más autorizado alegato contra las innovaciones de los constitucionales; escrita en Cádiz en 1811, se publicó en 1814 en Madrid la segunda edición. (La primera, prohibida, no llegó a circular.)

Fácil sería incorporar más piezas a favor o en contra de los señoríos en este expediente, mas, en último término, subsistiría su radical disparidad; hay abusos bien documentados, y también beneficios innegables. Faltan monografías detalladas sobre las modalidades del régimen señorial en su última etapa y en las diversas regiones. Lo que parece deducirse, dentro de la imposibilidad de sacar conclusiones generales, es que su yugo resultaba más suave en los dominios de las grandes casas, al menos cuando éstas no practicaban un absentismo sistemático y dejaban el gobierno de los pueblos en manos de administradores y subalternos. También parece comprobado que lo que más rebeldías suscitaba no eran los debilitados derechos jurisdiccionales, sino las rentas que pesaban sobre la tierra; más que al señor, era al dueño a quien se odiaba; por eso el desenlace de la cuestión, dramáticamente dilatada, causó tan grande insatisfacción.

Respecto a los señoríos eclesiásticos es más fácil emitir un juicio. Englobarlos a todos, como suele hacerse, bajo el nombre de abadengos, es impropio; por su origen y naturaleza deben distinguirse los que eran propiedad de monasterios de los que estaban regidos por un obispo o cabildo. Las encomiendas de las Ordenes Militares deben formar un tercer grupo. Bastante disminuido con las enajenaciones hechas por los monarcas en el siglo XVI, aún era muy considerable su número cuando en 1805 se decretó la extinción total de los señoríos eclesiásticos (exceptuados los de las Ordenes). Las enconadas y aun sangrientas luchas que en la Edad Media sostuvieron obispos y abades con sus vasallos, eran ya un recuerdo lejano; con raras excepciones, su dominio era más suave que el de los señores laicos, sobre todo en los lugares de obispos; de la encuesta realizada por M. Pérez Villamil resulta que tales lugares eran abundantísimos en Galicia y Toledo; no pocos dependían de las mitras de Barcelona, Palencia, Vich, Santander y Zaragoza; las restantes poseían pocos o ninguno[53]. Su dominio había quedado limitado a una intervención, mayor o menor, en el nombramiento de las autoridades municipales, y a la percepción de pequeños derechos heterogéneos, a veces puramente simbólicos, por ejemplo, una carga de leña, un cordero[54].

Los abadengos, o sea los señoríos monacales, podían resultar más duros donde, como era frecuente, unían a sus derechos jurisdiccionales los derivados de la propiedad de la tierra. Asso atribuía la decadencia de Escatrón a que el monasterio de Rueda le impedía plantar vides y frutales por no ser diezmador de ellos. La lista de los derechos señoriales percibidos por el monasterio de Tórtoles (Toledo) era muy

---

[53] *El señorío temporal de los obispos de España*, BAH, LXVIII, 361-390, con lista de las posesiones temporales de los obispos y capítulos según encuesta realizada entre ellos. Refiere que cuando el cardenal Guisasola se posesionó de la sede del Burgo de Osma se le presentó una comisión de Quintanas Rubias a entregarle, como señor de la villa, un cordero.

[54] Algunos detalles sobre lo que era un señorío episcopal en el siglo XVIII pueden recogerse en *El señorío temporal de los obispos de Lugo*, de Antolín López Peláez (La Coruña, 1897). Los pleitos con el municipio perdieron mucho de su antigua virulencia; por lo general versaban sobre el nombramiento de alcaldes, que ambas partes reclamaban para sí. En 1708, el obispo tenía 10.500 vasallos, sin los habitantes de Lugo.

extensa [55]. Ya hemos indicado los que percibían los de Guadalupe y Santa María de Belmonte. Extensísima era la jurisdicción de la abadesa de las Huelgas.

Pero Galicia era, sin disputa, la región clásica del abadengo. Ninguna otra región española contaba tan escasa proporción de lugares de jurisdicción real: 680, contra 546 seculares, 741 de abadengo, 78 episcopales (entre ellos, las ciudades de Santiago, Mondoñedo y Tuy) y sólo 39 de Ordenes. Había un problema señorial gallego, como había otro valenciano, aunque con características distintas; en Valencia, los señoríos eran en gran mayoría seculares, y predominaba el censo enfitéutico; en Galicia, la Iglesia era dueña de la mitad del territorio, y las instituciones características del señorío gallego eran la luctuosa y los foros. Estos últimos pertenecen más bien al dominio del derecho privado, mientras la luctuosa era de indiscutible abolengo feudal; era el derecho del señor a percibir la mejor cabeza de ganado del vasallo a la muerte de éste; si no dejaba reses, podía suplirse con un arca, una mesa o cualquier otro mueble de cuatro patas. La costumbre eximía de este tributo a los nobles, a los solteros y a las casadas que morían antes que el marido; por lo demás, no había ley que regulase los detalles de su percepción, lo que daba origen a infinitos pleitos. Muchos señores laicos cobraban la luctuosa benignamente, contentándose con uno o dos ducados, pero los

---

[55] Asso, *Historia de la Economía política en Aragón*, 167. Luciano SERRANO, *Los Armíldez de Toledo y el monasterio de Tórtoles*, BAH, CIII. Del estudio no se deduce si se conservaron hasta el fin todas las prestaciones y servicios que enumera.

eclesiásticos entregaban su percepción a arrendadores que procedían con mayor rigor. Achacábase a este tributo cierta inhumanidad (podía dejar a los huérfanos en la miseria) y el ser perjudicial para el progreso agrícola; los labradores no querían tener buenos animales, contentándose con los indispensables para la labranza, y aún de éstos se apresuraban a deshacerse si se veían en peligro de muerte. La luctuosa, que se cobraba también en muchos lugares de Asturias, Cantabria y Montañas de León, fue reducida por una ley de 1787 a una moderada cuota en dinero [56].

Otra multitud de derechos feudales se exigían en Galicia; la infurción, que en algunos pueblos se llamaba *fumage*, consistía en muchos sitios en el pago de seis panes de trigo, media cántara de vino y un lomo por parte de todo aquel que habitaba casa edificada sobre solar ajeno. El diputado Bahamonde hablaba de la multitud de derechos feudales o de vasallaje, «impuestos arbitrariamente por el mismo señor o sus apoderados, y en seguida, a las primeras semanas de casado; de modo que si se les antoja que el pobre ha de pagar más vasallaje que el rico, como frecuentemente sucede, no le queda otro remedio que el de emigrar... Es obligado a cultivar sin salario la granja de un despiadado señor, cuya tiranía

---

[56] Sobre la luctuosa versa una de las alegaciones fiscales de Campomanes recopiladas por Alonso. También trata de ella Juan F. Castro, *Discursos críticos sobre las leyes y sus intérpretes*, libro II, disc. VI. La ley moderando la luctuosa está en la Nov. Recop. I, 3, 5. Se hizo a petición de los vecinos de Lugo, que parece era donde este tributo pesaba con más rigor. (Castro era de esta ciudad.)

y opresión de sus dependientes es la más cruel.
¿Y qué diría V. M. de otros bajos e indecentes
servicios que se les exigen so color de regalía
y que mi modestia no permite referir?»[57]. Es
difícil formarse una idea justa de lo que era el
régimen señorial eclesiástico en Galicia; faltan
estudios monográficos objetivos que suplan la
escasez y parcialidad de nuestras fuentes. Un
«Discurso» anónimo que parece datar de fines
del siglo XVII hace una pintura muy tétrica de
los abadengos gallegos; algunas de las cosas
que refiere de los monjes de Lorenzana y Osera parecen el eco de hablillas sin fundamento[58]. Los escritores del XVIII (Castro, Somoza,
las *Memorias de Posse*) no hablan bien de la
administración monacal, pero los del XIX, que
pudieron comparar la suerte de los colonos antes y después de la Desamortización, confiesan
que fue mucho peor cuando pasaron a poder
de propietarios particulares; los monjes hacían obras de caridad, costeaban obras de uti-
lidad general, y cuando la cosecha era mala no
apremiaban a sus vasallos. Si, a pesar de ello,

---

[57] Acta de los Cortes, día 9 de junio.

[58] El citado «Discurso» forma parte de un volumen
de papeles varios relativos a Galicia. (B. N. ms. 6.423.)
Poco creíble es lo que refiere de los monjes del monasterio de Villanueva de Lorenzana: cierto día del
año obligaban a todos sus vasallos a presentarse lle-
vando un pájaro rey; el abad tomaba a éste, y apli-
cándole un cuchillo al cuello decía: «Estáis en nuestro poder como este pájaro está en mis manos; podría cortarle el cuello, pero somos misericordiosos
y le damos la libertad (soltando el pájaro), y de igual
manera obramos con vosotros.» De los bernardos de
Osera dice que tenían una medida para vender el
grano, y otra, mayor, para recibir el que se les debía.
Muchos prioratos gallegos tenían, además del señorío
temporal, la cura de almas de sus vasallos.

su dominio fue menos popular que el de los obispos, se debió a que las facultades de éstos eran meramente jurisdiccionales, mientras los monasterios solían ser dueños de toda o parte de la tierra.

El carácter eclesiástico de las encomiendas de las Ordenes Militares había quedado desvirtuado desde que se convirtieron en patrimonio de la Corona, que los utilizaba para recompensar servicios más o menos efectivos al Estado. No todas las encomiendas eran señoríos; en algunas, el comendador sólo percibía diezmos y rentas de propiedades. Está por hacer el estudio de la administración de estas encomiendas, para el cual ha de ser fuente primordial el fondo de Visitas del Consejo de Ordenes (A. H. N.). Sin embargo, puede afirmarse, por referencias espigadas acá y allá, que la sombra de Fuenteovejuna, si alguna vez fue efectiva, hacía mucho tiempo que había dejado de pesar sobre los pueblos de los territorios de las Ordenes; por el contrario, se tiene la impresión de que estos señoríos fueron, juntamente con los episcopales, los más benignos, los mejor administrados. En ellos, el municipio no quedó absorbido por la función señorial; conservaban, en general, los vecinos el derecho de elegir sus justicias, que elevaban al comendador para su aprobación. Contribuían a mantener su independencia dos factores que no se daban en los de señorío ordinario: la vigilancia que ejercía el Consejo y el carácter no hereditario de las encomiendas; frente al comendador que pasaba sin crear una tradición familiar, el Concejo representaba el elemento permanente. Por eso puede creerse a un autor, aunque apasionado, que protestando de la labor de las Cortes de Cádiz, escribía: «Cerca de cuatrocientos pueblos habituados a un gobierno justo y liberal y a unas leyes sabias y benéficas se van a envolver repentinamente en una perplexidad y confusión que sólo pueden apetecer algunos díscolos, que no faltan en parte alguna. Todos los demás, muy bien hallados, y aun entusiasmados con su Consejo Supremo de las Ordenes, ni emulan otro conducto para con el Soberano, ni otros gobernantes, tribunales o jueces que los que van por el mismo... Digan los gobernadores y alcaldes mayores si tenían que andar ellos o sus mujeres por antesalas para lograr los ascensos correspondientes y si era o no atendida la justicia y el mérito cuando el Consejo hacía las propuestas» [59].

* * *

La política de los monarcas borbónicos hacia el régimen señorial puede parecer inerte o atrevida, según el punto de vista desde el cual se la examine. En el fondo, dicho régimen era incompatible con los principios que informaban el Estado absoluto, pero la mezcla de soberanía y propiedad que desde su origen caracterizó los señoríos hacía sumamente espinoso emprender una reforma tajante, al par que la pérdida casi total de las atribuciones soberanas por parte de los señores le quitaba urgencia y peligrosidad para el poder público. Por lo pronto, hay que señalar que en el siglo XVIII, por primera vez, y en contraste con los anteriores, no se crearon nuevos señoríos; algunas raras ex-

---

[59] Juan Miguel Pérez Tafalla, *Idea de las Ordenes Militares y de su Consejo*, Cádiz, 1813, pág. 11.

cepciones podrían apuntarse: en 1708, Felipe V donó Cullera al duque de las Torres para castigar la rebeldía de dicha villa; como extensión del privilegio alfonsino, Carlos III premió con limitada jurisdicción la labor colonizadora de algunos señores [60]. Pero estos casos quedan compensados por exceso con las reversiones de pueblos a la Corona, bien de oficio, como Piedrahita y Lucena [61], bien a instancia de los concejos interesados.

Más para satisfacer imperiosas demandas de dinero que con miras trascendentales creó Felipe V en lo más crítico de la Guerra de Sucesión, la Junta de Incorporación (1707-1717), cuyo cometido fue rescatar las rentas, propiedades y derechos enajenados por la Corona y de los que no pudiesen sus detentores acreditar que los tenían con justo título [62]. El Patrimonio

[60] En 1772, el Consejo propuso la extensión del privilegio alfonsino a toda España, pero Carlos III sólo autorizó su vigencia para las nuevas poblaciones que se crearan en Valencia, aplazando la resolución para el resto del país. (Nov. Rec., Apéndice III, 3, 1.) Sin embargo, algunos diputados se refirieron en las Cortes de Cádiz a esta ley como si tuviera valor general.

[61] Piedrahita perteneció a los duques de Alba hasta 1804, en que se ordenó la reversión a la Corona por proceder de merced enriqueña, así como todo el señorío de Valdecorneja. (Fidel PÉREZ MUÑOZ, El Fandiño de Piedrahita, BAH, tomo 88.)

J. LÓPEZ DE CÁRDENAS, Memorias de la ciudad de Lucena y su territorio, Ecija, 1777. Al referir el júbilo con que la población acogió la reversión a la Corona, el duque de Medinaceli se quejó al rey, pidiendo que la obra fuera quemada. Para complacer al duque, don Fernando RAMÍREZ DE LUQUE escribió unas Reflexiones críticas, a las que contestó LÓPEZ DE CÁRDENAS con unas Cartas. (T. MUÑOZ ROMERO.)

[62] F. GIL AYUSO, Catálogo de los papeles de la Junta de Incorporación, Madrid, 1934, «Introducción».

real no se acrecentó gran cosa por este medio; desentendiéndose de la cuestión de la reversión de los señoríos, el monarca trató de rescatar al menos sus rentas por medio de una ley de 1732 (Nov. Recopilación, X, 14, 6); pero debieron faltar los fondos necesarios para indemnizar a los dueños, porque al poco tiempo se suspendieron estas operaciones. La declaración de quedar subsistentes los señoríos valencianos, y la que igualmente respetó la jurisdicción de los barones mallorquines (Nov. Recopilación, V, 10, 4) en circunstancias que hacían factible su abolición, demuestran que la nueva dinastía no entró con propósitos revolucionarios en este terreno. Ya hemos indicado el alcance que debe darse a la restricción de las atribuciones penales de los señores aragoneses.

Nada notable ofrece en este aspecto el reinado de Fernando VI. En los de Carlos III y Carlos IV, el reformismo hubo de tropezar con los señoríos como un cuerpo extraño enquistado en el organismo de la monarquía absoluta; empezó a insinuarse en algunos cerebros la idea de su anulación total; es casi seguro que Campomanes participó de ella, apoyado por el Consejo de Hacienda, al que habían pasado las atribuciones de la Junta de Incorporación, y a cuya propuesta el Consejo de Castilla instruyó un expediente en los años 1772 a 1777, en el que se ventiló la cuestión de la reversión de los señoríos; los tres fiscales estuvieron, con algunas diferencias, por la afirmativa, aunque exceptuaron los obtenidos por servicios eminentes. El Consejo fue más reservado: sostuvo que aun aquellos que debían su origen a ventas motivadas por los apuros del Tesoro se hicieron a perpetuidad, sin la pretendida reserva implícita de que hablaban los fiscales; que en todo caso habría que indemnizar a sus propietarios con sumas enormes. A vista de esta consulta, Carlos III optó por dejarla sin resolución, como hizo con el expediente de Desamortización y el promovido por Extremadura contra la Mesta. Lo único que se notó fue un mayor rigor en la reversión de las mercedes enriqueñas, y un aumento de las demandas de los pueblos que, ilusionados con los rumores de las favorables disposiciones del Gobierno, entablaron pleito a sus señores; pocos obtuvieron sentencia favorable, y la mayoría, después de hacer el depósito del precio, se vieron envueltos en pleitos interminables. Sólo una decisión enérgica tomó la monarquía en el asunto de los señoríos, y precisamente con los que menor reparo necesitaban: nos referimos al R. D. de 25 de febrero de 1805, que incorporó a la Corona todas las jurisdicciones de las mitras y otras dignidades eclesiásticas, con todos los derechos, fincas y rentas que procedieran del Real Patrimonio, cuyo importe se capitalizaría en la Caja de Consolidación de vales reales al tres por ciento, medida que hay que integrar en el cuadro de la funesta actividad desamortizadora de Godoy. (Novísima Recop. IV, 1, 14).

Puesto que, con la excepción indicada, la monarquía absoluta retrocedió ante las resoluciones radicales, su política puede sintetizarse en dos puntos: uno, la preocupación fiscal, traducida en el empeño de rescatar el mayor número posible de regalías enajenadas, sobre todo rentas reales y oficios públicos; no puede decirse que fuera llevada con gran energía, porque aún en 1808 era grande el número de unas y otros que estaban en poder de particulares. El otro punto se refiere a procurar la igualdad legal de los vasallos de señorío con los de realengo y a remover los obstáculos que se opusieran a las nuevas directrices político-económicas, en bien de los vasallos y de las prerrogativas soberanas. En este sentido deben recordarse: las disposiciones sobre pontazgos, peajes y barcajes, dictadas a partir de 1749, para evitar abusos y que dichas tasas sólo se cobraran por los que tuviesen legítimos títulos y cumpliesen la obligación de tener expeditos los pasos y lugares donde se verificaba la percepción. (Nov. Recop., VI, 20, 1 al 17). La aplicación a los pueblos de señorío de las leyes dictadas sobre elección de diputados y síndico del Común, y las leyes relativas a las cualidades que habían de tener los alcaldes mayores de señorío con el intento de equipararlos, en aptitud e independencia, a los corregidores reales [63]. La política de Carlos III queda, en parte, reflejada en un párrafo de la *Instrucción reservada a la Junta de Estado*, re-

---

[63] La ley de 20 de junio de 1802 dispone, «para remediar los males que causan en el Reino muchos dueños jurisdiccionales que, por ahorrar sueldos de dependientes y por conservar las antiguas miserables dotaciones de sus alcaldes mayores, reúnen en una persona este ministerio con el de administradores de sus rentas y estados», que dichos alcaldes mayores de señorío debían residir en el lugar donde ejerciesen; no debían admitirlos los ayuntamientos sin dar fianza y acreditar el título de abogado, ni a los que fueran administradores o dependientes de los señores; éstos debían dotarlos, al menos, con 500 ducados anuales. (Nov. Rec., VII, 12, 32.)

dactada por Floridablanca: «Se ha pensado en algunos tiempos en incorporar o disminuir las jurisdicciones de señorío donde los jueces no suelen tener las cualidades necesarias ni hacerse las elecciones de ellos con el examen y conocimiento que conviene. Aunque no es mi ánimo que a los señores de vasallos se les perjudiquen ni quebranten sus privilegios, debe encargarse mucho a los tribunales y fiscales que examinen bien si los tienen, y que procuren incorporar o tantear todas las jurisdicciones enajenadas de las que, conforme a los mismos privilegios y a las leyes, deben restituirse a mi Corona..., y que se piense en el modo de sujetar a tales señores de vasallos a que antes de nombrar los alcaldes mayores hayan de habilitarlos en la Cámara en la misma forma que se practica con los de realengo...» (Instrucción... XLIX.)

Basta con lo dicho para comprender que si hacia el 1800 todavía podían verse acá y allá altivas mansiones coronadas de bocas de fuego y señores muy pagados de ciertas ceremonias y preeminencias, estas exterioridades no significaban nada en términos de poder político. En cambio, había en los señoríos una cuestión económica de temible fuerza explosiva, que era la única que en el fondo importaba a señores y vasallos. La prueba es que la encarnizada oposición que se manifestó en las Cortes de Cádiz apenas presentado el proyecto de abolición cesó cuando se puso en claro que sólo se trataba de suprimir las rentas y prestaciones de origen feudal. Pero ¿cuáles debían reputarse de este carácter y cuáles dimanadas de contrato particular? Este era el escollo, que nunca pudo ser resuelto. El relato de las vicisitudes de la aplicación de esta ley, hasta la decisión final de las Cortes de 1837, cae fuera de los límites temporales que nos hemos trazado [64].

---

[64] Un relato, no exento de preocupaciones del momento, de las últimas etapas de la cuestión señorial, es el de GARCÍA ORMAECHEA, *Supervivencias feudales en España*, Madrid, 1932. Y con mayor amplitud, las obras del D. Salvador Moxó citadas en la nota 2.

2. LA VILLA Y EL MONASTERIO DE SAHAGUN EN EL SIGLO XVIII *

Es bien sabido que la ingente cantidad de documentación monástica que, como consecuencia de la Desamortización, se conserva hoy en el Archivo Histórico Nacional, sólo ha sido estudiada en muy pequeña parte, y aun esa referente a la Edad Media. Por razones que pueden adivinarse, dada la orientación que hasta fechas muy recientes han seguido los estudios históricos en España, lo referente a la Edad Moderna no ha merecido la menor atención, y el resultado es que un buen sector de la historia de nuestra patria sigue siendo prácticamente desconocido.

El caso de Sahagún es bien aleccionador a este respecto. Don Julio Puyol escribió un buen resumen de la historia medieval del monasterio[1], pero, a partir de los Reyes Católicos, su relato se detiene, como si no hubiese ya nada más que relatar, resultando inferior en esto a la vieja pero excelente historia de Escalona[2], e incluso a la *Crónica* de Yepes. Sin embargo, materiales no faltan para seguir la vida de los

---

* Artículo publicado en *Homenaje al profesor Carriazo*, tomo II, Sevilla, 1972.

[1] *El abadengo de Sahagún* (Discurso de ingreso en la Academia de la Historia), Madrid, 1915.

[2] *Historia del Real Monasterio de Sahagún*, Madrid, 1782.

monjes de Sahagún hasta la extinción de la
Orden; 58 legajos de papeles y un número casi
igual de libros forman la sección moderna de
su documentación en el Archivo Histórico Nacional, aparte las noticias dispersas que puedan existir en otras secciones. Dicha documentación comprende papeles sobre derechos señoriales, diezmos, pleitos, apeos de tierras,
arriendos, derechos de presentación de curatos, bienes y rentas, visitas, libros de gastos
generales, de salarios y limosnas, de granería,
de bodegas, etc., formando en conjunto una
riquísima mina de datos, de los que sólo he
extraído los necesarios para ilustrar el conflicto que opuso la villa al monasterio en los
años finales del reinado de Carlos III.

A la verdad, este conflicto tenía amplios antecedentes; comenzaron casi con la fundación
del monasterio, y llegaron a tomar tal volumen en el siglo XII que forman un capítulo bien
conocido de la historia general de Castilla.
La rebelión de los burgueses contra el opulento monasterio fue domada; los monjes, gracias a la protección de los reyes, no dejaron
de prosperar, mientras Sahagún, que en un momento pudo convertirse en un importante centro comercial, decaía hasta el nivel de un mero
burgo agrícola. Sería falso decir que monjes
y labradores se odiaban; ambos se necesitaban
y se ayudaban mutuamente, pero los inacaba-
bles pleitos muestran que la rivalidad nunca
se extinguió. Sólo en parte es asimilable esta
rivalidad a la que reinaba entre señores y vasallos, pues, propiamente hablando, la comunidad cisterciense no tenía jurisdicción sobre
Sahagún; la villa elegía sus propias autoridades municipales y estaba sometida, desde el

siglo XIV, a la autoridad de un corregidor de nombramiento real. De su antiguo dominio feudal el monasterio no conservaba más que restos insignificantes: nombramiento de un juez de alzadas, percepción de tres maravedíes de *humazgo* de cada vecino, sin distinción de estados (la percepción de este derecho había cesado en 1646), otra percepción irrisoria de 500 maravedíes en que se había redimido el derecho de portazgo, y que también había caído en desuso hacía mucho tiempo, y 327 maravedíes que pagaba cada escribano en concepto de *doblas*.

Pero, en sentencia de revista de 1560, la Chancillería de Valladolid, al par que declaraba que la villa era de realengo, reconocía al monasterio la jurisdicción eclesiástica sobre Sahagún y varios lugares de su contorno [3]. En su virtud, cobraba los diezmos, nombraba los párrocos y ejercía una autoridad cuasi episcopal. Esto le confería gran influencia y elevados ingresos. Pero lo más saneado de sus rentas provenía de sus innumerables fincas, tanto en Sahagún como en otros lugares de Castilla la Vieja. Como en tantos otros casos, era al propietario, más que al señor, a quien odiaban los campesinos, y este rasgo es el que da al régimen señorial español su carácter peculiarísimo [4].

---

[3] De un mapita inserto en el manuscrito 7.305 de la Biblioteca Nacional, que contiene las contestaciones de los párrocos al cuestionario enviado por el geógrafo real don Tomás López, resulta que la abadía *nullius* de Sahagún comprendía, además de esta población, Cogornillos, Peceñil, Calzada y San Pedro de Dueñas (este último monasterio era femenino), pero, según otras fuentes, la lista de pueblos que diezmaban al monasterio era mucho más dilatada.

[4] Así se pone de relieve en las *Actas* que acaban de publicarse, del coloquio celebrado en noviembre de

Quien hoy contemple los pobres restos que quedan del en otros tiempos opulento monasterio difícilmente podrá hacerse una idea de lo que significó aquella casa, una de las más importantes (si no la que más) de toda la Congregación de Valladolid. Bien merecían mejor trato aquellas venerables ruinas, así como los restos del rey Alfonso VI, hoy colocados provisionalmente en un arcón indecoroso[5]. Trabajo cuesta reconocer en estos despojos al opulento cenobio que percibía diezmos y rentas de Villarramiel, Villardefrades, Piasca, Sant Hervás y otras muchas aldeas, granjas, prioratos y cotos redondos. Es verdad que, examinando los libros de rentas, se advierte que en muchos casos la renta era más bien simbólica; por ejemplo, de las 57 casas que el monasterio tenía en Sahagún, 19 estaban arruinadas, 23 habían pagado en conjunto, el año 1783, 751 reales, y las otras 15 debían el arriendo anual, que importaba 934 reales. Lo mismo puede observarse en muchas rentas agrarias; había viñedos que pagaban un real al año. De derechos de riego se habían cobrado aquel año 26 reales, correspondientes a 36 parcelas, y quedaban por cobrarse otros 45. Aunque supongamos que un real por aquellas fechas corresponda a veinte pesetas actuales, hay que reconocer que

---

1968 en Toulouse bajo el patrocinio del C. N. R. S. sobre *El fin del régimen señorial.*

[5] Así ha sido denunciado no hace mucho en la prensa diaria. También se albergaban en la abadía los restos de las hijas de Alfonso VI y los del príncipe don Sancho, muerto en la batalla de Uclés. (Ricardo del ARCO, *Sepulcros de la Casa Real de Castilla,* Madrid, 1954, cap. VII.)

aquellos colonos no pagaban prácticamente nada[6].

Tales rentas se refieren, sin duda, a los antiguos derechos que pagaban los solariegos del monasterio, cuya conversión a metálico, por la desvalorización de la moneda, los había reducido a la nulidad. Pero aparecen también en los libros de cuentas otras partidas mucho más importantes y en especie: cinco fanegas, diez fanegas de grano... en parcelas arrendadas a corto y medio plazo: generalmente de cuatro a diez años. Probablemente, estas tierras debían ser adquisiciones recientes del monasterio. Resultado: el antiguo y execrado régimen semifeudal, en realidad daba al campesino la propiedad de la tierra, gravada con un ligero censo; el régimen moderno de propiedad no le daba la estabilidad y suponía para el campesino cargas considerables.

En el reinado de Carlos III coincidieron dos hechos que dieron especial gravedad al caso de Sahagún y a otros análogos: el alza de precio de las tierras mueve a los propietarios (en este caso los monjes) a redactar los contratos temporales en forma cada vez más dura. Por otra parte, la política *ilustrada* de la Corte, y la conocida tendencia anticlerical de algunos de sus ministros, incita a los pueblos a quejarse de la opresión que padecen, esperando hallar comprensión y ayuda en las alturas. Esto es lo que hicieron los vecinos de Sahagún, reunidos en cabildo abierto en 1779[7]. Fruto de él fue

---

[6] A. H. N. Clero, libro 5.295, *Libro de mayordomía del monasterio de Sahagún.*
[7] La exposición que sigue está tomada de los expedientes contenidos en los legajos 953-11 y 985 de la sección de *Consejos* del A. H. N.

una exposición dirigida al Consejo de Castilla en la que la villa manifestaba hallarse «oprimida y aniquilada por el despotismo con que la trata el monasterio de benedictinos fundado en ella... Mientras aquellos monjes conservaron la disciplina regular mantuvieron con la villa la mejor armonía. Pero luego que con su interpretación hallaron modo de componer la riqueza con la pobreza, no tuvo Sahagún enemigo más terrible, porque no contentos con las inmensas donaciones reales, y ocupando el lugar de la caridad antigua el deseo de extender sus posesiones aprovechándose, ya de los años calamitosos, ya de los vecinos criados y dependientes suyos, y sobre todo de sus crecidas rentas para hacer gastar a la villa su sustancia en continuos litigios, han venido por la razón del más fuerte a arrastrar hacia el monasterio toda la riqueza, y fabricar la opulencia en que hoy se mira sobre las ruinas del vecindario de Sahagún. Buena prueba es que las rentas del monasterio apenas llegaban a 30.000 ducados el año 1500 en que la villa tenía mil vecinos, y hoy, que está reducida a 400, pasan de 60.000 anuales[8], y si V. E., en uso de su soberana protección, no corta la raíz de tan lastimoso estrago, llegará el caso de que en vez de vecinos útiles al estado no se halle en Sahagún sino una caterva de mendigos y criados del monasterio.

Los medios de que éste se ha valido para enriquecerse y oprimir la villa consisten:

Primero. En que arrendando sus copiosas heredades a personas de su parcialidad, éstas, su-

---

[8] Los vecinos no parecen sospechar que 60.000 ducados en 1780 significaban mucho menos dinero que 30.000 dos siglos antes.

geridas o patrocinadas del monasterio, han agregado a ellas muchos campos concejiles que han roturado, de modo que la tierra que cuando pasó al monasterio tenía una carga de cabida hoy hace dos. Y por eso, aunque el monasterio obtuvo del Consejo de Cámara una real cédula para deslindar sus posesiones y usó de ella en cuanto a las que tiene en diferentes lugares, no ha querido nunca apear las existentes en Sahagún.

Segundo. Que concluido el tiempo del arrendamiento no permite su continuación a los colonos, aunque hayan pagado bien, si no suben la renta, la cual ha llegado a hacerse insoportable por la puja de diezmos y cuartas partes a que excita la emulación y competencia de los labradores (cuando no sea un testaferro del monasterio).

Tercero. Que de pocos años a esta parte pacta con los colonos que no puedan subarrendar a los hortelanos el barbecho de las mencionadas heredades, aunque lejos de padecer deterioro, éste es el mejor medio de limpiarlas de toda maleza y que el año siguiente produzcan más cantidad de trigo.

Cuarto. Que las 18 raciones de pan, vino y carne que repartía antes entre los pobres naturales en virtud de fundación real, las destina hoy a personas forasteras; y ha quitado el colegio de jóvenes y cátedra de Gramática que mantenía.

Quinto. Que mantiene un monje granjero en la granja de Valdelaguna, cuidando las labores y vendiendo pan y vino a los caminantes y traficando en ganados, contra lo dispuesto en la Real Cédula de 1772 [9] y en perjuicio de los derechos reales.

Sexto. También defraudan dando raciones a sus criados y jornaleros en parte de salario sin pagar a la villa las sisas correspondientes a dichos mantenimientos.

Séptimo. Que hace más de 24 años que está arruinado el hospital en que daban cama y comida a los peregrinos a Santiago, según están obligados por su fundación. En cambio han hecho suntuosas obras en el monasterio, y como antes a los pobres peregrinos, hospedan hoy magníficamente a las personas ilustres y acomodadas que admiran la mesa abundante y exquisita de la Cámara Abacial.»

Se refiere después la exposición al pleito sobre la utilización de las aguas del Cea, que el monasterio quería impedir por ser en perjuicio de los molinos que él tenía, y lanzaban una acusación muy grave contra el monasterio en cuanto patrono espiritual de la villa: «Las iglesias de Sahagún, cuyos diezmos percibe íntegramente, están indecentemente adornadas y amenazando ruina, los curatos incongruos, provistos casi todos en extraños, y sin concurso como se hacía antes.»

Terminaban los vecinos expresando su temor de que los monjes maquinaban su total destrucción, reduciendo la villa a despoblado, de lo que ya había ejemplos: «Díganlo Maudes, Palazuelo, Santijuste, San Pedro de Boadilla,

---

[9]   Se refieren a la Real Cédula prohibiendo que los monjes vivieran fuera de clausura administrando los bienes rústicos de la comunidad. Los *monjes granjeros* tenían fama de llevar una vida no siempre irreprensible.

San Andrés y La Granja, antiguamente lugares poblados y del señorío del monasterio, hoy despoblados y convertidos algunos en cotos y términos redondos del mismo monasterio.»

Al recibir este documento, Campomanes, fiscal del Consejo, ordenó que informaran la Chancillería y el corregidor. La primera se limitó al pleito de las aguas del Cea. Estaba probado que las presas construidas en el río, y los canales que derivados de él movían los dos molinos, eran propiedad del monasterio. Durante el verano, cuando el agua era apenas suficiente para la molienda, algunos vecinos rompían las presas para regar hortalizas, sobre todo cebollas, de las que el pueblo producía gran cantidad. Por tal motivo ya había habido varios pleitos, en los que siempre habían sido condenados los vecinos.

El monasterio pidió y obtuvo ser también oído; en su larga respuesta rebate, con más o menos fortuna, los alegatos de la villa, a la que acusa de ingratitud por los muchos beneficios que recibe del monasterio en forma de limosnas, adelanto de semillas, educación de jóvenes, etc. Respecto a las «suntuosas obras», niega sean tales, sino meras reconstrucciones, hechas en ladrillo, de las destrucciones causadas por los incendios de 1692 y 1769.

El informe del corregidor parece el más imparcial y por ello nos vamos a detener algo más en él. Por su cargo, el licenciado D. Antonio Marchena Ximénez había presidido el cabildo abierto en que se acordó elevar la protesta de la villa a la autoridad real; por otra parte, no parecía querer malquistarse con los monjes. Por ello, sus 39 folios de apretada escritura parecen contener, si no la verdad absoluta sobre el pleito, al menos un grado estimable de aproximación.

Comienza diciendo que es cierto que el pueblo, que podría ser rico, es pobre, «pero no me persuado que el origen de esta desgracia sea el monasterio, sino la injuria de los tiempos y la desidia de los naturales, que es grande, porque los que tienen bienes raíces los benefician mal y les producen escasas cosechas, y los que no tienen más que su trabajo suelen perderlo, confiados en la limosna que reparte el monasterio a la portería diariamente». Tampoco tenían afición al comercio, manteniéndose ociosos durante el invierno, «cuando en muchos pueblos de la comarca sacan mayor provecho en esta estación, porque dedican sus criados a la trajinería».

Respecto a sus relaciones mutuas, declara: «Aun cuando no puedo decir por experiencia propia la armonía que llevaron antiguamente los monjes con los vecinos, he oído que los trataban con más familiaridad, y que los abades y religiosos de graduación frecuentaban las casas de las personas ilustres; en el día están todos separados del trato y comunicación y guardan una perfecta clausura, a menos que sea por diligencia precisa o por tiempo de recreación, y entonces salen juntos al campo o a la casa de recreación del monasterio... Conservan puntualmente la disciplina monástica, ocupándose de continuo en la oración en el coro y en otros ejercicios de religión, dando a todos ejemplo de virtud y santidad.»

Al corregidor le parecía una monstruosidad jurídica que la Chancillería hubiese reconocido al monasterio en 1755 el derecho a nombrar un juez de alzadas; él había evitado las consecuencias de esta decisión enviando directamente las apelaciones a la Chancillería de Valladolid. En cuanto a los otros restos del poder jurisdiccional que, después de la sentencia de 1560, conservaba el monasterio, se reducían al derecho de doblas, que satisfacían los escribanos en vez de la media anata, el nombramiento de fieles de carnicería «y el derecho a cobrar una pieza de vidrio y barro de todo el que se asienta en la plaza mayor».

Confiesa no conocer el importe de las rentas del monasterio, pero cree que han aumentado por el mayor valor de las tierras y de los granos, «en que está la principal sustancia del monasterio». Estas rentas las percibía de varios pueblos en que llevaba los diezmos y tenía heredades. Los priores prestaban mucho grano a los vecinos, como constaba de los testimonios presentados. Casi mil fanegas anuales, entre trigo, cebada y centeno; pero los beneficiarios eran pocos y casi siempre los mismos (seguramente arrendatarios de confianza). Las limosnas eran cuantiosas; algunos años pasaban de 400 cargas de trigo de a cuatro fanegas cada una. La mayor parte se repartía en la portería entre los pobres de la villa y transeúntes; otras cantidades se enviaban a personas honradas y monasterios pobres.

Aduce cifras concretas sobre lo que percibía el monasterio de la villa. En el quinquenio 1775-79 había ingresado en total, en concepto de renta, 1.038 cargas de trigo y 505 de cebada, con escasísima variación de un año a otro. En cambio, los diezmos habían oscilado mucho, según las variaciones de las cosechas; mientras en 1777 importaron 157 cargas de trigo y 60 de cebada, en el siguiente el trigo había bajado a 110, en tanto la cebada subía a 62.

De las partidas recaudadas había que rebajar cinco cargas de grano que se pagaban anualmente a los misioneros, dos a las Ordenes mendicantes, las *raciones reales* a 18 pobres y las limosnas ya referidas. Las rentas en dinero ascendían a 14.830 reales. De que se infiere «que gasta en esta villa más de lo que producen las rentas que percibe de sus vecinos, a quienes no molesta por sus atrasos, que importaban a fines del año 79 la suma de 16.489 reales».

Considera infundados los temores de que el monasterio aspire a despoblar la villa. Tampoco cree que tienen razón los monjes atribuyendo su decadencia al mal gobierno de sus autoridades municipales. Lo cierto es que Sahagún, en vez de despoblarse, había aumentado veinte vecinos desde 1720, y mucho más aumentaría si sus vecinos no fueran desidiosos. La cosecha de vino, de unas 30.000 cántaras, podría ser mayor. Podría cultivarse el lino y fomentar las fábricas de tejido, de que había 16 oficiales, aunque les faltaba perfección en el hilado y blanqueo.

El corregidor no se atrevía a afirmar que los monjes tuvieran acepción de personas al hacer los arriendos. En cuanto al espinoso punto de si aumentaban ilegalmente sus tierras, el monasterio alegaba que si no hacía apeos era porque los arriendos que hacía cada nueve años era de tierras que tenía a la vista y que se deslindaban a cada nuevo arriendo. «Sin embargo, juzgo que las tierras del monasterio tengan agregaciones de baldíos, no por obra de los monjes, sino por malicia de los colonos, y porque en esta villa siempre hubo un disimulo reprensible en la materia, pues apenas hay labrador que deje de tener usurpadas tierras del común, que han roto ellos, sus padres o abuelos... Yo he descubierto muchos (de estos rompimientos), pero tengo suspenso el procedimiento para representar a V. A. que estas roturas, por no ser a propósito para pasto de ganados, y porque los del pueblo tienen pastos suficientes en los campos concejiles, se destinen al fondo de Propios, arrendándose en pública subasta.»

Negaba que el monasterio no renovara los arriendos si no es con subida; proceder que sería indigno de una comunidad tan ejemplar; «pero es constante que son excesivas las rentas de las tierras de esta villa, no sólo las del monasterio, sino las demás. Verdad es que este daño se experimenta en todo el Reyno, pues han subido las tierras a un precio considerable, sin haber atajado este perjuicio las muchas facultades concedidas por el Consejo para romper baldíos donde estaban sobrantes, porque ya sea emulación de los labradores, ya el aumento de población o el subido precio de los granos por el mayor consumo, dan causa a tan notable incremento, pero en Sahagún es mucho mayor el exceso, pues del testimonio presentado por el monasterio resulta que hay tierra que gana cada año más de una fanega de pan mediado por igual porción de tierra, y siendo éstas, aunque de la mejor calidad, capaces de sembrarse cada dos años para que no descaezcan, se advierte que por cada cosecha contribuyen con dos fanegas, que según los precios corrientes se pueden regular en 45 ó 50 reales, precio asombroso, y excesivo, al que ganan las tierras de la Andalucía baja, donde

son más fértiles y tienen los granos duplicado
o triplicado precio que en Castilla. Verdad es
que los costos son a proporción mayores, pero
aun así es más útil allí la agricultura... También es constante que las fincas de Propios
ganan rentas mucho más exorbitantes, pero
esto no quita el agravio, antes lo hace mayor».
En todos los casos debe mantenerse en su posesión al colono que paga. En cuanto a la acusación de que el monasterio saca a subasta el
arriendo de sus tierras, afirma que «los arriendos certificados (?) no producen esta circunstancia».

No se mostraba de acuerdo el corregidor con
la cláusula que imponía el monasterio de no
subarrendar a hortelanos. Pretendían justifi-
carla diciendo que los continuados riegos que
exigían estos cultivos perjudicaban a los molinos (porque les restaban la fuerza motriz)
y debilitaban la tierra. Esto no era cierto, porque los colonos las abonaban, y los ajos, cebollas y legumbres que cosechaban se vendían en
ocho o diez leguas en contorno. En todo caso,
estos riegos deberían reglamentarse, no suprimirse.

También se mostraba de parte de la villa en
cuanto a la rebaja de las *raciones reales*. Por
cláusulas fundacionales debía dar doce fanegas anuales de trigo a dieciocho pobres; este
número lo habían reducido, so pretexto de
atender a ciertas personas honorables.

Otra cuestión litigiosa era la del colegio. Existió un Estudio monástico en Sahagún durante
la Baja Edad Media; en el siglo XVI tuvo abiertas cátedras de Artes, Teología y Cánones, don-

de podían cursar también seglares [10]. Después, el colegio se cerró. Volvió a abrirse en un plan mucho más modesto de 1729 a 1735, para educar a doce niños en el servicio de la Iglesia, y luego había cesado por completo. El corregidor manifestaba que en la actualidad no podían establecerse facultades mayores sin licencia real, pero que teniendo el monasterio setenta monjes, podría destinar tres a enseñar Teología y Artes, con lo que se evitaría que los padres tuviesen que enviar a sus hijos a estudiar a Carrión, pues el preceptor que había años antes en la villa se había ausentado por no querer seguir costeándolo los vecinos.

Respecto a la espinosa cuestión de la residencia de un monje en la granja de Valdelaguna, contra las órdenes reales, el monasterio alegaba que hacía allí oficio de párroco, y a la vez recoge los diezmos y cuida los pastos, «beneficiando los sobrantes, que arrienda a los asturianos, aragoneses y otros tratantes en ganado, proveyéndolos de pan y vino en aquel despoblado». El corregidor afirmaba que la granja pertenecía al término de Sahagún, «y no sé en qué se funde (el monasterio) para haberla hecho término redondo con jurisdicción alta y baja, pues los demás despoblados que hay en el término, como el de Villarrubia de San Andrés, San Pedro y otros, no tienen esta prerrogativa».

Respecto al hospital para peregrinos a Santiago, los monjes alegaban que como no era de fundación real no tenían obligación de man-

---

[10] Sobre esta institución véase el artículo del Padre BELTRÁN DE HEREDIA: «El estudio del monasterio de Sahagún» (*Ciencia Tomista*, tomo LXXXV, año 1958).

tenerlo, y el corregidor tampoco abogaba por su restablecimiento: «El monasterio socorre a todos los peregrinos, y en el pueblo hay hospital en que se hospedan; no me parece conveniente este asilo, porque la mayor parte de los que visitan los célebres santuarios son unos vagos que tenían por ocupación estas emigraciones, y de ellos he aplicado algunos al real servicio y a los arsenales, aunque también es cierto que muchos van guiados por la devoción al Santo Apóstol, especialmente entre navarros y franceses, pero por lo común éstos no mendigan.» Y a propósito de los supuestos derroches: «No advierto obras magníficas, ni en la Cámara (abacial) exceso notable, sino un trato correspondiente a la dignidad del abad, ni pienso desdiga de la vida monástica que se atienda a las personas ilustres, y más siendo esto conforme a los estatutos de la religión.» Tampoco aceptaba que se denigrara a los monjes, «que son un dechado de santidad», diciendo que la riqueza los ha relajado; «pero no puedo negar que en todas épocas ha seguido muchos pleitos con la villa en que le ha hecho «perder crecidas cantidades, porque es nimiamente escrupuloso en la defensa de sus derechos, sistema que es adoptado por todas las comunidades». Sólo en el pleito del monte de Valdelocajos llevan gastados los vecinos veinte mil reales.

El pleito sobre el agua de riego también venía de muy atrás. El monasterio no negaba que el río fuera de la villa, pero como los molinos eran suyos y no podían funcionar sin el agua del río, pretendían que los vecinos no podían utilizar sus aguas para el riego sin su permiso. El corregidor estimaba infundada esta actitud.

Negaba el monasterio que las iglesias de Sahagún estuviesen indecentes y los curatos incongruos. Las congruas se habían concordado en 1562, por cantidades que variaban entre 1.313 reales para la parroquia de la Trinidad y 3.312 para la de San Lorenzo. Percibían además los curas los diezmos llamados *menudos* en las tierras que no eran propiedad del monasterio, y los forales, que pagaban los criados de sus soldadas. Con estos ingresos, y algunas capellanías, la congrua alcanzaba la cantidad fijada por el obispo de León, y si no alcanzare, podrían reducirse las seis parroquias a tres, suficientes para una población de 480 vecinos. Por su parte, el corregidor opinaba que las fábricas de las parroquias no estaban bien atendidas, y que la congrua, que era suficiente en 1562, no lo era ya en aquellas fechas.

Creo que, a pesar de su extensión, no habrá sido improcedente extractar la amplia información del corregidor de Sahagún, porque a través de sus noticias puede rastrearse lo que era la situación de una villa castellana del XVIII. Vamos ahora a tratar de contrastar sus datos con la documentación. Como queda dicho, la existente en el Archivo Histórico Nacional es abundante, pero no completa. Faltan los libros de rentas correspondientes a la segunda mitad del siglo XVIII, y aunque esa falta puede suplirse, en parte, con los de mayordomía y visitas, la complejidad de los datos es tal que resulta difícil formarse una idea clara de los ingresos del monasterio, y de la razón que asistiera a los vecinos de Sahagún para afirmar que pasaban de sesenta mil ducados anuales, cifra que podríamos traducirla, en moneda actual, en más de quince millones de pesetas. Afortunadamente, podemos utilizar una fuente más asequible y digna de todo crédito: la ya citada historia del monasterio del P. Escalona. Para la parte histórica aprovechó la que dejó escrita en el siglo anterior el P. José Pérez, quien, desanimado por una censura implacable y cominera, la dejó inédita; para el siglo XVIII, Escalona utilizó su conocimiento directo del monasterio y de sus rentas. El hecho de que saliera a luz en 1782, pendiente el pleito de que tratamos, no parece mera coincidencia; su historia es también un alegato por el monasterio y sus monjes, como vamos a ver.

El capítulo IV del libro VIII, titulado «De las rentas que hoy tiene el monasterio», es en este aspecto fundamental. Comienza diciendo que se exagera mucho, y basado en los datos que había reunido durante treinta y cinco años, hace el siguiente resumen: Lo que percibe el monasterio en dinero de sus casas, viñas, juros y censos no llega a 30.000 reales de vellón. Las rentas de trigo de todas sus haciendas no completan 1.400 cargas; las de los molinos no llegan a 300; los diezmos que percibe de todos sus lugares no pasan de 300 (recordemos que la carga tenía cuatro fanegas); el centeno de rentas, diezmos y molinos no pasa de 300 cargas; el de cebada asciende a 750. El diezmo de vino, lana, corderos y legumbres y otros menudos no llega a 3.000 ducados. En total, 2.600 cargas de trigo, 650 de cebada, 300 de centeno, 30.000 reales en dinero y 3.000 ducados en diezmos de menudos.

No existe el *Libro de Granería* correspondiente a los citados años, pero sí el de 1796-1802[11], lo bastante próximo como para que sus

11 A. H. N. Clero, libro 5.296.

datos puedan servir de comprobación a los de Escalona. En 1796, despreciando fracciones, tuvieron entrada, procedentes de rentas, 1.781 cargas de trigo, 330 de cebada y 189 de centeno. Y por diezmos, 1.216, 362 y 117, respectivamente. En 1797 las rentas importaron 1.764 cargas de trigo, 323 de cebada y 193 de centeno. Los diezmos (sin el partido de Villada) bajaron mucho: 655, 195 y 90 cargas, respectivamente. En 1798 la renta siguió siendo casi igual: 1.794, 314 y 196 cargas. Los diezmos no se pueden calcular bien porque faltan los datos de varios partidos. En 1799 ingresó 1.784 cargas de trigo en concepto de rentas y 1.323 de diezmos; 314 más 661 de cebada y 192 más 203 de centeno. El año 1800 las rentas siguen al mismo nivel, pero los diezmos se hunden: 516 cargas de trigo, 140 de cebada y 136 de centeno. Teniendo en cuenta la extremada variabilidad de los diezmos, pueden aceptarse como muy aproximadas a la media las cifras de Escalona. Ahora bien, teniendo en cuenta que casi todas las rentas del monasterio las percibía en granos, la variabilidad, también muy grande, de sus precios, introduce otro elemento de incertidumbre. El propio Escalona alude a los bajos precios que habían reinado en la primera mitad de aquel siglo, lo que había producido dificultades al monasterio, que había tenido que pedir dinero a censo. En efecto, durante las primeras décadas de aquel siglo los precios del trigo bajaron con frecuencia de la tasa legal de 18 reales fanega, mientras que en las últimas pasaron a veces de cuarenta, de cincuenta y aun de sesenta reales. Un sencillo cálculo nos dice que 2.600 cargas de trigo, que son 10.400 fanegas, a 50 reales, importan 520.000 reales, que son 47.254

ducados. Agregando los otros ingresos se llega, aproximadamente, a los 60.000 ducados que decían los vecinos de Sahagún.

Pero este cálculo tiene mucho de ficticio, ya que el precio de los granos era más bajo en Castilla la Vieja que en el resto de España, y además los monjes no podían convertir en dinero más que una parte de ellos, pues una gran proporción se utilizaba para pagos del personal, limosnas y sustento de la comunidad [12]. Escalona calcula en 900 cargas de trigo lo que se consumía en estas atenciones, y las de cebada, en 250. «De vino se gastan un año con otro más de 3.100 cántaras, de modo que llega escasamente para este gasto el total de 3.000 ducados expresado en el percibo. Y así sólo quedan de venta las 300 cargas de centeno, 1.700 de trigo y 500 de cebada, que vendidas a sesenta, setenta y treinta y ocho reales, respectivamente, que son precios demasiado subidos un año con otro para este país, un año con otro resulta que recibe el monasterio 156.000 reales; y agregados los 30.000 de renta, compone todo 186.000 reales. ¡A esto están reducidas las ponderadas rentas y grande percibo del monasterio de Sahagún, tan poderoso, rico y sobrado de todo!»

---

[12] Algunos ejemplos tomados del *Libro de salarios de granos, 1741-1809* (A. H. N. Clero, 5.317), tres cargas de trigo anuales al alcalde del coto; dos al alcalde mayor; dos al juez de apelaciones; seis al abogado de Sahagún; dos al abogado de León; dos al fiscal eclesiástico; seis al pertiguero; seis al albéitar; dos y media, más cien reales, a cada uno de los tres cirujanos-barberos; tres a la planchadora de sacristía; tres al campanero, etc.

Algo baja se nos antoja la evaluación de los granos, pues por la propia documentación del monasterio resulta que en 1785 estaba la carga de trigo a cien reales, y en 1799 llegó a 161 reales. Tampoco es admisible en buena contabilidad que los gastos en especie no se consideren ingresos. Por eso, creo que no sería aventurado calcular los ingresos medios del monasterio hacia 1780 en unos cuarenta mil ducados. Pero más interesante que el importe de la renta es saber el uso que se hacía de ella. Sigamos escuchando a Escalona:

En años corrientes pasan de 300 los pobres a quienes se da de comer en la portería. Hácense limosnas a conventos. Socórrense algunos pobres vergonzantes con pan, vino y carne. Se mantienen las trece raciones reales. Ultimamente se ha asignado al abad cierta cantidad de maravedíes, que distribuye los días de fiesta, y otra más considerable que invierte en limosnas secretas. Este renglón de limosnas casi nunca se minora; pero en los años miserables en que menguan mucho los diezmos, ascienden a dos tantos y alguna vez a tres el gasto de limosna. En la hospedería y limosna de dinero se suelen gastar siete mil ducados. Hay veces que se sientan veinticuatro huéspedes en la mesa del abad, pues son muchos los monjes de tránsito y los seglares que, invitados del abad o de propio motu, van al monasterio, y hay que agasajarlos según su calidad. En la fábrica del monasterio, alhajas y culto es poquísimo gastar al año 1.500 ducados. Otros dos mil se gastan en salarios de médicos, cirujanos, abogados, procuradores, merino, fieles, y en seguir los pleitos contra los que invaden los derechos del monasterio. De Subsidio y Excusado se pagan 1.500 ducados. De quindenio 3.000, que corresponden 200 a cada año. Para gastos de la Congregación de Valladolid y de su General contribuye con 300 ducados. La suma total es de 12.300 ducados, por lo que no quedan libres para la comunidad más que 5.000 (ya hemos visto que Escalona reduce los ingresos en dinero a 186.000 reales, que eran 17.000 ducados). Con esta suma se mantiene a la comunidad, que suele constar de sesenta o setenta monjes, más diez o doce legos, otros tantos criados asalariados y otros más que sirven sólo por el sustento. Además se costean estudios a veinte o veinticuatro monjes en colegios de Artes y Teología, que suelen costar a cuarenta ducados, y a ciento catorce los que están en Salamanca. Parece increíble que con tan poco dinero se sustente tanta gente, se hagan tantas limosnas y se atienda a tantos gastos. «Digan ahora los más severos censores si en manos de seglares estaría mejor administrada esta hacienda, perdonando además a los colonos sus débitos y esperándoles en los años malos.»

Ignoro en qué condiciones se realizaría en Sahagún la Desamortización, pero es más que probable que, como en tantos otros sitios, los colonos no tuvieran motivos para felicitarse del cambio de dominio, y que el de los monjes, con todos sus defectos, se les aparecería más llevadero. Esto no quiere decir que los monjes fueran ángeles y que no se hubiera relajado la disciplina monástica. Como muchas personas que no tienen otros vicios, se sentían tentados por la gula. Estaban ya lejos los tiempos en que el rigor de su abstinencia era tal que los enfermos que tenían que comer carne se abstenían de recibir la Eucaristía. Yepes, que escribía a principios del siglo XVII, ya se refería a esta situación en pasado. Los *libros de gastos* de la comunidad nos informan de que si el ordinario de los monjes era sobrio, aprovechaban cualquier oportunidad para ingerir manjares delicados. Por ejemplo, el día de San Benito, que el año 1726 cayó en Cuaresma, se solemnizó con 53 libras de lamprea, 66 de congrio, 60 de merluza, dos barriles de ostras de Cambados, cuatro de truchas, aceitunas sevillanas, etc. El de San Anselmo el extraordinario consistió en 30 libras de pernil, una ternera, arroz, azúcar y chocolate. Casi cada semana salían los monjes a *recreación* a una de sus fincas; esos días aparecen en las cuentas como extraordinarios: pollos, lechones, pescados finos, etc. Los gastos de hospedería, a que se referían los vecinos de Sahagún, eran realmente elevados; perdices, pavos, pichones, almendras, bizcocho, chocolate y otros manjares, los mejores y más caros que se podían encontrar, se servían en la mesa abacial para regalar a los huéspedes de calidad. El 30 de noviembre de 1738 se aposentó en el monasterio el General de la Congregación de Valladolid con su séquito y se tiró la casa por la ventana: 103 libras de congrio, 80 de merluza, tres barriles de aceitunas, 66 libras de barbos, 74 de truchas, dos arrobas de azúcar, orejones, almendras, limones, manjar blanco, 70 pollas, 30 capones, 20 libras de manteca fresca, una ternera, 40 libras de queso del Cebrero, 66 de lengua y sesada, 12 barriles de ostras, dos arrobas de chocolate... En total, con el obsequio de algunas

7

prendas de vestir, la visita costó 136.846 maravedíes al monasterio [13].

Lleguemos ahora al desenlace de la reclamación planteada por el municipio de Sahagún contra el monasterio. Don Pedro Rodríguez de Campomanes, fiscal del Consejo, en larguísimo informe fechado en julio de 1781, dice que la villa recibe agravio en los siguientes puntos: arriendo de tierras; prohibición del subarriendo a hortelanos; disminución de las *raciones reales;* falta del colegio; existencia de un monje granjero; defraudación de los derechos reales; pleito del monte de Valdeajos; riegos; dotación de curatos; usurpación de tierras concejiles. Se remitió el expediente a las partes, dándoles quince días para responder, y ambas se ratificaron en lo alegado. El rumbo del expediente parecía claramente favorable a los vecinos. Pero transcurren dos años, durante los cuales parece que cambió el clima en el Consejo. Se hace cargo del expediente otro fiscal, que no puedo identificar por la rúbrica, el cual señala la paralización del expediente sin explicar sus causas, y reduce a cuatro los agravios de la villa: el agua para riego, la usurpación de las tierras concejiles, los arriendos a corto plazo y la prohibición de subarriendos. Las demás reclamaciones no tienen la misma urgencia ni están bien documentadas. Transcurren otros tres años sin tomarse ninguna providencia. Por fin, en marzo de 1786 el Consejo

---

[13] A. H. N. Clero, libro 5.315. Los ejemplos que aduzco son anteriores a la fecha del pleito porque no existe el *Libro de gastos* correspondiente a estos años, pero no es de creer que fuesen menores cuando las rentas del monasterio eran más crecidas.

comisiona a D. Fernando Muñoz de Guzmán, oidor de Valladolid, para que tratara de conciliar los intereses de los monjes y de los vecinos en cuanto a los riegos, deslindara las tierras que se suponían concejiles y mantuviese al monasterio en la libertad para la contratación de arriendos rústicos que estipulaba la Real Cédula de 26 de mayo de 1770 [14], proponiendo a la vez lo que procediera acerca de los subarriendos.

Pasa otro año. El oidor informa que había visitado las presas del río Cea y que no había aguas sobrantes, pues apenas eran suficientes para que los molinos funcionaran; no obstante, los monjes consentían en que, en los momentos en que los molinos estaban parados, se aprovechasen las aguas para regar, no siendo cebollas, a las que los monjes parece tenían gran prevención. Hizo publicar también la Cédula de 6 de diciembre de 1785 (ampliación de la de 1770 sobre arriendos rústicos) y se declaró incapaz de identificar las tierras usurpadas antes de 1780. De las arrebatadas con posterioridad había recuperado 2.260 fanegas, que se habían agregado al patrimonio concejil. En 1788 se comunicó a las partes lo actuado por el oidor. La villa no respondió. El monasterio pidió su aprobación y que se condenase como calumniadores a los vecinos que habían firmado la representación de 1780. Así lo hizo el Consejo; en resolución de 23 de marzo de 1789 aprobó las diligencias del oidor y condenó a

---

[14] Esta y otras disposiciones, incluidas en la Novísima Recopilación (libro X, título 10, ley 3.ª) garantizaban la libertad de arrendamiento al propietario, sin más obligación que el preaviso al arrendador.

los vecinos a pagar quince mil reales de costas, advirtiéndoles, además, que en lo sucesivo se abstuvieran de dirigir expresiones injuriosas a personas respetables.

Este fue el desenlace del pleito, bien distinto del que prometían sus comienzos, y sin duda injusto, pues si los vecinos se excedieron en sus críticas a los monjes, es indudable que algunos de los agravios que denunciaron eran reales. No tenían razón los monjes al supeditar los riegos a las conveniencias de sus molinos. Las iglesias de Sahagún estaban (así lo reconoció el corregidor) mal atendidas. Existía un monje granjero, contra lo expresamente ordenado por la autoridad real. La usurpación de tierras concejiles era un hecho, puesto que el comisionado del Consejo hizo devolver una buena cantidad, y aunque la verificaran los arrendatarios, el beneficiario final era el monasterio. ¿Por qué, entonces, la represión y la condena en costas? Sólo puede explicarse por el cambio de clima político, muy visible ya en los últimos años del reinado de Carlos III y acelerado en el de Carlos IV, aun antes de que la Revolución Francesa desacreditara, más acá de los Pirineos, muchas de las reformas preconizadas con anterioridad. Y no podemos dejar de comprender la indignación de Jovellanos cuando llamaba a Campomanes «aquel inutilísimo conde», si reflexionamos que, como gobernador del Consejo de Castilla, sancionó medidas absolutamente contrarias a las que (como en este caso) defendió cuando era fiscal.

3. UNA VISION CRITICA DEL MADRID DEL SIGLO XVIII *

La historia no se hace sólo en los archivos. Hay perdidos en nuestras bibliotecas impresos que son más raros que muchos manuscritos, y yo quisiera con estas líneas llamar la atención hacia un libro casi desconocido que tiene un gran valor para conocer la vida madrileña en los años finales del reinado de Felipe V, es decir, en una época mal conocida y peor estudiada. No me atribuyo el mérito de haberlo descubierto; hace ya tiempo que el autor y su obra fueron dados a conocer por dos compatriotas suyos, dos canarios ilustres, Millares Torres y Millares Carlo [1], cuyas noticias aprovecho en esta corta semblanza biográfica.

Don Cristóbal del Hoyo Sotomayor nació en Tazacorte, pequeña localidad de la isla de La Palma, el 31 de diciembre de 1677. Sus padres fueron dos Gaspar del Hoyo, caballero de Calatrava, capitán general que fue de Nueva Andalucía y marqués de la Villa de San Andrés (título que heredó su hijo), y doña Ana Jacinta de Sotomayor. Don Cristóbal, después de hacer

* Artículo publicado en *Anales del Instituto de Estudios Madrileños*, tomo VI, Madrid, 1970.
[1] A. MILLARES TORRES: *Biografías de canarios célebres*, I, págs. 121-175; A. MILLARES CARLO: *Ensayo de una bibliografía de escritores naturales de las Islas Canarias*, Madrid, 1932, págs. 239-245.

breves estudios en su isla natal, realizó dilatados viajes por Europa, que influyeron decisivamente en su formación: Italia, Francia, Inglaterra, Países Bajos... Regresó a Canarias en 1716, sin duda ya con ideas avanzadas que causarían escándalo aun en aquella sociedad relativamente abierta por la presencia frecuente de extranjeros. La animadversión del obispo y un asunto turbio de matiz erótico lo llevaron a una prisión, de la que se evadió en 1732. Se refugió en Portugal durante algunos años y luego contrajo matrimonio con doña Teresa Margarita Suárez de Deza, de noble familia gallega. Con ella llegó a Madrid el 4 de diciembre de 1736. Frecuentó la alta sociedad, e incluso la Corte, a donde su nacimiento le daba entrada. Después de unos años que pueden suponerse felices, se acumularon los desastres: murió su mujer, fue procesado por la Inquisición y condenado a retractarse en 1749. El año siguiente regresó a Canarias con su hija, único fruto de su matrimonio. Allí le aguardaban nuevas contrariedades, porque no era hombre capaz de callar por prudencia o fingimiento; ya en el ocaso de su vida fue de nuevo preso por la Inquisición en 1759, y condenado en 1761 a represión y prohibición de escribir. Poco después, el 29 de noviembre de 1762, murió en La Laguna.

El marqués de Villa San Andrés dejó dos obras, ambas extraordinariamente raras: un volumen de *Cartas a diferentes asuntos...*, sin pie de imprenta, prohibida en el Edicto de 1741, y la que ahora vamos a comentar, titulada *Carta del marqués de la Villa de San Andrés y vizconde de Buen Passo respondiendo a un amigo suyo lo que siente de la Corte de Ma-*

drid. Dada a luz por el muy reverendo padre fray Gonzalo González de la Gonzalera [2]. El contexto material de la obra es tan estrafalario como debía ser su autor; aparte de la incongruencia de llamar carta a un volumen de 600 páginas, no tiene división en libros ni capítulos, pero pueden distinguirse tres partes; la primera es la de mayor interés, y en su mayor parte se refiere a Madrid y los Sitios Reales. La segunda contiene una serie de disertaciones teológicas pesadas, sin fuerza satírica ni vigor costumbrista; se abre en la página 341 con una proposición en la que, de forma indirecta, califica de injusta la doctrina (perfectamente ortodoxa, sin embargo) que hace depender el destino de un alma exclusivamente de su situación en el momento de la muerte, cualquiera que haya sido su actuación anterior, y continúa disertando contra la acción demoníaca, asegurando que en la mayoría de los casos se trata de meras ilusiones; para él, las tentaciones son meros fenómenos orgánicos, como lo demuestra que, conforme avanzan los años, cuando el demonio debía redoblar los esfuerzos para asegurar su presa, los hombres se hacen más devotos y menos livianos. «No hay otro diablo que faltarnos las fuerzas en la vejez» (pág. 371). La tercera parte, desde la página 543 hasta el final, son de versos de muy escaso mérito.

El volumen carece de año y lugar de impresión. El prólogo está fechado en 1740. En la

---

[2] He examinado el ejemplar de la Biblioteca Nacional de Madrid, único que conozco. Tiene en su segunda parte acotaciones con lápiz, que parecen bastante antiguas, y de alguien que, cotejándolo con el original, notó las partes que faltaban.

página 75 el autor dice que ha pasado ya cinco
inviernos en Madrid, lo que nos lleva al año
1741; pero la suscripción final reza así: «Madrid, a cinco de diciembre de 1745», lo que
hace suponer que la composición de la obra
duró varios años y que se imprimió, lo más
pronto, en 1746, lo que concuerda con el hecho de no haber sido prohibida por la Inquisición hasta 1749. Carece de aprobaciones y tiene
todas las trazas de ser una impresión clandes-
tina. ¿Por qué, entonces, el autor no se escudó
en el anónimo? ¿Cómo no previó los sinsabo-
res que su publicación le acarrearía? Pues además de tratar a todos, desde las más altas autoridades a las clases más bajas, en un tono de
zumba impertinente y crítica irrespetuosa, los
miembros del clero fueron blanco especial de
sus dardos, por lo que no es de extrañar que
el dominico fray Luis Izquierdo, en su censura
del libro, dijese que era «de los más pernicio-
sos que se han dado a la imprenta..., lleno
de proposiciones temerarias, escandalosas, im-
pías, ofensivas de los piadosos oídos, blasfe-
mas, erróneas y heréticas». Esta última expresión parece demasiado fuerte. El marqués en
ningún momento quiere aparecer como irreligioso; censura precisamente lo que le parece
incompatible con la dignidad de la religión y
de sus ministros; frecuentaba las iglesias y
rezaba el rosario en su casa. Lo que sí se encuentran en sus escritos son frases irreveren-
tes y algo volterianas, parecidas a las que años
después se acriminaron a Olavide; por ejemplo, compara (pág. 204) lo mal que se guardan
los domingos en España con lo que vio en
Londres o Amsterdam. La descripción que hace
de los ejercicios espirituales que hizo con los

jesuitas en Alcalá de Henares es un poco chusca. Le enseñaron las Sagradas Formas incorruptas y no cree que ello constituya un milagro. «De aquí a doscientos años todos hemos de ser de corona o barrenderos en los refectorios», dice en otro lugar (pág. 223). Algo después pinta el hogar de un cura gallego, con una buena casa, «una muger que no es mala, un sobrino heredero suyo, mucha plata labrada, buen chocolate, mejor mesa y un pedazo de tertulia con unos frailecitos de pescuezo rubio y de oreja colorada» (pág. 226). Algunos dirán, alega: «que bien se deja conocer que estuvo en Inglaterra», pero él protesta que sus críticas están movidas por el celo de la Iglesia, amenazada de una ruina como la que acaeció en el Norte por el demasiado apego a las riquezas.

El mismo espíritu de crítica acerba, sarcástica, con ribetes quevedescos, emplea en sus descripción de escenas y tipos madrileños; en sus términos de comparación aparecen continuamente, de un lado, sus reminiscencias canarias, el cotejo con Güimar, Telde, La Laguna o Garachico; de otro, el recuerdo de las urbes europeas en las que había vivido. Evidentemente, su relato, aunque sea verdad, no es toda la verdad; pero su pesimismo forma un contrapunto útil e instructivo a las hipérboles de Núñez de Castro y otros entusiastas.

Por lo pronto, niega que Madrid fuera tan grande como ponderaban sus vecinos. Según la *Guía de los Forasteros*[3], tenía 8.099 casas y

---

[3] No expresa a qué año se refiere la guía que aquí cita. María CARBAJO ISLA dice que las anteriores a 1740 no contienen datos demográficos («Primeros resulta-

110.641 almas de comunión, más los párvulos, religiosos, hospitalizados, etc. De todas maneras mucho menos que París, Constantinopla, Nápoles o Londres. De lo que sí había muchedumbre era de forasteros y extranjeros (70.000 calcula, con exageración evidente). Esta población flotante pertenecía a las más diversas categorías: pretendientes, pleiteantes, amoladores, «que con sólo el sutil grosero afán de amolar cuchillos y tijeras garra cien doblones uno de éstos en dos años; a cuya cucaña vienen otros vendiendo polvos, estampas, pitos, alfileres, etc., y andando a la hormiga así, rotos y despedazados, llevan el dinero y hacen burla de nosotros» (pág. 12). En otro lugar evoca el incesante trajín de las calles de Madrid: «recuas de mulas, machos, borricos con cal, arena, piedras, palos, trigo, harina, carbón; carros con bueyes, hombres con sacos de aceite, sillas de manos, esportilleros con inmensas cosas, mujeres y hombres del campo con cuanto traen a vender...» (pág. 78).

El clima de Madrid, con sus violentas alternativas de frío y calor, de lluvia y de polvo tampoco merece su aprobación. Advierte que no puede asustar el frío del invierno madrileño a quien, como él, ha experimentado los de «Londres, París, Bruselas, Liege y Absterdam» (sic). Lo que le molesta es su larga duración [4],

dos cuantitativos de un estudio sobre la población de Madrid. 1742-1836», *Moneda y Crédito*, núm. 109). Ignora si se publicaron las *Guías* de 1740, 41 y 42. Los datos de la *Carta*... deben corresponder a uno de estos años, posiblemente al de 1740. Los datos que consigna son: 3.658 nacimientos y 2.402 defunciones (sin incluir los hospitales).

[4] La larga duración de los inviernos madrileños en esta época está en relación con el más rudo clima

pues dura de octubre a mayo. La indumentaria
y la tapicería de las viviendas se ajustan a
un calendario riguroso; los tapices se cuelgan
y descuelgan cada seis meses; las pesadas fae-
nas de estero y desestero también tienen fechas
fijas, lo mismo que la época de cambiar de
traje. «El año pasado, en octubre, en Balsaín,
hacía un frío que pelaba; y con espanto obser-
vé que todo el mundo lo sufría sin quejarse,
vestidos de feligrana unos y de hojas de yedra
otros porque estaban aún las velaciones por
abrirse» (pág. 76).

El marqués de Villa de San Andrés estaba
en completo desacuerdo con la frase «Sólo Madrid es Corte». No le parecía tener aire de
Corte ni por sus calles, ni por sus costumbres,
ni por sus monumentos, ni por su gente. París
sí que merece el nombre de Corte porque allí
«en cada esquina hallará una diversión, en
cada balcón una dama, seis mil en cada jardín
y en los paseos, que sólo en coche son..., sin
que te pregunten dónde vas, ni te examinen
quién eres, ni en Pascua Florida te pida el cura
la cédula de confesión» (pág. 4). Por el contrario, el pueblo madrileño le parecía «el más bárbaro y el más idiota que, proporcionadas las
circunstancias de Corte tal, he visto yo»; lo
que atribuye: primero, a la variedad de gente
de tantas naciones, que suelen ser la hez y
nos pegan sus costumbres; segundo, a que
«los españoles por lo general somos desasea-
dos, jactanciosos, pródigos, flojonazos, despli-

---

del siglo XVIII, comparado con el nuestro, hecho que,
para la Europa Occidental por lo menos, puede considerarse definitivamente demostrado (E. LE ROY LA-
DURIE: *Histoire du climat depuis l'an mil.* París, 1967).

centes y sobremanera vanos», y lo tercero, porque ven que es más fácil y provechoso robar al prójimo que estudiar (pág. 12).

No podían faltar las alusiones a la increíble suciedad de las calles del Madrid filipesco, y lo hace con una crudeza digna de la más leída novelística actual. El *rocío* que llovía de las ventanas al grito temeroso de ¡*agua va*! es nombrado con todas sus letras y hasta en mayúsculas. Los madrileños se disculpaban diciendo que el aire de la Villa es tan sutil que en cuanto las malolientes sustancias son arrojadas se descomponen y no hieden. ¡Falso! «Hiede y rehiede que es un juicio; y tan líquida o cuajada se mantiene hasta que los carros la echan fuera o la deshacen los coches como la parió su madre» (pág. 77). «Este horror, esta porquería, que sin dificultad se podría quitar, no se quita porque hay 80.000 ducados para esta limpieza, en que muchísimos se empuercan.» Estaba mandado que no se arrojasen antes de las diez de la noche, pero la orden no se respetaba. «Si no avisan, vino de repente el tabardillo y lo cubren a uno de m..., y si avisan, no comprendiendo un triste la voz alegre que de más allá del cielo viene, suele brincando desdichas arrimarse más al precipicio... Cónstame una cantidad de acontecimientos lastimosos motivados de esta práctica afrentosa. Uno te diré por muchos. A un caballero, cadete en las Guardias de Corps, le quitaron la banderola con desaire porque, bien ardiente y bien cagado, subió la escalera a las cuatro de la tarde, forzó la puerta y dio unas cuantas bien merecidas patadas a una moza de cocina que le había echado un bien prevenido bacín, de tres días recaudado.» Y no era éste el único peligro: «Hay unas canales largas con que desde las cocinas arrojan a media calle, envueltas en agua de fregar, las últimas porquerías de las casas, y esto sin la virtud amonestatoria del ¡ *agua va*! De suerte que suelen caer encima de los coches muchas veces, y si los vidrios van abiertos, pueden sin maleficio entrar dentro.»

«Para limpiar estas calles paga esta Villa 132 carros podridos, que 264 matadas mulas arrastran, y por más que sin cesar cruzan continuamente, como el pueblo es grande suele cada enjuagadura tocar tarde a cada calle. Infiere de aquí, como estarán considerando: que hay casas de cinco altos y de cinco vecindades cada casa. Por cuyo verter de porquerías hay una valla de m... al medio de muchas calles que no se puede saltar con lanza de quince pies. Para llenar estos carros, que esta horrura llevan fuera, van juntando con veinticuatro escobones otros tantos hombres estas porquerías, las que a fuerza de agua se liquidan para que de calle a calle o de pared a pared la junten haciendo ruedo; y adonde es llana la calle, que casi todas lo son, y hace mareta la señora m..., la van arrastrando con unos palos atravesados de los que tiran dos mulas y en los que van subidos hombres de pie, siendo pilotos y sirviendo de lastre de aquel fluctuante vagel en mar de m... engolfado. Esto es lo que llaman *la marea de Madrid*. Y para gozar de esta función tan olorosa y tan divertible a los sentidos todos, hay mujer que convida a sus amigas y toman chocolate en los balcones» (págs. 82-83).

Las quejas por la contaminación del aire de Madrid no son de hoy: «Estos continuos efluvios de la continua horrura de las calles nigrecen la plata de tal suerte que parece hierro en pocos días. Así, las lámparas, los espadines, las hebillas y todo lo que todos los días no se friega. Y también hacen pálidos los rostros, que parecen éticas las mujeres por lo general..., consolándose con decir que *aquel color es moda...* Hago memoria que cuando habla mucho una mujer dicen comúnmente *esta maldita marea.* Y siempre juzgué que eso se decía con alusión a las fatigas del mar. Mas desde que estoy aquí he reconocido que lo dicen por la marea de Madrid. Ibamos una tarde tres amigos, a quienes dio por las barbas la marea, precisándonos a torcer la calle. Paróse uno y le dixe: ¿Qué demonios haces ahí? A que con gran donosura dixo: "Déxenme ustedes, que estoy contemplando estos señores, porque suelen, juntando dos mil pesos a este nobilísimo exercicio, descagarse las manos y las piernas, ponerse un Don y una cabellera, sacar los privilegios de Vizcaya, que traen al cuello en una bolsa, y con esa planta y los dos mil enmierdados pesos, ponerse un hábito y sacarse un Gobierno; y quiero tomarles de memoria los semblantes para ver si veo alguno de éstos ir de corregidor a Canaria"» (págs. 85-86). Pullas a los cocheros y lacayos asturianos, montañeses y vizcaínos que pululaban por Madrid, muy pagados de su hidalguía, no escasean en nuestros antiguos escritores, pero creo que ninguna tan sangrienta como ésta.

Puesto que el estado de las calles hacía incómodas las travesías a pie, ninguna persona de algún relieve podía prescindir de tener coche, a pesar de ser un lujo muy caro. El marqués supone que en Madrid habría dos mil o dos mil quinientos[5]. No era la solución ideal; la marcha en ellos resultaba incómoda, entre otras cosas, porque el nivel de las calles no era horizontal, sino deprimido en el centro en forma de V para facilitar la evacuación de la *marea*, por lo que los coches marchaban inclinados, y el pésimo empedrado les hacía ir dando saltos. Abolida la pragmática suntuaria, que limitaba sus adornos, ya se veían muchos con libreas, y algunos, tirados hasta por seis mulas.

Para los que no podían costearse coche propio, quedaba el recurso de alquilar uno. Los inconvenientes de esta solución son detallados así por nuestro autor: «Los que se alquilan, a quienes llaman Don Simón, cuyo bautismo tomaron del primero que fundó la orden rigurosa de alquilados, puesto que cuestan cuarenta reales por día, o sesenta pesos por meses cuando menos, son tan infames, tan desharrapados, tan flacas las mulas y tan borrachos los cocheros, que es entrar en ellos simonía. Y con tal desprecio se usa de ellos, que menos afrentoso es nadar en este golfo de basura, que pasar de un mar a otro embarcado en ellos. Son muy pocos, nadie va en ellos al paseo,

---

[5] Esta cifra parece un poco alta, pero no hay que olvidar que Madrid fue siempre ciudad de muchos coches. Cuando se hizo en 1637 un censo de ellos resultó haber unos novecientos (HUME: *La Corte de Felipe IV*, capítulo 7.º). En otro registro hecho en 1658 se encontraron 2.078 mulas, pertenecientes a 665 dueños. Es posible que algunos de éstos tuvieran más de un coche (A. H. N. Consejos, 7.168). Dos observadores extranjeros en el reinado de Carlos II también coinciden en el elevado número de coches: Cosme de Médicis escribió que habría 2.000 (*Viaje...*, pág. 117), y el embajador francés, marqués de Villars, aseguraba que era la ciudad europea que, a proporción, tenía más carruajes.

sirven para visitas de señoras doñas Juanas, para bautismos de pobres, para enfermos, para forasteros que no saben dónde se han metido, para algunos que le precisan sus negocios en ocasiones que llueve y para otras aventuras de Venus o de don Quijote» (pág. 140).

Algo más adelante (pág. 143) relata el fracaso de un proyecto de un tal don Mauricio Aragonés para establecer, previo contrato de exclusiva con el Gobierno, un servicio de cuarenta sillas de mano de alquiler. Los porteadores resultaron informales y borrachos; entonces, el empresario trajo mozos del Final (Génova), pero ahora los abusos fueron del público, que los burlaba de mil maneras, dejándolos a la espera sin pagarles en pasadizos, casas de dos puertas, etc.

De los templos de Madrid dice que son más de pueblo que de Corte. San Felipe el Real, a quien ponderan tanto, «quizá porque nos tienen por indios», es chico, lleno de adornos de yeso y pintado de colores chillones. A quien ha visto los Inválidos y San Pablo de Londres, ninguno puede llamar la atención. Las imágenes son malas, pobres, e incluso las tan ponderadas de Atocha, Montserrat y los Remedios, «nada más son que en La Laguna la Concepción y los Remedios, y mucho menos serán si a lo material de los adornos miramos, porque Remedios y la Concepción visten de plata propia, y mucha, los altares y los tronos, y aquí son con salvillas y palanganas ajenas adornados los altares. Juro a diez y a doce que todo el cascarón de esta gran villa, sus exterioridades, sus chismes, sus ponderaciones y sus aparatos, que están oliendo a aldeón. ¡Quién creerá esto! Pues así es. Vamos a misa a las Maravillas un domingo, a

Santa Bárbara y a todas las iglesias de los arrabales y verás ni más ni menos lo que en la iglesia de San Juan de La Orotava y lo que en la del Amparo de Icod. Con estos dos pueblos se me parece Madrid» (pág. 32).

Sobre las ceremonias de la Semana Santa madrileña da (págs. 21-25) noticias que pueden ser aprovechables, teniendo siempre en cuenta lo extremoso de su postura, como cuando asegura que de los monumentos que visitó el Jueves Santo «el más brillante era como el que arde menos en Icod». «Por la mañana causa dolor ver la soledad en los Oficios. Yo suelo ir a los Basilios, y envuelto en mi capa parda, como la de los arrieros en la calle de San Juan, paso en una esquina, entre santas memorias y pecadores suspiros, la mañana... Excede el (Jueves Santo) de La Laguna a éste en la hermosura de las calles, en lo llano, en la limpieza, en la riqueza de los templos, en la devoción de los fieles, y más que todo, en la majestad del día. Aquí no hay ninguna, y allí hay cuanta nuestra cortedad le puede dar.»

Las procesiones que vio iban «con más prisa que frailes convidados». Pasaban por los patios de Palacio para que las vieran sus majestades, y en cuanto acabaron de pasar «tomó cada señor mío las de Villadiego, dexaron las insignias a voluntad de los cargantes, que son siempre hombres de carga, así como entre nosotros se lleva la Cena en Garachico y en La Palma los gigantes». En los descansos, «tócanse todos los sombreros, siéntanse unos a fumar tabaco, y a pasearse como en una lonja, otros. Y si al tiempo de venir las procesiones por la calle viene de vuelta encontrada un coche, o dos, o dos docenas, rompen por medio como cochinos alborotados... Van dos o tres con sobrepellices, hábitos ningunos; pero a racimos o a manojos los hermanos de aquel paso o de aquella cofradía; todos como cualquiera hermandad de San Francisco: pelo propio, valona, mano de majar zumaque y pies de vendimiador. Las imágenes, sin primor, sin costo alguno y sin aseo.»

La lista de las procesiones que desfilaron es la siguiente:

MIÉRCOLES SANTO

Paso	1.º	Santa Elena ...	La llevan los cabreros.
»	2.º	Ntro. Sr. a la Columna	Lo llevan los porteros.
»	3.º	Jesús Nazareno.	Lo llevan los confiteros.
»	4.º	La Vera Cruz ...	La llevan los apeadores de carbón.
»	5.º	Cristo Crucificado	Lo llevan los herreros.
»	6.º	Ntra. Sra. de la Soledad	La llevan los chapuceros.

JUEVES SANTO

Paso	1.º	Ntro. Sr. en el Huerto	Lo llevan los hortelanos.
»	2.º	Ntro. Sr. en la Columna	Lo llevan los pasamaneros.
»	3.º	El Ecce Homo .	Lo llevan los empedradores.
»	4.º	Jesús Nazareno .	Lo llevan los vendedores de aceite y vinagre.
»	5.º	Ntro. Sr. con la Cruz	Lo llevan los pañeros.
»	6.º	El Santo Sepulcro	Lo llevan los barberos.
»	7.º	La Santa Cruz .	La llevan los altareros.
»	8.º	Ntra. Sra. del Traspaso	La llevan los sastres.

»	9.°	Otro Jesús Nazareno	Lo llevan los zurradores.
»	10	Otro Jesús en la Cruz	Lo llevan los comediantes.
»	11	La Vera Cruz ...	La llevan los cocheros.
»	12	Otro Santo Sepulcro	Lo llevan los curtidores.

VIERNES SANTO

Paso	1.°	Jesús Nazareno .	Lo llevan los traperos.
»	2.°	Ntro. Sr. en la Cruz	Lo llevan los pasteleros.
»	3.°	Ntra. Sra. del Traspaso	La llevan los carniceros.
»	4.°	El entierro de Cristo	Lo llevan los carpinteros.
»	5.°	La Vera Cruz ...	La llevan los que venden fruta.
»	6.°	El Santo Sepulcro	Lo llevan los que venden pescado.
»	7.°	Ntra. Sra. de la Soledad	La llevan los sogueros.
»	8.°	El Santo Cristo de la Agonía ...	Lo llevan los zapateros.
»	9.°	El Descendimiento	Lo llevan los esparteros.
»	10	Otro Santo Sepulcro	Lo llevan los pintores.
»	11	Ntra. Sra. de los Dolores	La llevan los alguaciles.
»	12	La Santa Urna .	La llevan los mozos de cordel.

Duraba aún en las iglesias madrileñas la antiquísima costumbre de hacer ofrendas de frutos y animales en ciertas ocasiones, y a propósito de esto, dice: «No he visto una sola vez mandar quitar los carneros de las ofrendas, aunque más con sus balidos y necesidades la capilla mayor abatan y aboñiguen» (pág. 23).

De las monjas no tiene nada que decir; hacen vida recogida y devota, no salen al locutorio, sino tal vez a hablar con sus parientes, y eso a través de una espesa reja. A propósito de esto cuenta la historia de dos hermanas, monjas canarias de buena familia, acostumbradas al palique, que consiguieron se las trasladara a un convento madrileño, y al ver el recogimiento con que allí se vivía, se volvieron a las Islas. Alaba en especial a las monjas de San Plácido, pero le es imposible abandonar el tono de zumba y chacota: «Calientan con la disciplina el frío de las asentaderas todas las noches una hora, y confiesan, no teniendo qué, todos los días. Pero con excepción de las señoras de Santo Domingo el Real, que cantan a las diez mil maravillas, todas las demás o embocan lamentaciones con aire de seguidillas, o por las folías misereres» (pág. 25).

En cuanto a las comunidades de frailes, «son, sin adulación, buenos; son modestos en lo general, no andan por las calles solos ni andan muchos...». Ello no quita para que algo después, refiriendo cómo los carmelitas descalzos convirtieron un cuadro del marqués de Pescara, del Tiziano, en un San Fernando, cambiándole el traje y los atributos, exclame: «Esta es Madrid, éstos son frailes» (pág. 31).

De los eclesiásticos seculares, en general, «no hay nada que murmurar». Se refiere a los que tienen un cargo y una ocupación estable. Lo malo es que había también «un enjambre de clerizontes que andan a la chusca, agarrando cuartos de misas y velas en los entierros». Esto es cierto, y está comprobado por otros muchos testimonios. Las repetidas disposiciones prohibiendo ordenar clérigos que no tuviesen

asegurada una congrua sustentación no habían
podido evitar que hubiera muchos de esta clase, cuya forma de vida no era la más ejemplar.
Y era lógico que la Corte atrajese a muchos.
A uno de estos tipos nos pinta en la pág. 88. En
Madrid tenían seguros tres reales de la misa,
«y si pierden el temor a los azotes, dicen dos
y toman seis, ganan trescientos de la refacción [6]
que en su vida vieron juntos, ni razón alguna
tienen para recibirlos, prescindiendo de la poca
conveniencia que se tiene para darlos, en cuyo
punto hablo con cuantos meten la barba en el
cáliz. Toman chocolate en una lonja, antes o
después de celebrar, a cuentas de contar mentiras del volcán de Garachico; un racimo de
uvas en la plaza por dar una lección a un niño;
sopas en una portería, y si en la de San Francisco fuere, buen puchero; como de la misma
suerte en la del Carmen, la Trinidad y otras
muchas, que ordenando las marchas con disposición prudente, cada mes le tocaría una de
las centinelas en cada una de estas porterías.
Pillará una vela o dos en unas honras, en un
entierro o en un cabo de año. Y después de
bien comido y mal bebido (porque el agua es
puerca y el vino agua) a costa ajena, toma el
camino de su desván, y entre un mal colchón
de esparto y su manteo duerme la siesta sin
recelar que el vecino le despierte ni le desvele
el vicario, andando más a gusto con capa de
buriel y gorro blanco las comedias y estacio-
nes, y sin pisar jamás el coro, gozar los privile-

---

[6] Refacción era el nombre que se daba a la indemnización que las municipalidades entregaban a los
eclesiásticos para compensarles de las sisas impuestas en las carnes, vinos y otros artículos de primera
necesidad.

gios de su estado...». No se puede negar vigor
costumbrista a este aguafuerte de un cura de
misa y olla.

En punto a distracciones y espectáculos no
es más optimista la visión que nos ofrece el
marqués de Villa San Andrés. Calcula que los
días de fiesta concurrirían al Prado unos 250
coches, a más de muchos pobres y rameras.
«Al otro paseo, que es el *Prado nuevo*, con unos
álamos pigmeos y unas encinas pobres, que
sigue el curso, algo apartado, a Manzanares,
sólo se va en verano. Y aunque uno y otro se
riega por las tardes, a pocas vueltas de las
mulas, y a mucha porfía de las ruedas, vuelve
a ser celage de polvo en enfadoso mar de vien-
to» (pág. 53).

Los alrededores de Madrid, áridos y pelados,
no convidaban al esparcimiento. En relación
con esto, nuestro autor refiere que Luisa Isabel
de Borbón, recién casada con el infante don
Felipe, salió a pasear por las afueras; dijo a
su marido que si no había otro paraje mejor,
prefería no salir de palacio, «y con efecto, no
ha vuelto a salir más» (pág. 46).

La diversión más frecuente para las personas
de clase alta y media eran las reuniones o tertulias, que nuestro autor llama *asambleas*. En
todas ellas, altas o bajas, se jugaba, se murmu-
raba, se bailaba y se bebía azúcar rosado, agua
de nieve o chocolate. A las diez de la noche
o más tarde, los que no tenían coche regresaban a sus casas alumbrándose con farolitos de
papel. No parece que tuvieran categoría intelectual como los *salones* franceses, y no pocas
se deshacían cuando se acababa la fortuna o
desaparecía el empleo del que la había creado,
cosa según parece harto frecuente entonces:

«Entre muchos desengaños no hay ninguno más común que deshacerse como Theatro de Comedia en un abrir y cerrar de ojos las más de estas asambleas, pues no tienen más sustancia que la que una pluma da o una agencia quita. Verás un cuarto por cincuenta doblones alquilado, con alfombras, tapices y sillas al quitar; una señora con su cruz de diamantes en una cinta negra al cuello; seis amigas *ejusdem palotis* manejadas, que pegando cabeza con cabeza unas murmuran de las otras; un page con una dragona que al compás de las caderas le va barriendo la espalda; una bandeja de plata en que se sacan los azucarillos; una mesa de juego con dos candeleros de plata y muchísimos mocitos de camisa almidonada y cabellera con polvos dando y recibiendo señorías, poniéndose de rodillas para hablar a las señoras [7] y alzando con porfía los abanicos que caer dexa el cuidado. Esto es todo cuanto hay en el cuarto. Pero si al vaivén de un tabardillo o al huracán de un costado vino a tierra la agencia o fue la pluma a los aires, de repente, como bagel que naufraga, se deshizo el edificio; amanecerá con cédulas el cuarto, el tapicero descolgando sus tapices y la muy señora mía con una mantillina blanca y en enaguas de lamparilla en la más vecina iglesia oyendo misa» (pág. 62).

Sobre el teatro en Madrid, sus juicios no son más favorables. Piensa que les conviene el nombre de corrales, «pues como cabras los hombres envueltos en capotes pardos van en

---

[7] Todavía en esta época era costumbre que las mujeres no se sentaran en sillas, sino en alfombras o cojines.

chupa y sin cabellera a ver las comedias... El
patio está siempre lleno de aprendices y cocheros. Y siendo este género de gente los man-
tenedores, sólo para lisonjear a éstos hay elección de comedias». Las comediantas son viejas,
feas y no saben su oficio. «Quiebran los versos,
afectan demasiado, faltan mil veces al sentido.»
La escenografía y la tramoya eran pobrísimas.
«Vi representar una comedia cuyo título es *La
Magdalena de Roma*, en la cual Nuestro Señor
se introduce en casa de esta mujer, con la que
danzó un minuete en hábito de galán, cenó con
ella y se ofreció a dormir, para que ella pre-
vino cama con sábanas limpias; pero al tiempo
de venir sale, como paso de comedia, con la
cruz a cuestas. Le dijo un mal romance, que
ella escuchó como latín, y luego se subió a la
Gloria. ¿Y cómo piensas que subió Su Majestad? ¿En alguna nube o en los átomos del Sol?
Pues no, señor. Visibles dos sogas, como quien
sube agua de un pozo, baxaron y lo subieron
a porfía de las manos. ¿Pudiérase esto tolerar en
Güimar? Pues así fue. Y para esta poética
necedad y mal consentida indecencia se des-
poblaba Madrid, no cabían los hombres en el
patio y en la Cazuela se arañaban las mujeres» (pág. 67). En cambio, alaba los entremeses,
que encontraba muy propios y gustosos.

«Opera italiana suele haber algún ibierno;
no es mala para vista una sola vez... No saben
solpha los más de ellos, y cantan de memoria.
Sólo son cuatro operistas, y los instrumentos
trece, cuando yo noventa he visto en París, la
ópera siempre y los operistas treinta. No hacen
juguetes, perspectivas ni espantosas mutacio-
nes... Los papeles de hombre los representan
mujeres, sin otras señales de hombre que un

espadín, el sombrero y lo que cantan» (páginas 72-73).

Alusión al naciente favor de Farinelli en la Corte parecen encerrar las siguientes frases: «¿Qué hay aquí que razón sea? Yo se lo voy a decir: Un médico con señoría y con setenta mil ducados de renta; un músico con treinta mil y con más autoridad que la cruz de la parroquia, y con siete mil un violinista; de que se sigue ser más útil y de más estimación torcer las orejas a un violín que ser cathedrático de prima en Alcalá; ser capado [7 bis] que hombre de bigote al ojo, caudillo de cien mil hombres, conquistando imperios, y mejor, en fin, receptar ayudas y poner emplastos que ser arzobispo de Santiago» (pág. 82).

No le merecen más favor las corridas de toros, de las que habla en las págs. 190-194. Tal como entonces se practicaban, le parecían mojigangas ridículas.

Las iluminaciones públicas en determinadas festividades formaban parte de las diversiones gratuitas de que disfrutaban los vecinos de la Villa. Notables fueron las que se ofrecieron con motivo de la entrada de la reina en Nápoles. El embajador de este reino, «a más de haber incendiado todo el jardín de su casa con 900 hachas de cera cada noche de las tres de sus funciones, y de a cuatro libras cada hacha, puso en medias naranjas con aceite todo el incendio brillante de su patrio monte (alude a su título de príncipe de la Roca). Era una estrella cada hoja. ¡Hermosas pyras de luces! Pero

[7 bis] Lo era Farinelli, según la costumbre italiana de castrar niños para que su voz alcanzara registros más agudos.

el humor que destilaba de tanta exhalación de
aceite echó a perder los vestidos de los que
quedaban debajo de ellos sentados. Y porque
iluminó la fachada de su casa con aceite en
cazuelitas quedó con el sobrenombre de *Em-
baxador de las cazuelas*» (pág. 35).

Censura que las máscaras de *Carnestolendas*,
«que de seis años a esta parte se celebraban» (o
sea, desde 1735), hubiesen sido prohibidas.
«¿Será política negar a las damas de Madrid
una diversión que en todas las cortes y ciudades grandes de Europa se permite?» (pág. 40).

Sorprende que un hombre tan corrido y enemigo de la gazmoñería se escandalizase por los
bailes que entonces se estilaban en Madrid.
«Dánzase hoy con nombre de Brodechil, de
Charmante, de Pazpie, etc., las mismas danzas
de la idolatría. En unas se dan las manos, en
otras se ponen las manos encima de los dos
hombros, en otras por los brazos se aprisionan
como los monos por los rabos, dando vueltas...
Carreras veo, saltos, brincos y ademanes tales
que no creeré que Sempronia daba más ni tanto. Dánzase otra, entre otras muchas, en que
puestos de rodillas alevemente remedan una
devoción de capuchino, y a un lascivo, infame
son de violines, se estiran los brazos...» El fan-
dango empezó a bailarse en los teatros; sus
movimientos, que el autor califica de lascivos,
eran acompañados de gritos y rebuznos de los
mosqueteros. Desde tan humildes orígenes se
había elevado hasta los estrados. Se hablaba
mal de las costumbres del extranjero porque
allí las mujeres salían solas con hombres, se
besaban, etc., pero don Cristóbal encontraba
que en España, bajo apariencias honestas y
pudibundas, había más desenvoltura. Había

que precaverse mucho de las mujeres y sus enredos. Dice que una vez que estuvo en la cárcel de Corte vio 27 hombres detenidos por denuncia de sus propias mujeres; de ellos, 17 estaban ya para salir condenados, y perjuraban que eran inocentes y que todo había sido obra de sus cónyuges, que habían repartido algunos pesos entre los curiales.

Reaparece aquí la eterna queja de la corrupción de las costumbres, a la que muchos atribuían una causa y una fecha precisa: la Guerra de Sucesión, que, como toda guerra, con sus trastornos y la presencia de tropas extranjeras, había alterado el antiguo orden de cosas. Sin escudriñar la causa, he aquí una curiosa tirada sobre los efectos: «A los españoles generalmente atribuyen la gravedad, el respeto a sus monarcas, el retiro, la modestia, el zelo, la honestidad y otros beneficios tales gracias a su clima. Estos caracteres se nos apropiaron cuando delante de sus soberanos ninguno alzaba los ojos; cuando en el Retiro estaba el rey oculto para que sus vasallos se asentaran, o de pie veían las comedias para que estuviera pública la majestad; cuando a ninguna señora se le veía la punta del zapato; cuando la mano solamente daban a quien era ya marido; cuando pocos hombres bebían vino... Mas ahora que no sólo el pie, sino mucho más allá, a merced de las contradanzas y a favor de los tontillos, ve el que tiene ojos; que la mano en los minuetes y ambas manos coge, oprime y suelta el atrevido; que al tocador entra todo pisaverde; que el pariente o conocido, si viene forastero abraza y en las mejillas (ahí es nada) besa; que todas las deidades tragan vino; que delante del rey, en el Retiro, no sólo nos sentamos todos, sino que algunos refrescan y toman chocolate...»[8], no cree que ya merezcan tan lisonjeros calificativos (pág. 100).

Como otra muestra del impudor reinante en las clases altas cita el hecho de que algunas señoras encopetadas llamen a los comadrones, «especie desconocida hace veinte años y que aún no ha salido de los muros de Madrid», y se dejen palpar y registrar por ellos antes de que haya ocasión ni peligro (pág. 183).

Como se ve, nuestro autor, a pesar de su cosmopolitismo, era bastante conservador en materia de costumbres. También lo era, y mucho, respecto al orden jerárquico de la sociedad. La plebe madrileña no le inspiraba más que desprecio. Por los criados de ambos sexos sentía profunda aversión, que justificaba con su mala conducta. Repetidas veces lamenta que por la general pobreza muchas mujeres tuvieran que contraer matrimonios desiguales, y que hombres de la ínfima plebe se elevasen a puestos que no les correspondían. «Por esta mistura miserable o natural confusión se ven aquí hijos de barberos, zurradores y sastres debaxo

---

[8]   Para entender esta alusión hay que tener en cuenta que por el reciente incendio del Alcázar madrileño era el palacio del Retiro la morada habitual de los reyes, y en él se daban, como ya se hacía en la época de los Austrias, funciones teatrales a las que, en ocasiones solemnes, se convidaba a todo el pueblo madrileño. Precisamente entonces, con motivo de la mencionada entrada en Nápoles de la reina, se habían dado tres funciones de ópera; a la primera fue invitada la nobleza, a la segunda la ciudad y a la tercera el pueblo. En la primera, «presente el rey, se pagaron los asientos y balcones, cuya bastarda economía, que jamás España vio, fue enmendada en la segunda y tercera, porque en la primera lo penetró S. M. y lo reprendió» (pág. 35).

del dosel sentados y encima de terciopelo sus mujeres. Esto se hace aborrecible y escandaloso en Madrid, y no es lo más abominable en mi sentir, porque los oficios mecánicos o viles que escogen para vivir los hombres nobles en sus apreturas no dicen más que bajeza de ánimo, humilde criazón, pusilanimidad y mal entendimiento, y en saliendo de este escollo vuelve la hidalguía a descollarse, pues no debe ser delito mío el que fue delito de mi padre. Veo de esto infinitísimo aquí, y tú en otras partes verás, margenadas con las notas de haber vendido por las calles azafrán, de haber servido a molineros, de haber sido sacristanes, guardas en las aduanas, etc., a muchos de los primeros pobladores...» (pág. 63).

Gran parte de la culpa de que los indignos obtuviesen los honores dimanaba de la antigua práctica de venderlos, que aún duraba en el reinado de Felipe V. «Catorce títulos de Castilla, que el rey ha dado para que se beneficien en favor de algunas obras de piedad, están hoy en actual venta, y entre éstos, uno que los padres carmelitas dan a cuenta de madera para la fábrica de la iglesia» (pág. 64). «Hoy aquí, con poco afán y no mucho dinero, se cuelgan hábitos de las órdenes militares al cuello de muchos hombres como milagros de cera en las paredes del santo que es de la moda, y se crían condes, marqueses y duques debaxo de una teja como golondrinas» (pág. 87).

Una de las causas de esta escandalosa elevación de las clases bajas la veía en la especulación sobre los artículos comestibles. Las tablas de carne eran propiedad de dueños que las arrendaban a los cortadores (carniceros) en trescientos o cuatrocientos ducados anuales.

Toman éstos las vacas y carneros que desollados les dan a catorce cuartos libra en el matadero, y ellos sacan para el arriendo, el mozo que les ayuda, para gratificar a los alguaciles, a los regidores, para comprar a su mujer cruz de diamantes, llevar vestido con chupa de tisú y jugar cien doblones. «Sin que sea obstáculo que aquí por cuatro reales hagan racimo de uvas a un hombre[9], porque no tiene uso esa pragmática sino con quien hurta poco» (página 124).

De las chacinas dice que estaban hechas con mil porquerías. La leche resultaba aguada porque daban a las cabras mucha sal para que bebieran copiosamente. «Tres calidades de leche se venden: una, en cántaros por las calles y vale a tres cuartos el cuartillo; otra, ordeñada en las puertas y vale a cuatro, y otra, fuera de los muros, de ovejas que no están saladas, y vale a seis.» «Las aves muertas que por las calles se venden están comúnmente podridas, así como toda fruta podrida o verde, y es que, conducida desde muchas leguas, aunque la venta se detenga pocos días, siempre será inconseguible la cautela.» Por la misma razón, el pescado llegaba, por lo menos, molido de caminar ochenta leguas en canastas de nieve (pág. 128).

Los problemas derivados de la mendicidad, la mala vida y la picaresca en todas sus manifestaciones, tan agudamente analizadas por el

---

[9] Alude a las draconianas órdenes de 1734 y 1735 que penaban con la muerte cualquier hurto, aun leve, cometido en Madrid y cinco leguas en contorno (Novísima Recop., libro XII, título XIV).

profesor Viñas Mey [10], seguían siendo graves en el Madrid dieciochesco. «Cinco (cortes) he visto yo, y en ninguna tal falta de fe, de verdad y de religión he visto; por lo que el séptimo y el sexto mandamientos no se conocen aquí. Por éste, en Antón Martín no caben de pie, y por aquél hay curioso que asegura que veinte mil pesos todos los días se hurtan en la plaza Mayor en los que van a comprar y en los que venden» (pág. 14). Refiere que un gallego, comprador de un marqués, escribía a su madre que había logrado uno de los mejores empleos de Madrid: comprador de un marqués (pensaba hacerse rico sisando).

«Andan por el día un enxambre de embusteros con estampitas de santos o con imágenes de bulto pidiendo limosna por las casas; suben como por la suya propia, y si los encuentran dan a besar el santito, besan, si pueden, a las criadas, gorran sus cuartejos a lo menos; pero si no los encuentran, con lo que encuentran ellos se vuelven a baxar las escaleras. Por las noches es un horror. Salen a bandadas las mujeres; unas piden por caridad y la hacen; otras piden por costumbre; por chiste y por travesura otras. Estudiantes, clérigos, soldados, hombres de bien, baladrones que a capa de la limosna quitan si pueden las capas» (pág. 129).

«Por estas calles verás una cantidad de gentes cantando cantidades de rosarios; unos compuestos de muchachos sin zapatos; otros de unos hombres mal vestidos, y otros con dos frailes y un bajón porfiando. Pero todos pi-

---

[10] «Notas sobre la estructura social-demográfica del Madrid de los Austrias» (*Revista de la Universidad de Madrid*, tomo IV, núm. 16, año 1955).

diendo limosna...» Asegura que mejor le daría
dinero al rey de Mequinez, porque no piden
para la Virgen, sino para vino (pág. 175).

Se decía que había pobres que estropeaban
a sus hijos para que obtuviesen más limosnas.
El marqués niega que se diera esta monstruosidad. «Lo más que suele acontecer es irse a
la inclusa, adonde suele haber trescientos niños, y alquilar dos de los más lisiados o enfer-
mitos, fingiéndose padre y suponiéndose viudo
arrancar así sus ochavitos.»

Verdad es que había muchos y buenos hospitales y casas de beneficencia, y que se hacían
muchas limosnas. Sólo el convento de San
Francisco daba 18.000 pesos al año. Pero las calles seguían inundadas de pobres. Del Hospital
General suministra detalles poco edificantes.
Según la *Guía de Madrid*, habían entrado en el
año antecedente 14.126 personas y fallecieron
6.144. En el de Pasión entraron 5.502, de los
que murieron 1.817. «Hanse pagado por el The-
sorero de dichos hospitales para el preciso ali-
mento y curación de los pobres, 1.476.000 reales, y queda empeñado en 1.863.470 por la decadencia de sus rentas, multitud de enfermos y
falta de limosnas. Ve notando desde aquí, para
que por esta uña vayas viendo este gran gigan-
te, que no sólo esta deuda había el hospital
contraído matando de hambre y de miseria a
los pobres, sino que también enajenó muchas
raíces que componen grandes rentas, por lo
que en alguna junta se propuso cerrar el hospital, porque faltaba ya con qué mantenerlo.
A cuya proposición tyrana dio don Joseph del
Campillo un golpe de los que a veces tenía
buenos, y tendríalos más si tuviera libertad,
que fue quitar el administrador y poner a don

Balthasar del Henao, del Consejo de Castilla, quien en dos años que ha que cristianamente cuida los pobres y la casa ha quemado toda la ropa inficionada, puerca y desfildrapada que tenía, hála vestido de nuevo, ha añadido mil camas, ha pagado esa gran deuda, ha puesto discretas ordenanzas, ha desterrado otras, y tiene juntos ya en caja 50.000 ducados con intención de quitar otra vez las propiedades tiránicamente vendidas...»

«Añade a estas cuentas el hospicio, porque son las suyas como las del Gran Capitán. Fundóse este hospital con 156.000 reales, para cuya administración tenía de salario un clérigo, que de capellán también servía, trescientos ducados, y paga hoy 147.000 reales a los guapos y valientes que se han ido por la puerta del desorden, entrando a comer de gorra lo que de los pobres es» (pág. 12).

La miseria imperante podía también inferirse de la concurrencia que se agolpaba en el Monte de Piedad. Desde muy temprano se formaban colas, y a las doce, hora de cierre, aún quedaban muchos por despachar.

Poco dice de los establecimientos de enseñanza, pero me parece oportuno reproducir las líneas que dedica al Seminario de Nobles, dirigido por los padres de la compañía. Era un colegio muy caro, trescientos pesos anuales, «con eso podrías pagar seis maestros particulares». Pero a las familias les ilusionaba tener un hijo en el Seminario, aunque el título de *nobles* fuera «como el de *comedia famosa*, que lo tienen todas... Doce mil pesos anuales sobre los estancos da el rey para manutención de este colegio, y seis reales de vellón cada colegial por día. Traen su divisa encarnada so-

bre casaca negra. Este gallardete incita a todo
muchacho y a muchas madres la executoria de
nobles. Pero estos paxaros enjaulados o borre-
gos, que solamente el jueves salen, de un padre
con una larga caña pastoreados, si les falta el
alpiste más de un mes, saldrán de la jaula al
mismo instante y a pacer irán al Prado sin
pastor». Encuentra exagerado tanto gasto para
cincuenta muchachos. «Puedes añadir que hasta ahora ni un solo colegial se cuenta que haya
salido aprovechado a proporción del costo que
tienen. Aprenden todo y no saben nada» (página 133).

¿Es que en Madrid no había nada elogiable?
El autor confiesa que tenía tres cosas buenas:
«La primera es una señora en silla de manos
por las calles con seis silleteros, dos faroleros
y un coche de cámara con sus criados mayores,
que sin éstos componen doce libreas... Esta
ostentación no se practica en otra Corte ni
ciudad alguna de las que yo tengo vistas. La
segunda es la Biblioteca Real. Y no porque de
cinco salones se componga, y de 153 pasos cada
salón, porque como ella, y puede ser que mayor, las he visto en otras partes, sino por lo
singular de sus bibliotecarios, los que, en mesas que cogen todo el medio de los salones,
están todo el día dando a los curiosos los libros
que les piden para copiar de ellos, con papel
y tinta que hay siempre sobre las mesas. Esta
liberalidad se quitó por un decreto justo del
rey. Como, asimismo, el dar libros de comedias, porque a solamente leerlas entraban en la
biblioteca pages, mozos de soldada, zapateros,
sastres, etc.; tal pasión hay por las comedias
aquí. Y el papel, porque muchísimos y muchí-

simas veces iban a escribir allí sus cartas.» La
tercera cosa que alaba es el puente de Toledo.

Otras noticias y juicios podrían espigarse en
esta obra, que no transcribo por no alargar
más este artículo. Creo que basta con lo rese-
ñado para apreciar su no escaso valor para el
conocimiento de lo que era la Villa antes de
las reformas de Carlos III.

sisimas veces iban a escribir allí sus cartas. La
tercera cosa que alababa es el puente de Toledo.
más este artículo. Creo que basta con lo rese-
ñado para apreciar su no escaso valor, para el
conocimiento de lo que era la Villa antes de
las reformas de Carlos III.

4. ASPECTOS DE LA ESPAÑA DE FEIJOO *

Fray Benito Feijóo nació en 1676 en Casdemiro (Orense) y murió en 1764. Su existencia apacible transcurre en los claustros y aulas universitarias sin otros incidentes que los derivados de la publicación de sus obras. No fue el sabio benedictino uno de aquellos genios universales que pueden estudiarse con cierta independencia de su localización topográfica y cronológica; Feijóo, aislado de su contexto vital, no interesa; no se le debe ningún descubrimiento, ninguna idea nueva. Fue un hombre laborioso, de mente clara, de gran sentido común y notable valentía intelectual. Cualidades todas que, en otras circunstancias, no le hubieran permitido descollar de modo eminente, pero que eran las necesarias para producir en la España de su época un extraordinario revuelo, una benéfica fermentación, un escándalo, si se quiere; un escándalo saludable, que había que contraponer al escándalo farisaico de sus oponentes.

No están aún tan lejos de nosotros aquellos tiempos como para que no les alcancen ciertos chispazos de nuestras inquietudes, de nuestras polémicas actuales. Y puesto que los escritos de Feijóo son inseparables de su ambiente y

* Publicado en *Hispania*, núm. 96 (1964).

sólo tienen valor en función de él, no debe extrañar que a los elogios interesados del progresismo dieciochesco respondieran los defensores de la tradición con una actitud de recelo que es visible incluso en algunos pasajes de Menéndez Pelayo. Repito que ni aun hoy estamos completamente inmunes de estos prejuicios ideológicos; el mejor medio de liberarnos de ellos será refugiarnos en la pura objetividad, ahondar en el estudio de aquellos decenios tan mal conocidos, en las controversias que oponían desde fines del siglo anterior —desde la fundación de la Real Sociedad Médica Sevillana— a *novadores* [1] y tradicionales; profundizar en los entresijos de aquella sociedad y de aquella cultura para ver hasta qué punto estaban justificadas las diatribas de Feijóo y las réplicas irritadas de sus oponentes. La tarea es muy amplia; yo sólo voy a examinar algunos aspectos marginales, minúsculos si se quiere, de aquella controversia.

I. CONJUROS DE IRRACIONALES.

Los comentaristas de las obras de Feijóo han escrito atinadamente acerca del abuso que se hacía de los exorcismos y han repetido las donosas palabras con que explicó los casos de supuesta posesión diabólica que a veces se extendían como plagas entre el elemento femenino del agro gallego. En cambio, no han estu-

---

[1] Acerca de este calificativo y del ambiente general de la época, véase lo que escribí en el tomo IV de la *Historia Económica y Social de España*, dirigida por VICENS VIVES.

diado, según creo, los exorcismos y conjuros de irracionales, a los que también combatió, y con más fuerza, puesto que, al fin, tenía que admitir que en personas humanas pueden darse casos auténticos de posesión diabólica, que resultaría ridículo trasladar a los nublados o a las langostas. En este segundo caso criticaba el uso; en el primero, meramente el abuso.

No es mi intención hacer la historia de estas supersticiones, sino sólo mostrar cómo se habían recrudecido durante el siglo XVII y comienzos del XVIII. Hasta donde se me alcanza, en una materia en la que no soy especialista, creo que habría que distinguir entre los conjuros de nubes y tempestades y los de animales; estos últimos parecen mucho más recientes; los primeros enlazan sin duda con las supersticiones paganas; antiquísimos conjuros contra tempestades publicó el señor Gómez Moreno en su trabajo *Documentos godos en pizarras* [2], que vienen a confirmar un curioso texto del *Fuero Juzgo* contra los *malefici vel inmissores tempestatum, qui quibusdam incantationibus grandines in vineis messibusque inmittere perhibentur,* a los que condena a decalvación y 200 azotes [3]. Más tarde, los espíritus diabólicos sustituyeron, en la creencia popular, a los *malefici,* y a la ineficacia de las penas temporales se pretendió suplir con remedios espirituales: la oración, el sonido de las campanas, el resplandor de los cirios benditos. ¿Habrá que ver en la costumbre, que algunas familias piadosas conservan, de encender velas

[2] *Boletín de la Real Academia Española,* XXXIII (1953).
[3] Libro VI, tít. II, ley 3.ª.

bendecidas durante las tempestades, una leja-nísima supervivencia de estas prácticas?

No sería difícil seguirles el rastro a través de la Edad Media; solamente el estudio de las inscripciones de campanas daría materia para un trabajo. «Vivos voco, mortuos plango, fulgura frango». «Defunctos ploro, fugo fulmina, festa decoro». Rara vez estas bellas y poéticas inscripciones dejan de aludir a esta virtud del bronce bendito. Pero el oficio de conjurador tardó en cristianizarse por completo. Ya muy entrada la Edad Moderna lo encontramos a veces encarnado en un laico, por ejemplo, en un *saludador*. El carácter medio eclesiástico, medio civil de este *servicio público* se manifiesta en que no sólo se encontraba reglamentado en las Constituciones sinodales y en los Rituales de algunas diócesis, sino en las Ordenanzas municipales de algunas ciudades, sobre todo del norte de España, lo que podría estar relacionado con el mayor arraigo y persistencia que allí tuvieron las supersticiones de origen pagano. Entre los oficios municipales de Bilbao aparece en el siglo XVII un «conjurador de nubes» con 6.000 maravedís de salario[4]. El señor Caro Baroja[5] ha extraído varios casos similares de la *Historia de Valmaseda*, de Martín de los Heros (por cierto que también allí fueron pagados con fondos municipales los servicios de saludadores y conjuradores hasta muy avanzado el siglo XVIII). En el mismo trabajo reproduce el siguiente párrafo de fray Martín de Gaztañaga:

«Los conjuradores y conjuros de las nuves

[4] T. GUIARD: *Historia de Bilbao.*
[5] *Algunos mitos españoles*, Madrid, 1941.

y tempestades son tan públicos en el reyno que por maravilla ay pueblo de labradores donde no tengan el salario señalado y una garita puesta en el campanario o en algún lugar muy público y alto para el conjurador porque esté más cerca de las nuves y demonios. Anda este error tan desvergonçado que se ofrecen a guardar el término de la piedra de aquel año y toman porfía y apuestas sobre ello con otros conjuradores comarcanos (y estos tales muchas vezes son los curas de los lugares) y al tiempo de los conjuros dizen y lóanse que iuegan con la nuve como con una pelota sobre quién a quién se la echará en su término, y algunos que presumen de más sabios hazen cercos en ellos, y dizen y lóanse que se veen en tanta priessa con los demonios que les echa el çapato del pie para que con él se despidan, y salen del cerco muy fatigados, y lóanse de muy esforçados, y señalan términos dentro de los quales quieren que se estiendan y valgan sus conjuros, procurando de echar la nuve fuera de su término y que cayga en el de su vezino, o en tal o cual parte señalada.»

Anterior a este texto es el de Pedro Ciruelo, adverso también a esta degradante credulidad. En una «Disputa contra los comunes conjuradores de los nublados en tiempo de tempestad» censura que las autoridades consientan ejercer su profesión a estos nigrománticos (así los llama) que engañan al pueblo conjurando fenómenos meramente naturales. «De cien mil nublados —dice—, apenas en uno vienen diablos.» Por eso, tampoco aprueba que las conjuren los clérigos, a menos que tengan motivos para suponer que sean de origen diabólico. En tal caso, dos diligencias debían hacer los pá-

rrocos: unas de orden natural, para causar el
mayor ruido y movimiento del aire, con caño-
nazos, tañidos de campanas, etc., a fin de que
la nube se desplace o se deshaga en agua man-
sa; otras espirituales, como oraciones devotas
y exposición del Santísimo. «Mi parecer es que
los sacerdotes no salgan fuera de la iglesia
para hablar con la nuve mala ni saquen las
santas reliquias, ni menos el Santísimo Sacra-
mento fuera a la tempestad; porque con más
devoción hablarán con Dios dentro de la iglesia que no de fuera» [6].

La obra de Pedro Ciruelo se reimprimió varias veces sin escándalo de nadie, pero conforme avanzaba el siglo XVIII progresaba la credulidad, retrocedía el espíritu crítico y se
espesaba la desconfianza contra los que se atre-
vían a pensar por propia cuenta. Se advierte
un deseo de la Iglesia de sacralizar estas supersticiones, de darles un contenido aceptable,
ortodoxo, sustituyendo el encantamiento má-
gico por la oración deprecatoria, y así vemos,
por ejemplo, que en las Constituciones sinodales de Segorbe se ordena a los párrocos «que
en moviéndose alguna tempestad acudan al
punto a la iglesia a orar y conjurar los nublados, usando de los exorcismos y conjuros aprobados por la Iglesia, y no de otros; no haciendo acciones indecentes y descompuestas. Y si
la tempestad fuera tal que necesitasen de otros
sacerdotes que les ayuden, llamen a los que
fueren beneficiados o acogidos en sus iglesias...
y no saquen el Santísimo, sino, quando mucho,

---

[6] *Tratado en el qual se repruevan todas las supersticiones y hechicerías,* Barcelona, 1628 (la primera
impresión es de Salamanca, 1541), parte 3.ª, cap. 9,

le descubran en el tabernáculo, cantando cánticos»[7].

Igual actitud, condescendiente con la costumbre, y preventiva de desviaciones, en las Sinodales de Valencia, 1687: «Ajustándonos a los decretos de nuestros predecesores, mandamos que en los tiempos de nublados y tempestades los Rectores y los Beneficiados acudan al templo puntualmente a conjurar los nublados y a hazer oración a Dios para que aplaque su ira y use de misericordia. Y ordenamos asimismo, pena de excomunión mayor, que no usen de otros conjuros y exorcismos sino de los que están aprobados por la Iglesia»[8].

Tan profundamente penetró esta práctica, que incluso dejó alguna huella artística. Algunos de los textos anteriores se pronuncian contra la costumbre de sacar el Santísimo a la intemperie. Se pretendía evitar las irreverencias; ahora bien, el hecho de salir a conjurar en plena tempestad era ya una molestia y hasta un peligro. Refiere un cronista sevillano que en 1684 el Arzobispo, a vista del prolongado y furioso temporal que azotaba la ciudad, subió descalzo a la Giralda con el Cabildo y conjuró a los cuatro vientos las nubes con el Lignum Crucis. El temporal se aplacó, pero el Arzobispo murió a poco, tal vez de resultas

---

[7]   Constit. Sínod. 1669, tít. II, constit. 21.
[8]   Título X, constit. 9.ª. En 1704 se creó en la catedral de Valencia el oficio de conjurador, «atendiendo a que las cosechas de muchos años atrás padecían notable disminución, a ocasión de la piedra y otras inclemencias del tiempo» (SANCHÍS Y SIVERA: *La catedral de Valencia*, pág. 22).

de esta acción[9]. En el trozo antes copiado de Gaztañaga se dice que los conjuradores tenían «una garita puesta en el campanario», para poder conjurar al resguardo. En algunas de las más bellas torres de nuestros templos, esas garitas se transformaron en *conjuratorios*, edículos situados en las esquinas que contribuyen a la armonía del conjunto. Recordemos los de la parroquia de Llerena, los de la catedral de Calahorra, los de Santa María la Redonda de Logroño, los de la catedral de Murcia y los bellísimos de la Torre del Reloj, en Santiago (cuatro en el primer cuerpo y cuatro en el segundo), entre otros.

* * *

Los exorcismos contra animales creo que no tienen precedentes en la antigüedad. Los más antiguos testimonios de excomuniones y procesos contra animales dañinos parecen remontar al siglo XI[10], pero en España, según Feijóo, no se les encuentra antes del XIV. Como los conjuros de tempestades, su fundamento se hallaba en el deseo de evitar daños a las cosechas. La gran autoridad del Aquinatense sancionó la práctica, distinguiendo entre la virtud compulsiva del conjuro, dirigido, no a las criaturas irracionales, sino a los demonios que se servían

---

[9] Lorenzo B. ZÚÑIGA: *Anales... de Sevilla*, Sevilla, sin año.

Las Sinodales diocesanas de Segovia, de 1648 (tít. III, constit. XIII), prohíben que en las tempestades se exponga el Santísimo y que los sacerdotes perciban retribución por conjurar.

[10] Así lo afirma Ed. L. de KERDANIEL (*Monitoires, procèdures en malediction*, París, 1933, 109 págs.).

de ellas como instrumentos, y la deprecatoria, dirigida a Dios [11] Esta interpretación fue seguida, en lo esencial, por Soto (*De justitia et jure*, libro VIII, quaest. 3.º), Suárez (*De religione*, libro IV, cap. 2.º), Gregorio de Valencia, Tomás Sánchez, los Salmanticenses, etc. En este sentido fueron admitidos algunos conjuros en el Ritual Romano, y con más latitud en los Manuales de diversas diócesis.

Es a partir de mediados del xvi cuando comienzan a divulgarse estas prácticas; las referencias, muy parcas con anterioridad, se hacen cada vez más frecuentes. Muy conocida es la anécdota relatada por Gil González Dávila [12]: según cuenta, no bastando los conjuros para ahuyentar los ratones que infestaban los campos de Asturias, se les hizo en 1532 un proceso en forma; los de la tierra presentaron querella, se nombró abogado a los ratones y se les sentenció a salir en el término de tres días, so pena de censuras eclesiásticas. Aunque González Dávila asegura que vio el proceso original en la Universidad de Salamanca, y la tradición se mantenía dos siglos después viva en

---

[11] Véase el breve artículo de J. Forget sobre «Exorcismos de cosas inanimadas» en el *Dictionnaire de Théologie Catholique* de Vacant, t. V, col. 1179.

[12] *Teatro Eclesiástico de Oviedo*, fol. 56. Refiere un caso análogo acaecido en 1616 con los delfines, a quienes los pescadores acusaron que les rompían las redes (íd. fol. 65). Este último caso puede ponerse en relación con el que Porcar refiere con fecha 29 de agosto de 1624: el Vicario general de Valencia fue, con otros clérigos, al Grao, donde se había puesto un altar sobre dos barcas, a exorcizar unos peces que, según los pescadores, «estruien les exarcies». El autor añade que nunca se habían visto en Valencia tales exorcismos (*Coses evengudes en la ciutat y regne de Valencia...*, II, 147).

Asturias, Feijóo se inclinaba a creer que era
fábula, y sin duda los detalles transmitidos por
la tradición son increíbles; pero el hecho en
sí no es imposible, pues consta con certeza
que un pleito parecido se puso en 1650 a las
langostas que infestaban el término de Párraces [13].

Es posible que estos procesos burlescos se
hicieran con una punta de ironía; pero los
exorcismos se realizaban con toda seriedad,
más aún: con la congoja propia de poblaciones
que se veían abocadas a la ruina. Así, por
ejemplo, en 1554 los jurados de la villa ma-
llorquina de Campos suplicaban al obispo auxi-
liar, fray Rafael Llinás, que fuese a exorcizar
las orugas que infestaban sus heredades [14]; tres
años después, el maestro Sancho de Latorre y
el licenciado Pedro Yáñez del Castillo, recla-

---

[13] Julián ZARCO CUEVAS: *Pleito que se puso en la
abadía de Párraces (Segovia) para el exterminio de
la langosta. Año de 1650* (B. A. H., t. 100, fasc. 1.º).
Exorcizadas sin éxito las langostas, se les excomulgó
precediendo pleito en forma, con tribunal, fiscal y procurador; comparecieron como acusadores los patro-
nos del lugar y las ánimas del Purgatorio. Adelan-
tándose a posibles objeciones, se insiste en el texto
del pleito en que no se excomulga a las langostas en
sí mismas, sino a su agente, obrando por vía deprecatoria si es Dios quien las envía, y conminatoria si
es el demonio. También se alegaban como precedentes que el obispo de Osuna había excomulgado a los
ratones y el de Córdoba a unas golondrinas que ensu-
ciaban cierta ermita.

[14] CAMPANER: *Cronicón mayoricense,* pág. 268. En la
misma obra, año 1613, encontramos la curiosa noticia de que como remate a una serie de rogativas contra la prolongada sequía se hizo una procesión general con bendición de la tierra, pués en opinión del
vulgo los anatemas y maldiciones lanzados por diversos delitos la habían esterilizado.

maban a la ciudad de Sevilla sus salarios por haber ido, por comisión del veinticuatro Pedro Galindo, a bendecir la campiña y exorcizar la langosta [15]. Algunos eclesiásticos habían alcanzado especial reputación en esta difícil materia: estando Medina de Ríoseco muy castigada por la langosta, se trajo al P. José de San Francisco, que tenía fama de eficaz exorcista, y trabajó en esta ocupación casi dos meses, por lo que se le pagaron 483 reales [16]. De fray Miguel Martínez, obispo de Guadix, escribe un biógrafo: «Sobre las langostas y otros animales, que suelen ser la ruina de los campos, tuvo tal autoridad y gracia, que conjurándolos le obedecían prontamente como si fueran racionales» [17].

En estos conjuros se utilizaba para la aspersión de los campos agua procedente de ciertos santuarios a la que se atribuía especial virtud. La de la Santa Cruz de Caravaca está documentada desde la Edad Media; cada año, el día de la Invención de la Cruz, se bañaba su pie en un arroyo adonde después acudían a sumergirse los enfermos, y se recogía en vasijas para enviar el agua a diversas localidades [18]. El primitivo significado de la ceremonia era el de impetrar el agua de lluvia, tan esca-

[15] Archivo Municipal de Sevilla, *Escribanías de Cabildo*, Siglo XVI, tomo XI, núm. 24.
[16] B. VALENCIA CASTAÑEDA: *Crónicas de Medina de Ríoseco*, pág. 178.
[17] P. SUÁREZ: *Historia del obispado de Guadix*, página 300.
[18] M. G. de B.: *Devoción murciana a comienzos del siglo XV por las virtudes milagrosas de la Cruz de Caravaca contra la plaga de la langosta* (Correo Erudito, IV, 138).

sa en los sedientos campos murcianos; parece
que fue en 1384 cuando se utilizó para combatir una plaga de langosta [19]. Con el tiempo, el
agua de la Cruz de Caravaca fue desplazada
por la que se pasaba por la cabeza hueca de
San Gregorio Ostiense, en Navarra. Hay testimonios abundantes de cómo era solicitada y
enviada a todos los puntos de España [20].

En cuanto a los hechos en sí, no hay, pues,
gran diferencia entre la situación de la España
que conoció y criticó Feijóo y la del Gran Siglo.
El descenso paulatino del nivel intelectual y
crítico es patente; un aspecto secundario, pero
muy significativo, de la ruta descendente que
condujo desde las especulaciones de Cano, Suárez y Vitoria (una religión para hombres) al
sentimentalismo blandengue y el colorismo
folklórico que imperaron dos siglos después.
En el siglo XVI sólo hallamos, en cuanto a dichas prácticas, una aceptación parcial y llena
de cautelas. Pedro Ciruelo no era más indulgente con los conjuradores de langosta que
con los de nublados; se burla de los juicios
que hombres ignorantes entablaban a saban

---

[19] ROBLES CORVALÁN: *Historia del mysterioso aparecimiento de la Santísima Cruz de Caravaca*, Madrid, 1615, libro 2.º, capítulo 11: «En que se declara
el principio que tuvo el bañar cada año la Santa
Cruz.»

[20] CARO BAROJA, obra citada. X.—«La langosta en
Llerena» (*Revista de Extremadura*, 1904). Sería muy
curioso, pero ajeno al tema de este artículo, estudiar
las inmersiones de imágenes y reliquias para obtener
la lluvia. Era una superstición antigua y extendida,
a pesar de las prohibiciones. Interesantes detalles contiene el manuscrito de Gabriel de SORA: *An liceat
reliquias sanctorum inmergi in aquam pro pluvia
impetranda.*

dijas y le parecía pecado «por la burla e irrisión que se hace de la excomunión contra irracionales»[21]. Alonso de Vega también notaba «el error que algunos hazen, que ponen pleyto a las criaturas irracionales delante del juez, y les dan procurador para que defiendan su causa, el qual juez las condena y descomulga...»[22].

Todavía a comienzos del XVII, Gaspar Navarro se burlaba de los juicios y excomuniones de animales, e invocando la autoridad de Soto, decía que era hacer irrisión de las cosas sagradas[23]. Pero conforme avanzaba dicho siglo disminuía la resistencia a estas desviaciones populares y supersticiones, conforme testifican numerosos manuales y tratados de conjuros; el mero título del libro de fray Diego de Céspedes ya es bastante elocuente[24]. En él se encuentran

---

[21] Obra citada, parte 3.ª, capítulo X: «Disputa contra los que descomulgan la langosta, el pulgón y las otras sabandijas de las heredades».

[22] *Summa llamada sylva...*, libro 5.º, caso 102. Alcalá, 1594.

[23] *Tribunal de superstición ladina* (Huesca, 1631), Disputa XXXII: «Cómo el excomulgar la langosta, ratones, pulgón u otras sabandijas es superstición». La cita de Soto se refiere al libro 5.º, quaest. 12, art. 2.º de su *De justitia et jure*. Hay otras citas de Suárez, Valencia, Manuel Rodríguez y otros, que permitirían profundizar en el conocimiento del problema.

[24] *Libro de conjuros contra tempestades, contra oruga y arañuela, contra duendes y bruxas, contra peste y males contagiosos, contra rabia y contra endemoniados, contra las aves, gusanos, ratones, langostas y contra todos y qualesquier animales corrusivos que dañan viñas, panes y árboles de qualesquier semilla, aora nuevamente añadidos.* Pamplona, 1633, 57 hojas. Debió de tener bastante difusión, porque se hizo una segunda edición en Pamplona, 1669 (68 hojas). Fray Diego era prior del monasterio cisterciense

larguísimos conjuros contra todos los males imaginables, incluidas las heladas; letanías interminables, con invocaciones a todos los ángeles y santos del cielo, mezcladas con trozos del Evangelio; exorcismos contra la peste, la rabia y todas las enfermedades en general. En los dirigidos a la langosta y otros animales nocivos el casuismo había progresado extraordinariamente; cada tipo de cultivo tenía sus preces especiales, dirigidas contra las plagas más frecuentes; por ejemplo, para las viñas, *contra orucam innatam et involutam;* para los árboles frutales, *contra eruginem et vermem depopulantem;* para los árboles de leña, *contra teredinem sive quandocumque bestiae genus corrodentem ligna mororum, illicum et aliarum*

de Marcilla. Aunque, para dar más autoridad a sus conjuros, dice que están sacados «de misales, manuales y breviarios romanos y de la Sagrada Escritura», la mayoría son de su libre invención, tomando los textos y utilizándolos a su antojo; por ejemplo, dice que para ahuyentar los duendes y brujas de las casas deben utilizarse los salmos 119, 121 y 123.

Mucha y vana erudición contiene el *Tratado de las langostas, muy útil y necesario,* de fray Pedro de la Trinidad (Madrid, 1620, 98 hojas). Ximeno cita un *Fasciculus exorcismorum contra daemones, tempestates, fulgura, tonitrua, grandines et turbines,* de Francisco Pasqual (Valencia, 1656), que me ha sido imposible hallar.

Un estudio más completo debería incluir también las correlaciones artísticas. Ya se ha hecho referencia a los conjuratorios, elemento arquitectónico característico. Algo se podría también rastrear en el vasto tesoro de nuestra pintura; por ejemplo, hay en el Museo del Prado (sala 89, núm. 958) un cuadro de Miguel Jacinto Meléndez, artista que vivió en 1679-1731, titulado «San Agustín conjura una plaga de langosta», título no muy adecuado, pués San Agustín (¿no se tratará más bien de San Gregorio Ostiense?) no es el conjurador, sino el invocado.

quarumcumque arborum. Contiene también conjuros contra las plagas de melones, pepinos y calabazas, contra los animales que impiden la pesca en los ríos, contra las ballenas y otros pescados mayores que devoran la pesca marítima.

Por el estilo son los tratados que aparecen en la primera mitad del XVIII, y aun algunos los superan, como el de fray Luis de la Concepción [25], donde se leen casos estupendos y extraordinarios, aunque se refiere más a conjuros de personas que de irracionales, por lo que me dispenso de entrar en más detalles. Basta lo dicho para formarse una idea de la atmósfera intelectual que reinaba en este punto cuando empezó a escribir Feijóo. Varias fueron las ocasiones en que se refirió a dicho tema; ya en uno de los discursos del *Teatro crítico* (*Duendes y espíritus familiares*) distinguió en los exorcismos entre los aprobados, contenidos en el Ritual Romano, y los meramente permitidos que se usaban en algunas iglesias. Más de propósito tocó el asunto en el tomo III de las *Cartas eruditas*: la titulada *Contra los nuevos exorcismos*, o sea los dirigidos contra animales, enfermedades y fuerzas de la Naturaleza los tacha de inválidos, introducidos en los tiempos finales de la Edad Media; dice que las autoridades eclesiásticas sólo los admiten por mera tolerancia y se burla de los que sostienen que negar su eficacia es coartar el poder de la Iglesia.

---

[25] *Práctica de conjurar, en que se contienen exorcismos y conjuros contra los malos espíritus... y contra la langosta y otros animales nocivos y tempestades*. Madrid, 1721. Libro muy curioso por varios conceptos.

Sus innumerables contradictores no dejaron de fijarse en este aspecto de su pensamiento. Dos mercedarios madrileños, fray Marcos Bolaños y fray Alonso Rubiños, protestaron de sus afirmaciones; el primero, en carta del año 1737 [26]; el segundo, en un librito que, habiéndose publicado en 1741, debió de escribirse a la vez que la carta [27]. Sabido es que los impugnadores de Feijóo rara vez eran personas singulares; detrás del firmante de un libro o de un folleto se escondía un grupo, un convento, a veces una Orden entera. Este parece ser uno de esos casos. No vamos a seguir la argumentación del mercedario y la contrarréplica de Feijóo; la posición de éste era delicada, porque es cierto que se habían introducido conjuros de irracionales en libros litúrgicos; por tanto, no podía sin peligro condenar en absoluto dicha práctica, sino sus desviaciones. La polémica tenía que orientarse hacia el sentido en que debían tomarse dichos conjuros; Rubiños defendía su virtud compulsiva directa, mientras que Soto, Suárez, Valencia y otros autores alegados por él distinguían entre la compulsión al demonio que se suponía obrar por medio de los irracionales, y la mera súplica a Dios para que librase a los fieles de aquellos males.

---

[26] MARAÑÓN: *Las ideas biológicas del P. Feijóo*, capítulo 31.

[27] *Theatro de la verdad, o apología por los exorcismos de las criaturas irracionales y de todo género de plagas; y por la potestad que hay en la iglesia para conjurarlas.* En respuesta de lo que contra este punto defiende el Maestro Feijóo en el tomo octavo y nuevamente en el último de su *Theatro Crítico*. Madrid, 1741, 103 págs.

Más interés tiene comprobar si las censuras de Feijóo obtuvieron algún éxito práctico; esto es lo que puede darnos una medida aproximada de la eficacia de su labor. No nos referimos, claro está, a las creencias de las más bajas e ignorantes capas sociales, en especial las rurales, donde hasta hace bien poco tiempo han reinado las ideas más primitivas sobre las causas de los fenómenos naturales[28]. Concretándonos a los sectores ilustrados, especialmente a los eclesiásticos, puede advertirse una clara disminución de los conjuros de irracionales desde mediados del XVIII. Las Constituciones sinodales de Uclés, promulgadas en 1742, es decir, mientras se desarrollaba la polémica de Feijóo con sus contrincantes, obligan a los sacristanes a *tocar a nublo* siempre que amenace tempestad, aunque la orden está concebida en términos que pueden entenderse de una simple previsión natural[29]. Pero en las Capitulares que la villa de Vera de Bidasoa hizo en 1752 con los capuchinos para la fundación de un convento se especifica: «Ytem deberán los religiosos de dicho convento conjurar y tañer

---

[28] Sobre estas supervivencias, véase un artículo de «El curioso barcelonés», en *Revista Contemporánea*, tomo 126 (1903), y otro de V. MARTÍNEZ RISCO: «Los Nubeiros o tempestarios de Galicia» (*Boletín del Museo Arqueológico de Orense*, 1, 1943, págs. 71-91).

[29] «Siempre que se reconozca nublado que amenaza alguna tempestad de piedra, granizo, rayos, huracanes o ayres dañosos, están los sacristanes obligados a tocar a nublo a qualesquiera hora del día o de la noche, y donde hubiere costumbre de tocar por la mañana y a medio día en algunos tiempos del año a nublo o niebla se guarde. Por cuyo trabajo les damos licencia para que en tiempos de agosto pidan por las eras la limosna de granos a todos los labradores» (*Constituciones...*, pág. 280).

la campana de día y de noche en toda ocasión
de tempestad»[30]. Y poco después, en 1757, la
Junta para la extinción de la langosta que in-
festaba el reino de Granada reimprimía un folleto escrito un siglo antes cuyo texto, en latín, era un tejido de grandilocuentes conjuros,
reforzados con «*fugite, partes adversae!*», y de
ostentosas ceremonias[31].

Después de esta fecha cesan las impresiones
y reimpresiones de esta clase de obras y las
noticias son cada vez más escasas. En 1783,
ante una epidemia del ganado, el obispo de Gerona sólo recomendaba «bendiciones y otros
remedios espirituales»[32]. En 1802, el Ayuntamiento de Valencia de Don Juan comisionaba
a un vecino para que fuera a Navarra a buscar
el agua de San Gregorio[33]; la última mención
que he hallado es de 1805; en dicha fecha, el
municipio de Jaén, sabiendo que la langosta
había hecho su aparición en Vilches, acordó
regar los campos con agua de San Gregorio y

---

[30] C. AÑORBE: *La provincia capuchina de Cantabria*,
pág. 307.
[31] Mateo GUERRERO MORCILLO: *Principios para apla-
car la ira de Dios...* La primera edición es de Madrid,
1662. Entre otras muchas extravagancias, recomienda
llevar una olla con langostas y un barreño con agua
para echarlas en él cuando en el texto se las conmina
a destrucción en lo hondo del piélago. Hay invocaciones a los ángeles para que quiten sus dientes a los
roedores, imprecaciones terribles a los demonios más
conocidos por su maldad, larguísimas letanías de nombres divinos, y como remate debía dejarse clavada en
lugar eminente una cruz con las iniciales del conjuro
(«Fugite, partes adversae. Ecce venit Leo Judae», etc.).
[32] Pastoral de D. Tomás Lorenzana, obispo de Gerona (Aguiló: *Cat. de obras en lengua catalana*, 185).
[33] GARCÍA FERNÁNDEZ: *Historia de Valencia de Don
Juan*, pág. 280 (Madrid, 1948).

dedicarle una función[34]. Sería exagerado atribuir solamente a los escritos de Feijóo la desaparición de esta clase de exorcismos; otros varios factores, que integraban el ambiente general del siglo, conspiraban al mismo resultado; pero hay un dato que habla en pro de la influencia predominante del benedictino gallego: cuando Olavide prohibió en las nuevas poblaciones tocar las campanas en caso de tempestad, lo hizo alegando la autoridad de Feijóo. Fue ésta una de las acusaciones que se le hicieron, pero la Inquisición, que se mostró tan severa con otros cargos, despreció éste[35]. Los tiempos habían cambiado.

II. LAS IDEAS SOBRE EL COSMOS Y EL DESTINO HUMANO.

Debemos hacer un esfuerzo de imaginación para trasladarnos a una época en la que aún no se había producido la ruptura operada después por el pensamiento racional entre Mundo inorgánico y Hombre o, en términos más generales, entre Materia y Vida. La concepción del Cosmos como algo que no sólo influye en los vivientes, sino que se halla él mismo dotado de vida propia, fue muy común hasta el siglo XVII. El abandono del Geocentrismo debía traer como consecuencia la ruina del concepto antropocéntrico del Universo. Durante la época renacentista, a la que por mera inercia mental suele considerarse dominada por el espíritu racionalista, las interpretaciones alógicas, seudo-

---

[34] *Don Lope de Sosa,* año 1929, pág. 293.
[35] DEFOURNEAUX: *Olavide ou l'Afrancesado,* pág. 243.

místicas, del Universo, se tradujeron en un
auge extraordinario de la Astrología, que se
prolongó durante la mayor parte del siglo XVII;
sólo en sus decenios finales retrocede, al par
que se afirma la teoría heliocéntrica, claramente incompatible con los delirios astrológicos,
pues en una Tierra reducida al tamaño de un
grano de polvo en el inmenso espacio, ¿qué
papel determinante o monitor podría recono-
cerse a los fugaces cometas o a las lejanísimas
constelaciones? Por ello, el ocaso de la Astrología y la afirmación del sistema copernicano
son hechos cuya correlación puede establecerse en España como en todas partes. Aquí sólo
cabe destacar un cierto retraso respecto a otros
países de Europa que nos habían tomado la
delantera en el movimiento científico; y también encontramos a Feijóo luchando entre los
que tratan de recuperar ese retraso.

En el siglo XVI no se aprecia todavía; por
el contrario, y a pesar de nuestra inveterada
inferioridad en las ciencias matemáticas pu-
ras, en las ciencias de observación y aplicación, en Geografía, Cosmografía e Historia Natural ocupábamos un lugar destacadísimo. La
teoría copernicana penetró, aunque superficial-
mente, sin encontrar oposición religiosa ni
científica, lo cual fue una prueba de madurez
intelectual. Mientras Bodino en Francia, Lutero
y Melanchton en Alemania, la rechazaron, la
Universidad de Salamanca la acogió, decidien-
do, en 1561, que Tolomeo y Copérnico se ense-
ñasen indistintamente *ad vota audientium*, y
en 1594 creó una cátedra especial para el sistema heliocéntrico[36]. Más aún: en 1584, el agus-

[36] V. DE LA FUENTE: *Historia de las Universidades,*
II, 314.

tino fray Diego de Zúñiga se adhirió a él, comentando precisamente un pasaje de Job que luego se esgrimiría contra el mismo [37]. Hay otro testimonio no alegado aún, que yo sepa: el de Horozco y Covarrubias, que contra la opinión vulgar alegaba entre otras razones la de conveniencia; «porque siendo mayor los cielos, y siendo más perfecto el reposo que el movimiento, es más razonable que ellos estén quietos y no la tierra. El parecernos que las estrellas caminan es engaño semejante al que padecemos cuando navegando en un barco nos parece que se mueven los árboles y edificios de la orilla» [38]. Si bien a continuación manifiesta que lo dice más bien por curiosidad, «pues es llano en verdadera philosophia moverse los cielos y estar firme la tierra». Esta conclusión puede resumir la actitud más corriente: considerar la teoría copernicana como un rasgo ingenioso, incapaz de luchar contra la fuerza de la tradición, que seguía manifestándose dominada en la enseñanza común por la autoridad de Aristóteles y Tolomeo, pero no absurdo ni contrario al dogma.

Tampoco puede decirse que la Astrología estuviera especialmente en honor entre nosotros;

---

[37] PICATOSTE: *Apuntes para una biblioteca científica española*, 344. En general, sobre la admisión de la doctrina heliocéntrica, DELORME: «Copérnico y los astrónomos españoles» (*Revista de España*, 1892); REY PASTOR: *La ciencia y la técnica en el descubrimiento de América*, y Joseph E. GILLET: *So la luna* (*Estudios Hispánicos. Homenaje a Huntington*, Wellesley Mass., 1952, págs. 193-217).

[38] *Paradoxas christianas contra las falsas opiniones del Mundo*, Segovia, 1592. Libro II, paradoja 2.ª: «Que la tierra es la que se mueve y el cielo el que no se muda».

mayor boga adquirió entre los pequeños príncipes renacentistas de Italia y Alemania, muchos de los cuales tenían astrólogos particulares a los que consultaban antes de tomar una decisión. No hay que extremar la severidad en este punto, porque la confusión entre Astronomía y Astrología hacía que los principios científicos de la primera confirieran cierta autoridad a los delirios de la segunda. La influencia de los astros en la vida humana era, desde la Antigüedad, reconocida por todos; sólo se disputaba en cuanto a sus causas y límites. Los esfuerzos de los que, como Pedro Ciruelo, intentaban separar lo que hoy llamamos Astrología y Meteorología de la Astrología judiciaria, recibieron un notable refuerzo con la bula *Caeli et terrae*, de Sixto V, que condenaba, como incompatibles con la libertad humana, las tentativas de subordinar a la influencia de los astros la pretensión de adivinar los futuros contingentes y de emplear fuerzas ocultas en provecho o daño del prójimo.

La actitud de Cervantes puede tomarse como ejemplo de lo que pensaba sobre este punto el hombre medio, cultivado; admite la Astrología como ciencia, con las limitaciones impuestas por el dogma cristiano; otros muchos trataron, como él, de hacer compatible la libertad humana con el influjo de las estrellas [39]. En cambio, Mariana escribía con su áspera franqueza: «Ten por futilísima y vana toda

---

[39] A. CASTRO: *El pensamiento de Cervantes*, pág. 94 y ss. También fray Luis de León admitió, al menos parcialmente, la astrología como ciencia, según COSTER (*Revue Hispanique*, LIII, 254).

arte que pretenda aprovecharse del conocimiento del cielo para indagar lo futuro» [40].

Muy curiosa es la petición de las Cortes castellanas de 1571, lamentándose «que muchos médicos no conocen la Astrología ni los movimientos de los astros ni los días críticos de las enfermedades, habiendo sido astrólogos los autores de Medicina», por lo que pedían que nadie pudiera ser médico sin ser bachiller en Astrología [41]. El rey prometió estudiar el asunto. No es creíble que se sintiera inclinado a acceder, porque sabemos que no era nada amigo de astrólogos [42], con lo cual se diferenciaba de su secretario Antonio Pérez, al que varias fuentes presentan entregado a tales supersti-

---

[40] *De Rege*, libro II, capítulo 14.

[41] Cortes de Castilla, tomo V, capítulo 71. La opinión de la clase médica en este punto parece no haber sido unánime; mientras Juan de CARMONA, *medicus atque philosophus hispalensis*, se declaró contrario (*Tractatus an Astrologia sit medicis necessaria*. Hispali, 1590), Manuel LEDESMA escribió una *Apología en defensa de la Astrología, contra algunos médicos que dicen mal della. En la qual se declara quán provechosa sea para muchas cosas, y en particular para la Medicina*, Valencia, 1599 (Galiardo: *Biblioteca...*, 2.669).

[42] En un documento publicado por Muro dice: «He querido avisar al cardenal de Toledo que eche de ahí a los clérigos astrólogos» (cit. por MARAÑÓN: *Antonio Pérez*, I, 84). Porreño cuenta a propósito de la misma materia: «Diéronle un pronóstico del año de 1579 de un judiciario, en que amenazava grandes males de aquel año; el prudentísimo Rey, aviéndole visto, mandó que lo imprimiesen, para probar desta manera la vanidad del autor, para que se avergonzase, porque ninguno de los singulares que amenazava sucedió, mostrando en esto su gran Fe y Religión, y dando a entender el poco caso que se deve hacer entre christianos destos pronosticadores» (*Dichos y hechos de Felipe II*, capítulo VI).

ciones [43]; disparidad de conducta que puede ilustrar la variedad de actitudes que sobre este punto reinaba. Recuerda Rodríguez Marín que la ley de Partida, recogida en la Nueva Recopilación, que castigaba a los astrólogos, asimilándolos a los adivinos y sortílegos, estaba prácticamente en desuso, y que incluso eclesiásticos prominentes hacían compatible la religión con una moderada creencia en los horóscopos [44].

Ninguna novedad sustancial hallamos al pasar a la siguiente centuria, si no es la acentuación del carácter piadoso, la *sacralización* propia de aquel siglo mezclada de la forma más extravagante con los delirios astrológicos. La regla VIII del Indice formado por la Inquisición española en 1640 (repetida en los siguientes) exceptuaba de la condena fulminada contra la literatura astrológica los horóscopos

---

[43]   MARAÑÓN: *Antonio Pérez*, I, 84. Mantenía en su casa al clérigo Pedro de la Hera, «mentecato con fama de vidente». También practicaban la Astrología, entre las personas de su círculo, Alamos de Barrientos y el padre Rengifo.

[44]   Don Martín Pérez de Ayala, uno de los prelados que más brillaron en Trento, a pesar de su sólida formación teológica, comenzó así su autobiografía: «Por nacer *Oriente sole* fui algo apasionado de la vista, y por el accidente que tuve de Sagitario fui de medio cuerpo abajo peloso y aficionado al campo y a cosas de grande dificultad» (SERRANO Y SANZ: *Autobiografías y Memorias*, N. B. A. E.). En otra autobiografía, la de Esteban de Garibay, hay un capítulo (el XI del libro VIII) titulado «De la figura del nacimiento de mi hijo Luis, según me fue hecha por un sabio astrólogo».

Otras citas curiosas pueden verse en las notas de Rodríguez Marín al capítulo XXV de la 2.ª parte del Quijote.

que se limitasen a conjeturar las inclinaciones, cualidades y complexiones de cada uno sin tratar de prever sus acciones futuras [45]. Con esta mitigación no estaba mal visto que incluso religiosos formularan pronósticos y evacuaran consultas de personajes de alto viso [46]. Un curioso ejemplo de mescolanza sacro-profana nos la da el analista sevillano Ortiz de Zúñiga al relatar el final de la terrible epidemia que devastó la metrópoli andaluza en 1649; el 2 de julio se había sacado en procesión el venerado Cristo de San Agustín, pero la mejoría no fue manifiesta hasta el 12 del propio mes, «en que a Marte malévolo que predominaba se llegó en conjunción Júpiter benévolo y salutífero que le templó los mortales influxos».

Sesenta y siete obras astrológicas correspondientes a esta época cita Cotarelo Valledor en su estudio sobre el P. Zaragoza, y este catálogo podría ser ampliado. Entre ellas tenemos bastantes referentes a la supuesta influencia de los cometas. No veo citada en estas obras (aun-

---

[45] El Indice de 1707 ordenó advertir en los pasajes de la *Cronografía* de Jerónimo de CHAVES y del *Sumario* de CORTÉS que indicasen dominio de los planetas sobre tales y tales personas, que «solamente se entiende sobre la disposición o templanza corporal, mediante las influencias celestes, no tocando en actos humanos libres».

[46] A los ya citados pueden agregarse el cardenal D. Rodrigo de Castro, Aliaga, confesor de Felipe III, y otros menos conocidos, como aquel P. Andrés de León, de los clérigos menores, de quien escribía Pellicer que era «grande matemático y astrólogo, y por esta habilidad tan inútil muy consultado en la Corte de todos los que creen en los delirios de la Astrología» (*Avisos*, 11 de marzo de 1642). Para la bibliografía, Simón DÍAZ: «Cien fichas sobre Astrología» (1510-1680), en *El Libro Español*, núm. 14.

que confieso no conocer a fondo esta inútil literatura) los *Pensées diverses à l'occasion du comète qui parut au mois de décembre de 1680...* y otras posteriores de Bayle, en las que el «maligno y eruditísimo crítico», con pretexto de refutar las opiniones vulgares sobre los cometas, enderezó sus tiros mucho más arriba, contra el milagro y la religión misma [47].

Capítulo aparte merecería el estudio de los calendarios y almanaques, con su mescolanza de ciencia y superstición, de anuncios útiles sobre las fases de la luna, eclipses y mareas, observaciones empíricas sobre cultivos, pronósticos del tiempo, reglas de Medicina casera, refranes, sentencias morales y dislates astrológicos. «El Almanaque era entonces la enciclopedia de los humildes. La sonrisa con que hoy los hojeamos debe ser de homenaje a sus viejos

---

[47] Paul HAZARD: *La crisis de la conciencia europea*, 2.ª parte, capítulo 2.º. Bibliografía en COTARELO: *El P. Zaragoza y la Astronomía de su tiempo* (*Estudios sobre la Ciencia española del siglo XVII*, 78-80). Como muestra de lo que eran estos tratadillos puede servir la *Explicación y pronóstico de dos cometas*, de Bartolomé del VALLE (Granada, 1618). Del primero, observado en 4 de noviembre de 1618, dice que por hallarse en Virgo, que significa la parte inferior del vientre, anuncio diarreas, cólicos, lombrices, hidropesías y otras enfermedades de este jaez. Además, «aquel movimiento con el qual este cometa se levantava a ángulos rectos sobre el horizonte significa la sobervia y fiereza de los persas contra los turcos, y aquel movimiento con el qual cerca de la mañana se echava hacia el Occidente significa que la guerra y el hambre afligirán a las partes occidentales». En cuanto al segundo cometa, aparecido días después, además de guerras y otros males entre persas, turcos y babilonios, amenazaba enfermedades de las vías urinarias.

y grandes beneficios»[48]. Sólo con enorme lentitud se fueron despojando los calendarios de sus elementos extracientíficos, y casi hasta nuestros días se ha prolongado entre los rústicos el crédito de sus predicciones.

Pero lo que pinta el lastimoso estado de nuestra ciencia en la primera mitad del XVIII es que todo un catedrático de Matemáticas de Salamanca, con su aire entre de pícaro y nigromántico, ganara fama y celebridad componiéndolos, y que medio siglo después de la publicación de los *Principia*, de Newton, Torres Villarroel siguiera explicando la máquina del Universo por el Almagesto.

Se atribuye mucha culpa de esta situación a la condena de Galileo, pero sin razón suficiente. Sin negar que aquel lamentable episodio retrasara la formación de una imagen más exacta y científica del Cosmos, hay que recordar que en otras naciones tan católicas como la nuestra, pero más abiertas a la investigación, se idearon pronto expedientes que templaron el rigor de la prohibición y acabaron por hacerla inoperante. Esto es cierto sobre todo de Francia; mas incluso en Italia y en la propia Roma se enseñaba ya corrientemente como hipótesis la teoría heliocéntrica cuando todavía en España Feijóo no se atrevía a pronunciarse con claridad sobre esta cuestión. Se comprende que, reciente la condenación, Saavedra Fajardo llamara a la doctrina heliocéntrica «impía opinión, contra la razón natural que da reposo a lo grave; contra las divinas letras que constituyen la estabilidad perpetua de la tierra; contra la dignidad del hombre, que se haya de

[48] COTARELO VALLEDOR, obra citada, pág. 82.

mover a gozar de los rayos del sol, y no el sol a participárselos, habiendo nacido, como todas las demás cosas criadas, para asistille y serville». Lo que no se explica sino por el inmovilismo de nuestro ambiente intelectual es que un siglo más tarde apenas se hubiera modificado esta posición.

La impermeabilización no era total. Desde 1680 (año crítico) en algunas tertulias de la Corte se discutía, con un cierto regusto picante a lo exótico y casi prohibido, sobre las novedades que llegaban de ultrapuertos; se había medido la velocidad de la luz, el telescopio exploraba los cielos y el microscopio las maravillas de lo infinitamente pequeño; resucitaba el viejo atomismo; se hablaba de experiencias decisivas contra el *horror vacui*. Los médicos eran los más interesados en estas novedades; los anatómicos españoles, que en el siglo XVI habían estado a la cabeza de su especialidad, ahora estaban pendientes de las noticias del extranjero, y la farmacopea se renovaba a impulsos de la naciente Química.

No era Madrid el único ni el principal centro de admisión de novedades; fue la Real Sociedad Médica sevillana la que emprendió la batalla intelectual más interesante de su época. Había también *novadores* en otros puertos, como lugares abiertos a la comunicación con el exterior; en Cádiz, donde Hugo de Omerique vulgarizó los principios del análisis matemático; en Valencia, donde enseñó Piquer; en Cataluña. Más tardíamente se propagó el movimiento al Cantábrico, donde Feijóo hizo figura de precursor. Su combate fue, en parte, continuación del que habían entablado ya los *novadores*, aunque dándole una amplitud mucho mayor, sacándolo del reducido círculo de especialistas, médicos y filósofos, compensando la escasa profundidad conceptual con un extraordinario poder de difusión que alcanzó amplias capas sociales y convirtió una disputa erudita en un episodio de alcance nacional.

Como los *novadores*, Feijóo fue atacado en nombre de la Religión; como ellos, denunció lo que bajo este nombre se escondía de ignorancia y pereza mental. Como religioso y como amante de la ciencia, sufría y se indignaba de esta situación. Incluso vistiendo el hábito benedictino debía pesar sus palabras, al menos hasta que con Fernando VI subió al Poder el primer equipo *ilustrado*. Anteriormente, los enemigos de novedades contaban con el apoyo del Inquisidor General Pérez de Prado, y una carta exhumada por Marañón[49] muestra que Feijóo no era insensible a este peligro. Algunas de sus ambigüedades, de sus concesiones, no pueden comprenderse sin tener esto presente.

La verdadera causa de aquella oposición, que sus adversarios intentaban disfrazar con motivos religiosos, la expresó con frecuencia Feijóo a lo largo de sus escritos: «Apenas aparece en qualquier país un hombre de alguna habilidad especial y hasta entonces no vista, que no tenga luego el vulgo por hechicero. Esto en nuestra España es más frequente, porque la incuriosidad de sus naturales hace peregrinas aun aquellas habilidades que están vulgarizadas en otras naciones. Un titiritero o un volatín que haga alguna cosa más de lo que

---

[49] *Ideas biológicas del Padre Feijóo*, capítulo último.

11

se vio hacer a otros, tiene hechas las pruebas de nigromántico entre la plebe»[50]. En el discurso titulado *Nueva precaución contra los artificios de los alquimistas* dice que podría haber en España diez personas que tuviesen las Memorias de Trevoux, pero que no cree las hubiesen leído más de tres o cuatro. En *Causas del atraso que se padece en España en orden a las Ciencias Naturales*, las reduce a seis principales: la primera, «el corto alcance de algunos de nuestros profesores... Habrá usted visto más de cuatro, como yo he visto más de treinta, que sin tener el entendimiento adornado más que de aquella Lógica y Metafísica que se enseña en nuestras escuelas, viven tan satisfechos de su saber como si poseyesen toda la Enciclopedia. Basta nombrar la nueva Filosofía para conmover a éstos el estómago. Apenas pueden oír sin mofa y carcajada el nombre de Descartes. Y si les preguntan qué dixo Descartes o qué opiniones nuevas propuso al Mundo, no saben ni tienen qué responder, porque ni aun por mayor tienen noticia de sus máximas, ni aun de alguna de ellas. Los escolásticos de quienes hablo no sólo fulminan la sentencia sin oír al reo, mas aun sin tener noticia alguna del cuerpo del delito». En segundo lugar numera «la preocupación que reina en España contra toda novedad. Dicen muchos que basta en las doctrinas el título de nuevas para reprobarlas, porque las novedades en punto de doctrina son sospechosas... Si se ha de creer a estos Aristarcos, ni se han de admitir a Galileo los cuatro satélites de Júpiter, ni a Huyghens

---

[50] *Teatro crítico*, tomo 2.º, discurso 5.º. *Uso de la Mágica*.

y Cassini los cinco de Saturno, ni a Vieta la
Álgebra especiosa, ni a Neppero los logaritmos,
ni a Harveo la circulación de la sangre». La
tercera causa era «el errado concepto de que
cuanto nos presentan los nuevos filósofos se
reduce a unas curiosidades inútiles»; la cuarta, «la diminuta o falsa noción que muchos
tienen de la Filosofía Moderna». La quinta era
«un zelo, pío, sí, pero indiscreto y mal fundado; un vano temor de que las doctrinas nuevas
en materia de Filosofía traigan algún perjuicio
a la Religión». Finalmente, la sexta era lo que
hoy llamamos prejuicios y Feijóo llama emulación; ya nacional, como la de aquellos que
no quieren admitir que algo bueno pueda pro-
venir del extranjero; emulación de partido;
emulación personal. Hay aristotélicos que se
escandalizan aún de las palabras *sistema* y *fenómeno* y disimulan su ignorancia hablando
de *los aires infectos del Norte*, y se indignan
de que se lea a herejes como Boyle y Newton,
aunque sus obras corran con la aprobación tá-
cita de la Inquisición. ¿Acaso no eran infieles
Aristóteles, Averroes, Avicena y otros lumina-
res de la Escolástica?»[51].

En otra de las *Cartas eruditas* vuelve sobre
estos temas familiares. «No pueden adelantarse las Letras en España en tanto que nuestros
escritores circunscriban el estudio y la pluma
a lo que supieron y escribieron los que fueron
delante de ellos de siglo y medio a esta parte», pues antes de esta fecha sí hubo en España
muy gloriosos ingenios. Concede que en su
tiempo florecían los estudios teológicos, canó-
nicos y jurídicos; «pero saliendo de estas fa-

---

51 *Cartas eruditas*, II, 16.

cultades, es preciso confesar la mucha pobreza de España». Las groseras críticas con que eran acogidos los escritos de los que luchaban contra los errores comunes desalentaban a los autores. Otra objeción muy común era que las nuevas ciencias no pasaban de ser futilidades; a él le habían dicho más de una vez que por qué no se aplicaba a cosas serias en vez de escribir sobre cosas superfluas. Feijóo, aun cuando estuviera muy lejos de sospechar los cambios que introducirían en la vida humana aquellas ciencias tenidas por inútiles, alegaba sus ventajas en el plano meramente utilitario; él había escrito contra las supersticiones, contra el infundado temor a cometas y eclipses que recluía en sus casas a muchas personas; había evitado gastos inútiles de botica; había dado a muchos la salud con sus consejos médico-alimenticios. ¿No era esto más útil que aumentar con algunos volúmenes más la ya interminable lista de obras teológicas o exegéticas? [52].

Casi coincidiendo con la iniciación del *Teatro crítico* había publicado Martín Martínez el *Juicio Final de la Astrología* [53]. Feijóo, aunque con menos extensión, no olvidó este aspecto de la lucha contra las preocupaciones vulgares. De los cometas, «espantajos de necios y supersticiosos», trató en el discurso décimo del primer tomo del *Teatro*. En otro titulado *Astrología judiciaria y almanaques*, dice: «No me

---

[52]   Idem III, 31. *Sobre el adelantamiento de ciencias y artes en España.*
[53]   Muy curioso es el *Theatro Supremo de Minerva... contra el Juicio Final de la Astrología,* escrito por un tal Gonzalo Antonio SERRANO, que se titulaba «Philomatemático y médico». Córdoba (1727, ?), 184 págs.

haré yo parcial de Pico Mirandulano en la opinión de negar a los cuerpos celestes toda virtud operativa fuera de la luz y el movimiento; pero aseguraré no ser tanta su actividad como pretenden los astrólogos», y después de burlarse de los judiciarios y almanaqueros, recuerda la bula de Sixto V contra ellos. Vuelve sobre el tema en las *Cartas críticas*; en la 38 del tomo primero, a propósito de las predicciones extraordinarias que se atribuían a Juan Morin, médico y astrólogo francés del siglo XVII; en la 22 del quinto afirma que si la influencia del Sol no se extendía, por ejemplo, a la producción de metales, si la de la Luna se limitaba a las mareas y algún otro fenómeno natural, en cuanto a la de los planetas, «qué hemos de decir si no es que resolvamos divertirnos un rato con los sueños de astrólogos y almanaquistas, los quales, con su gerigonza de aspectos benignos, malignos, trino, quadrado, sextil, de los planetas, dan que hablar a los ignorantes y que reir a los cuerdos».

Por razones obvias, la actitud de Feijóo en cuanto al sistema heliocéntrico fue mucho más reservada; aunque su preferencia por él es clara y trata de enervar la fuerza del argumento religioso que se le oponía, no niega la dificultad que suponen las palabras de la Escritura. De aquí el aspecto dubitativo y vacilante, que puede advertirse también en otros escritores de la época, como el propio P. Zaragoza, a los que puede calificarse de *criptocopernicanos* [54]. De su íntimo sentir apenas puede dudar-

---

[54] Acerca de esto trató GAVIRA en su folleto *Aportaciones para la Geografía española en el siglo XVIII* (Madrid, 1932), lo que me dispensa de entrar en más detalles.

se; sólo opone una dificultad de carácter científico: la ausencia de paralaje de las estrellas. No se le ocurre la respuesta exacta, esto es su distancia inconcebiblemente grande, pero ello no suponía para él un motivo razonable de duda en favor del sistema de Tolomeo; por el contrario, afirma que «es absolutamente indefensable (sic) y sólo domina en España por la grande ignorancia de nuestras escuelas en las cosas astronómicas» [55]. En otro lugar, respondiendo a los que decían que el sistema copernicano sólo era seguido por algunos herejes, afirma que en este punto la opinión de los sabios era casi unánime, que se enseñaba en la propia Roma, y si en Francia tenía menos adeptos era porque aún conservaban muchos la teoría de los torbellinos de Descartes [56]. Por ello resulta más sorprendente que a continuación diga que le satisface más el sistema híbrido de Tico-Brahe, del que ya apenas se acordaba nadie. Es posible que se trate de una mera reserva impuesta por la prudencia, pues Feijóo no sólo comprendía el verdadero alcance de la teoría copernicana, sino que se dio cuenta de que había sido ya superada, integrada en un sistema cósmico mucho más vasto, al que llama Sistema Magno, en el cual el Sol ya no era el centro del Universo, sino una de tantas estrellas. Tuvo, pues, un vislumbre de la inmensidad del Cosmos, y si no aceptó la pluralidad de mundos habitados defendida por Fontenelle, se dio cuenta del inmenso alcance de la revolución newtoniana.

---

[55] *Cartas eruditas*, tomo 3.º, carta XX. Véase también la carta XXIII.
[56] Id., íd., tomo 4.º, carta XXI.

La postura de Feijóo apenas tuvo repercusiones, por su falta de nitidez; en los libros aparecidos en la primera mitad del XVIII se sigue la opinión tradicional [57]. En la segunda mitad se abre paso cada vez más la moderna sin notable resistencia, y el hecho de que en 1790 el Indice de la Inquisición española ordenara tachar el adjetivo *verdadero* aplicado al sistema copernicano [58] era ya poco más que simple rutina, pues circulaban sin dificultad libros en que dicho sistema era francamente admitido [59].

[57] A más de los autores de tratados astronómico-geográficos citados por Gavira, hay otras obras representativas de las ideas cosmológicas que aún predominaban en amplios sectores. Por ejemplo, en el *Reyno de Cristo*..., de fray Pedro de SAN JOSÉ, la teoría heliocéntrica no es siquiera mencionada; se dice que los autores modernos admiten tres cielos, pero los antiguos, «cuyo authoridad es mayor que la de los modernos», once: Luna, Mercurio, Venus, Sol, Marte, Júpiter, Saturno, Firmamento, Cristalino, Primer Móvil y Empireo (pág. 105).

[58] En la traducción española de la *Historia de Carlos XII*, de Nordberg (DEFORNEAUX: *L'Inquisition espagnole et les livres français au XVIII siècle* página 46, nota).

[59] Jorge Juan, Manuel de Aguirre y Mendoza Ríos adoptaron abiertamente el sistema copernicano sin ser molestados. Mutis sí lo fue en Bogotá, pero sin consecuencias; habiendo defendido en unas conclusiones el movimiento de la Tierra, el año siguiente (1774) los dominicos de la Universidad celebraron otras en que decían ser contrario a la Escritura y Santo Tomás. Mutis defendió sus ideas en un escrito dirigido al virrey. La Inquisición tomó cartas en el asunto; un calificador calificó la teoría copernicana de herética, otro de indiferente; el fiscal dijo que ningún católico podía defenderlo, y que Mutis era el primero que lo había hecho en América. De todas formas, la cosa no debió parecerles clara, porque remitieron el asunto a la Suprema, que prefirió guardar silencio (LEA: *The Inquisition in Spanish dependences*, 471-72).

Pero esta evolución no parece deba atribuirse a Feijóo, sino al progreso general de la ciencia y de los estudios.

Aludiré, para terminar, a la actitud de Feijóo ante el terremoto de 1755, que destruyó Lisboa, con muerte de miles de personas y causó grandes estragos en diversos puntos de España. Es sabido cómo este desastre sirvió de pretexto a Voltaire y otros *filósofos* para atacar el concepto de Providencia y, en general, el orden cristiano del Mundo. En España esta polémica tuvo una réplica, aunque débil; hubo una controversia entre los que veían en el terremoto un efecto de causas puramente naturales y los que lo consideraban, ante todo, como un hecho de alcance moral, un castigo divino por la relajación de las costumbres. «Ciertamente es cosa digna de compasión —escribía el anónimo autor de un *Tratado contra la incredulidad*— leer a los Philósophos de este tiempo gastar el calor natural en hacer creer al común que el terremoto de 1755 procedió de causas naturales» [60]. Otros no negaban que el desastre pudiera explicarse por causas naturales, pero sostenían que el reducirlas meramente a éstas, como hacía el autor del *Nuevo Sistema de los Terremotos,* era inadmisible en buena Filosofía cristiana. «No tengo por vituperable —escribía el obispo de Guadix-Baza— que los ingenios de grandes luces empleen algunas horas en la apacible, suave y agradable especulación de la Phísica moderna... (pero) no sé si después que se habla tanto entre los estudiosos de nuestra Nación de experimentos, de mecanismos, y se ha

---

[60] Ms. de la Biblioteca Menéndez Pelayo de Santander.

introducido el vocabulario en que se dan a conocer por sus nombres las que nuestros mayores llamaron y siempre lo serán, ocultas qualidades, nos podamos gloriar con razón de ser más felices y quejarnos o motejar la barbarie de nuestros antiguos... Nuestros physicos no caen en los delirios de los paganos y herejes, pero parece que algunos llevan a mal y tienen por vicioso el recurso a la potestad y virtud de las causas invisibles quando se trata de investigar las de los phenómenos materiales. Parecen estar pesuadidos que en los senos de sola la naturaleza corpórea y en las virtudes que ella encierra tienen un libro que lo enseña todo a quien quiere y puede entenderlo... Ya hemos visto con este modo de pensar que Copérnico y sus aliados intentaron parar el Sol y mover la Tierra, queriendo hacer creer que hasta que cayó en su mente un tan feliz pensamiento todos los hombres y sus sentidos habían sido engañados». Agrega que no comprende cómo los físicos que especulan sobre el mundo subterráneo no tienen en cuenta el poder de los demonios, «que exercen en aquel abismo un terrible imperio» [61].

Pues bien, lo único que hay que hacer notar en la actitud de Feijóo ante este considerable acontecimiento es su negativa a definirse. De alcance insignificante es lo que escribió sobre

---

[61] Fray Miguel de SAN JOSEPH: *Respuestas que dio a una carta del Dr. D. Joseph Zevallos, en assumpto de varios escritos impresos sobre el Terremoto...* Granada, sin año (1756?), 40 págs. En el mismo sentido escribieron el mínimo fray Francisco Xavier GONZÁLEZ (*Reflexiones crítico-ideológicas sobre la respuesta a la carta de fray Miguel de San Joseph...* (Sevilla, 1757), Francisco José Olazábal y otros.

el terremoto; se inclina a creer que es la electricidad la fuerza productora de sus devastaciones, pero no alude siquiera al problema filosófico-teológico que a propósito de él se había planteado[62]. Y cuando un tal Juan de Zúñiga se dirige a él pidiéndole su parecer sobre una cuestión en que la opinión estaba dividida, Feijóo contesta con razonamientos anodinos e incongruentes[63]. ¿Debemos ver en esto un signo de cansancio después de tantas luchas y críticas? ¿O un síntoma de decrepitud, explicable en un hombre de ochenta años? Tal vez haya algo de esto, pero también habrá que invocar otra razón que es válida para toda la obra de Feijóo: él, que sobresalía en la crítica de hechos concretos, se movía con mucho menos desembarazo en el terreno de las ideas generales. Esto era una consecuencia inevitable de su posición filosófica poco original, e incluso poco definida, hecha de un fondo escolástico del que nunca renegó, al que acoplaba, con más o menos fortuna, elementos inconexos tomados de los sistemas modernos. Tal vez por ello parece que su labor fue más demoledora que constructiva. No es rebajar su mérito señalar sus limitaciones, sobre todo teniendo en cuenta que en la España que él encontró la labor constructiva necesitaba una labor previa de demolición de elementos inservibles.

---

[62] *Cartas eruditas*, tomo V, cartas 13, 14 y 25 a 29.
[63] *Dictamen del R. P. Maestro fray Benito Feijóo, explorado por el licenciado Juan de Zúñiga...*, Toledo, 1756, 60 págs.

5. DOS MEDICOS PROCESADOS POR LA INQUISICION *

I. El doctor Juan Muñoz Peralta.

Comenzamos apenas a valorar la ingente contribución de los descendientes de antiguas familias hebreas a nuestra cultura patria. El catálogo de ingenios probable o seguramente conversos aumenta con tal rapidez que el resumen que de ellos hice hace sólo cuatro años [1] casi podría ya duplicarse. Hoy me place dar a conocer la figura del médico eminente cuyo nombre encabeza estas líneas, el último, juntamente con su compañero Mateo López Zapata, que debiera sufrir persecuciones por su estirpe, ya en pleno siglo XVIII. Confío demostrar que es injusto el olvido en que se le tiene, y que se le debe considerar como uno de los artífices de la renovación intelectual de España en aquella centuria.

---

* Incluimos en este capítulo dos artículos publicados en *Miscelánea de Estudios Arabes y Hebraicos*, de la Universidad de Granada: «El doctor Juan Muñoz Peralta» (VIII, núm. 8, 1959) y «El proceso inquisitorial del doctor Diego Mateo Zapata» (XI, número 2, 1962).
[1] En *La clase social de los conversos en Castilla en la Edad Moderna*, Madrid, 1955; inserto también (sin apéndices) en el tomo 3.° de los *Estudios de Historia Social de España*.

Creo superfluo insistir en la estrecha vinculación que existió entre los judeoconversos y la profesión médica; sólo recordaré que, si en la Edad Moderna no tuvieron ya sobre ella un monopolio virtual como en la Media, su predominio, en cantidad y calidad, fue lo bastante grande como para hacer ineficaces las medidas legales que contra ellos se adoptaron. Los ejemplos son tan numerosos como elocuentes; hasta la Inquisición tenía que transigir con ellos a falta de otros. En 1575, el inquisidor de Logroño, Manrique, comunicaba a la Suprema: «Por tener la Inquisición necesidad urgente de médico y no hallar ninguno que tuviese las calidades, se escogió el mejor y se le dio el salario sin título, el qual se llama doctor Bélez.» Y de Madrid le respondieron: «Que se disimule con él sin darle título hasta que haya alguno que sea cristiano viejo»[2]. Por tanto, no creo exagerado decir que, salvo prueba en contrario, sobre todos nuestros médicos famosos del Siglo de Oro pesa la sospecha de ser *ex genere iudaeorum*.

En el siglo XVII la situación se fue modificando con lentitud, no sólo porque los cristianos viejos iban perdiendo su prevención contra los estudios de Medicina, sino porque el tiempo, en su rápido paso, borraba pruebas y recuerdos; pero de vez en cuando se alzaban voces contra la presencia de médicos en la Real Cámara, a pesar de ser cosa prohibida por las leyes. Las quejas contra los médicos y boticarios judíos emitidas en la junta de obispos de Thomar (1629) fueron reproducidas durante la

---

[2] Simón DÍAZ: «La Inquisición de Logroño, 1570-1580» (*Berceo*, I, 94).

minoridad de Carlos II por el portugués Miguel Pais de Almansa en carta (impresa) dirigida a doña Mariana de Austria, en la cual reproducía las viejas necedades sobre médicos judíos que aprovechaban su arte para matar cristianos, como argumento contra la admisión de quienes no fuesen cristianos viejos en la honrosa categoría de médicos de la Casa Real de Castilla [3].

Cuesta trabajo admitir que tales cosas fuesen realmente creídas ya dentro del siglo XVIII. Es un hecho, sin embargo, que dos médicos de Felipe V padecieron por esta acusación. Es posible que los denunciantes procedieran de buena fe, porque la estupidez humana es inagotable; pero hay razones para suponer que el motivo real era más profundo y se relacionaba, no sólo con celos profesionales, sino con la polémica que, en torno a las novedades científico-filosóficas que introducía la Regia Sociedad Médica de Sevilla, estalló violenta entre tradicionalistas y novadores. La documentación reunida sobre este episodio es todavía incompleta, pero basta para dar a conocer los hechos esenciales.

* * *

Del Dr. Juan Muñoz Peralta sólo dio pocas e incompletas noticias Morejón en su Historia de la Medicina Española; su nombre no figura en el mediocre opúsculo titulado «Médicos perseguidos por la Inquisición». Méndez Bejarano fue el primero que, basándose en datos toma-

[3] Lucio D'AZEVEDO: *Historia dos Christaos novos portugueses*, pág. 198.

dos del Archivo Universitario de Sevilla, bosquejó una biografía[4] que puede completarse
con las noticias que figuran en el expediente
formado a consecuencia de la denuncia de que
fue objeto. Si apareciese su proceso inquisitorial, dispondríamos de mayor material biográfico, que también debe de existir en el Archivo
del Real Palacio de Madrid. Concretándonos a
lo esencial, lo que sabemos actualmente de su
vida es lo siguiente: Nació en la villa del Arahal, perteneciente al Reino de Sevilla, en fecha
desconocida, pero que puede fijarse hacia 1665.
Su padre, don Francisco Muñoz Bravo, fue persona de cierto viso: colegial mayor de Osuna
y gobernador del estado del marqués de Aya-
monte; su madre se llamaba doña Isabel de
Peralta[5]. Según la información que se le practicó de orden del rector y consiliarios del Colegio
Mayor de Santa María de Jesús, o sea, de la
Universidad hispalense, sus padres eran, según
los estatutos, «cristianos viejos, libres de toda
mala raza», pero hacía ya mucho tiempo que
estas informaciones no eran más que una for-
malidad que proporcionaba trabajo y dinero a
los informantes. Los testigos examinados fueron solamente tres, naturales de Arahal, pero
residentes en Sevilla; esta sola circunstancia
da idea de la seriedad de aquellas pruebas.

El 21 de noviembre de 1682 alcanzó el grado
de Bachiller en Artes y en 24 de mayo de 1688

---

[4] Mario MÉNDEZ BEJARANO: *Diccionario biográfico
y bibliográfico de autores de Sevilla y su provincia*,
tomo II.
[5] Constan estos datos en el expediente abierto con
motivo de la denuncia de que se habla más adelante.
Es el número 43 del legajo 5.813 (2.ª parte) de la
Sección de Consejos del Archivo Histórico Nacional

el de Bachiller en Medicina; poco después lo vemos ocupando la cátedra de Vísperas de Medicina en Sevilla, y en 1697, como fruto de las reuniones que en su casa celebraba con varios colegas deseosos de contribuir al progreso científico, se constituyó la Sociedad de Medicina y Ciencias de Sevilla, que, a pesar de los ataques de que fue objeto, consiguió la sanción real, gracias a los esfuerzos de Muñoz Peralta y de su colega Mateo López Zapata, por cédula de 25 de mayo de 1700, es decir, reinando todavía Carlos II, que murió el primero de noviembre.

El cambio de dinastía no perjudicó los planes renovadores de la tertulia sevillana. Muñoz Peralta, su presidente, ya en julio del año anterior había cursado instancia solicitando plaza de médico de Cámara, la cual fue entregada al Protomedicato por el Sumiller, conde duque de Benavente. El Tribunal del Protomedicato, integrado por los doctores D. Gregorio Castel, D. Francisco de Ribas y D. Cristóbal de Contreras, informó que era «sujeto de gran literatura» y muy digno de la plaza, que efectivamente se le concedió, y juró el 22 de febrero de 1700 en manos del Asistente de Sevilla, marqués de Valdehermoso. Sin perder nunca de vista su querida Sociedad sevillana, se trasladó a la Corte y gozó del aprecio de Felipe V, como más tarde hubo de recordárselo en los momentos en que sufría persecución por sus émulos: «... le es preciso traer a la memoria de V. M. haber tenido la honra de asistir a la Real Persona de V. M. el año de 1710 en la enfermedad epidémica de disenterías que padeció en Cataluña, en que logró el suceso del cabal restablecimiento de V. M. con el método de curación que practicó el suplicante, distinto del que se había llevado; asimismo el año de 1711 asistió a la señora Reina Doña María Luisa, en cuya enfermedad logró también feliz efecto, teniendo la singular honra de que V. M. asistiese a la consulta y que fuera de su real agrado el dictamen del suplicante, y después en Madrid, a tiempo que el infante D. Felipe (que está en gloria) se hallaba en grave peligro, y casi en los últimos años de su vida, asistió a S. A. manteniéndose en su cuarto cuatro días y noches, y últimamente, después de su referido contratiempo [6], hallándose la majestad de D. Luis I en lo último de su enfermedad, asistido de dos médicos de Cámara, el suplicante tuvo orden de V. M. para visitarlo, y habiéndolo pulsado le halló en tal extremidad y agonía que le pareció que sólo podía durar dos horas, y así lo dixo y así sucedió.

Asimismo tuvo el suplicante la honra de visitar enfermo al Señor Luis XIV, glorioso abuelo de V. M. y pulsarle varias veces, habiendo sido llamado por S. M. Christianísima, y enviando un correo a París, donde estaba el suplicante, el cardenal Vici de orden de S. M., y también, pasando por Bayona, vio y pulsó y dexó receta a la Señora Reina viuda Doña María Ana de Neoburg...»

Poco hay que añadir a estas palabras para comprender el crédito de que gozó Muñoz Peralta; Méndez Bejarano añade que fue médico de cámara del virrey de Cerdeña y que, entre otras comisiones, se le envió a Bilbao a estudiar la epidemia que afligía aquella ciudad, y

---

[6] Alude a la causa inquisitorial que se le siguió en 1724.

a Holanda para asistir en una grave enfermedad al duque de Osuna. Sin embargo, a pesar
de las protestas que hacía de la limpieza y pureza de su sangre, su ascendencia conversa debía de ser un secreto a voces, y de ella se
valieron sus émulos para acusarle, casi al mismo tiempo que a su compañero López Zapata,
a la Inquisición. A éste se le siguió proceso por
la de Cuenca, y salió condenado en abjuración
y destierro, aunque pronto volvió a la gracia
real y al ejercicio de su cargo [7]. Del proceso
que a Muñoz Peralta le siguió la Inquisición
de Corte sólo tenemos vagas noticias; el inte-
resado se refiere a ella sólo de pasada, alu-
diendo a «su accidente» o «su desgracia». No
cabe duda, sin embargo, que la acusación,
como en el caso de López Zapata, era la de
judaizar. También se sabe que se libró de ella
mejor que su compañero, pues a los pocos meses fue dado por libre y absuelto. Sin embargo, el mero hecho de haber sido encausado por
el terrible Tribunal, aparte de la prevención
que suscitaba, podía tener consecuencias legales desagradables; por eso Peralta solicitó y
obtuvo, en 14 de agosto de 1724, un decreto en
que se declaraba que la prisión y causa que
contra él se había seguido no debía obstarle
para obtener oficios públicos y de honra.

La rehabilitación de los dos ilustres médicos
conversos no fue del agrado de todos sus colegas, ya les movieran miserias humanas o un
celo religioso mal entendido. Este parece haber
sido el móvil del Dr. Francisco José de Carvajal,

[7] Sobre Mateo Lópcz Zapata, cuya carrera tiene
tanta analogía con la de Muñoz Peralta, véase la corta
noticia que di en mi citada obra (pág. 176-77) y otras
que allí se citan.

médico de la Inquisición de Llerena, que con este motivo dirigió al monarca un largo memorial[8]. Comenzaba haciendo un elogio de la profesión médica en el que no escasean las citas bíblicas. Penetrados, dice, de la nobleza de este arte, los Reyes Católicos ordenaron que los médicos hubiesen de ser libres de toda mala raza, apartando a los viles que desdoran la facultad, «y los protervos enemigos de los christianos, que son los judíos y sus descendientes, aunque sean bautizados y convertidos, por su mala raíz.» A este propósito recordaba que las leyes 3.ª y 4.ª del título III del libro VIII de la Nueva Recopilación los excluía de todo oficio público honroso, y la bula *Alias* del Papa Gregorio XIII, renovando los decretos de Paulo IV y Pío V para que los cristianos no llamen a médicos judíos, prohibiciones cuyos precedentes se hallan en el IV Concilio de Letrán.

El Dr. Carvajal sostenía que el hecho de la conversión no cambiaba nada esta merecida reprobación por ser sus conversiones falsas. «Bien lo publican sus autos, tan frecuentes en todas las inquisiciones de España, en las cuales jamás faltan médicos, cirujanos o boticarios condenados por judíos o descendientes de ellos, como lo acreditan los muchos que ha celebrado la Santa Inquisición de esta ciudad (Llerena), en cuyo último salieron dos médicos con sambenito por judíos; y los que ha habido en la corte de V. M. que por ser tan ciertos y recientes omito los exemplares, contentándome con referir sólo el último auto, en que se vio un médico quemado en estatua por judío que

---

[8] Impreso en cuatro folios, sin año. Se halla en el expediente citado en la nota 5.

había sido de la Real Familia y Protomedicato de V. M. y cuarenta años médico del Hospital General de su Corte. Poco antes hubo otro médico, también de notoria raza de judíos y penitenciado por tal por el Santo Tribunal, por lo que se le borró la plaza que también tenía de médico de la Real Familia, y borrada consta en los libros del oficio de grefier de V. M., y no obstante logró pocos años después la honra de médico de la Real Cámara con ejercicio, que a esto llega su astucia y simulada malicia. ¿Sería acaso por decir que son más doctos? No basta ni esto para la tolerancia...» Terminaba pidiendo que todos los médicos, cirujanos y boticarios de raza de judíos o penitenciados, mientras no calificaran su inocencia, quedasen inhabilitados, y que las informaciones genealógicas se hicieran con todo el rigor de las leyes.

El memorial fue remitido por el rey al Consejo de Castilla en 22 de marzo de 1725, pero hubo que hacerle recuerdo, y por fin, en 31 de enero siguiente emitió informe, reducido a que se guardasen las leyes, «y que las informaciones que se presentan en el Real Protomedicato se executen con citación de los síndicos generales de los pueblos donde deben hacerse.»

Es posible que el precedente memorial influyese en el semiostracismo en que, a pesar de la absolución, se tuvo a Muñoz Peralta. Seguía ostentando el honorífico título de médico de la Real Familia, pero no entraba en las consultas de sus colegas ni había vuelto a asistir a las personas reales; sólo, como él mismo recuerda en las líneas copiadas anteriormente, cuando el efímero rey Luis I se hallaba en la agonía, se le invitó a dar su dictamen. Incluso parece que su propia mujer no había vuelto a hacer vida marital con él, según se dice en el memorial de que a continuación hablaremos.

Sin embargo, mediaba un precepto legal del que no se podía hacer caso omiso. Dentro del numeroso cuerpo de médicos reales había una minoría escalafonada y con retribución especial. En 1719, es decir, antes de su desgracia, Muñoz Peralta fue nombrado para esta categoría especial, con derecho a percibir obvenciones en el momento en que por antigüedad obtuviera una vacante. Este hecho se produjo en 1730, y el sumiller, duque de Frías, reconoció a Muñoz Peralta el goce de sus derechos, con gran despecho de otros dos médicos de Cámara más modernos, Alfonso Sánchez y Antonio Díaz, quienes elevaron memorial alegando «que el dicho Dr. Peralta desde que salió de la prisión del Santo Tribunal de la Inquisición se halla suspenso, así de hecho como por derecho, mientras no se califique, cuyo requisito es preciso para obtener honores, dignidades y cargos públicos, y se practica por el Santo Tribunal con los indemnes de culpa que se hallen procesados, siendo indispensable en el criminoso, por más que se halle arrepentido, necesitar de indulto que le califique y exima de la nota de infamia, con tal que no provenga de sangre infecta, en que no tiene lugar. Y no estando calificado el Dr. Peralta de uno ni de otro modo, se halla con la misma nota, y por consiguiente suspenso e inhábil por derecho común y canónico.» Alegaban también que el rey no había querido recurrir a él en los casos de enfermedad de los miembros de la familia real. «Por la referida nota y no estar calificado, es sin controversia que su propia mujer se halla separada y no cohabita con él; ¿y quiere el Sumiller de Corps conferirle los honores de criado de V. M. dándole entrada en su Real Casa sin calificarse, cuando su mujer en la suya no le quiere sin esta circunstancia?»

«Ultimamente. Señor, al tiempo que el dicho Dr. Peralta salió de la prisión mandó verbalmente el Dr. Juan Higgins, del Consejo de V. M., su primer médico y Presidente de vuestro Protomedicato, que ninguno de los médicos de fama y honra, así de Cámara como de la Real Casa de Borgoña, concurriese a juntarse con él. lo que se ha observado hasta hoy.»

Remitido el memorial al Consejo en 28 de septiembre de 1730, Muñoz Peralta presentó en él otro del que hemos extraído parte de los datos biográficos copiados anteriormente. Exponía que, al vacar por muerte del Dr. Aquenza un puesto de médico de Cámara con los gages correspondientes, había exhibido el decreto de 1719 al duque de Frías, el cual no había hallado motivo para no concederle el goce de los citados beneficios. Representaba que el tribunal de la Inquisición le había dado por libre de las falsas imputaciones que se le habían hecho, con restitución de bienes y honra, como constaba por certificación que exhibía, siendo la práctica. cuando era convencido de la culpabilidad algún miembro de la Real Casa, borrarle de los libros de la misma; recordaba los servicios prestados a la Real Familia, las pruebas de limpieza, aprobadas por la Universidad y Protomedicato, «lo lustroso de su familia, contra lo que no ha parecido después la cosa más leve queriendo sin duda dichos médicos que una desgracia de la que nadie está exempto haya de hacer veces de delito», y terminaba pidiendo el castigo de los calumniadores.

A propuesta del fiscal, el Consejo acordó someter el asunto a la resolución de S. M. No tenemos noticia de cuál fuera ésta: pero debió de ser favorable, puesto que el último documento que existe en el citado expediente es una petición hecha al Consejo en 9 de agosto de 1737 por Lucas López Fonseca en nombre del Dr. Peralta, «médico de Cámara más antiguo de S. M.» solicitando la devolución de los documentos que había entregado en 1731. Se le había mantenido, pues, en su título y cargo hasta dicha fecha, que no debió rebasar en mucho, pues para entonces ya era más que septuagenario. De todas formas. la ausencia de noticias suyas en estos años finales indica una decadencia de su actividad y fama, causada, tal vez, más que por la edad, por los desengaños y pesadumbres originados por la persecución de que había sido objeto.

* * *

Querríamos concretar ahora en unas pocas líneas la significación del Dr. Muñoz Peralta en la renovación científica de nuestra Patria. Sabido es que, por causas que no es del caso dilucidar aquí, el frondoso árbol de la ciencia española se anquilosó en la segunda mitad del siglo XVII, hasta el punto de que se pudo dudar si aún circulaba un resto de savia por su tronco. Gran parte de la culpa recaía en las Universidades y en las Ordenes regulares que casi monopolizaron sus cátedras, encerradas en un estrecho tomismo que no tenía de tal más que el nombre, pues nada podía ser más opuesto

que el dogmatismo rígido y el horror a toda
novedad a la mente amplia del Aquinatense.
La Universidad de Sevilla no escapó a estas
lacras, pero allí, como en Cádiz, y en general
en la Baja Andalucía, existía un fermento activo, un elemento de renovación debido a la
riqueza, la intensidad del tráfico y la presencia de una numerosa colonia extranjera. Como
de costumbre, las corrientes comerciales servían también de vehículo al intercambio de
libros e ideas.

Exponente de esta generosa inquietud fue la
fundación de la Regia Sociedad Médica Sevillana, cuyo papel aún no ha sido valorado de-
bidamente, a pesar de los meritorios trabajos
de los señores Barras de Aragón y Brígido Ponce de León [9]. Los promotores de la renovación
no fueron filósofos, literatos ni juristas, sino
médicos; paradoja que tiene su explicación:
los médicos estaban menos infeudados al sistema universitario y su fanático aristotelismo;
ya lo había hecho notar en el siglo anterior el
autor del *Viaje de Turquía:* «Questión es muy
antigua, principalmente en España, que tenéis
los médicos contra nosotros los theólogos, que-
reros hazer que sabéis más philosophía y latín
y griego que nosotros... ¿Qué es la causa porque yo he oído decir que los médicos son me-

---

[9] D. Francisco DE LAS BARRAS escribió, entre otros
trabajos, sobre este asunto, «La Regia Sociedad de
Medicina y Ciencias de Sevilla y el Dr. Cervi» (*Boletín de la Universidad de Madrid*, 1930). El estudio
importantísimo, del señor PONCE DE LEÓN, titulado «La
Química en la Real Sociedad de Medicina de Sevilla»,
vio la luz en *Archivo Hispalense*, 1951-52, y en la misma revista apareció (núm. 47) una Historia de dicha
Sociedad debida al Dr. José Arriaga Cantullera.

jores philosophos que los teólogos?» Y responde el otro interlocutor: «Porque los theologos siempre van atados tanto a Aristóteles, que les paresce como si dijeren: El Evangelio lo dice, y no cabe irles contra lo que dixo Aristóteles, sin mirar si lleva camino, como si no hubiese dicho mil quentos de mentiras; mas los médicos siempre se van a viva quien vence por saber la verdad» [10].

Según noticias contenidas en el Libro Primitivo, que hoy se guarda en el archivo de la Academia de Medicina de Sevilla. «por los años de 1697 se hallaron en esta ciudad de Sevilla los doctores D. Miguel Melero, D. Salvador L. de Flores, D. Miguel Boyx y el lcdo. D. Julio Ordóñez, que concurriendo a la casa del doctor don Juan Muñoz Peralta pretendían adelantarse en la Philosophia experimental, procurando para este fin los más escogidos autores que les pudo franquear la diligencia personal por medio de muchos aficionados extranjeros.»

No pocos de los médicos que se reunían en el domicilio de Muñoz Peralta eran revalidados, es decir, que no habían seguido cursos universitarios, sino que se habían formado prácticamente asistiendo con otro médico: conocían, en cambio, la literatura científica extranjera, querían iniciarse en los secretos de la Espagírica, o sea, de la Química, y ponían los descubrimientos recientes por encima de las doctrinas de Hipócrates y Galeno. Otros tantos

---

[10] *Viaje de Turquía,* pág. 86 de la ed. de Nueva Biblioteca de Autores Españoles. Si el autor no es, como se creía, Villalón, sino el Dr. Laguna, como defiende Batillon, aún cobran más significación estas palabras.

motivos para que la Universidad hispalense temiera ver quebrantados los fundamentos del orden tradicional; y como el grupo que empezó siendo tertulia particular aumentaba rápidamente, reclutando adheridos en toda España, se dirigió a las demás Universidades reclamando una acción común contra aquellos atrevidos novadores que despreciaban la doctrina de los antiguos y seguían autores modernos, extranjeros, heterodoxos incluso, de lo que habían de seguirse grandes daños a la ciencia y a la fe. Pararon el golpe los doctores López Zapata y Muñoz Peralta gracias a sus altísimas relaciones en la Corte, y bajo la protección real quedó constituida, en 1700, la Sociedad Médica de Sevilla, con Muñoz Peralta como primer presidente. De las controversias que aún hubo de sostener y de su importante labor científica no hemos de ocuparnos. Baste repetir que a la acción de dos médicos por cuyas venas corría sangre hebrea se debe el primer intento serio hecho para renovar y modernizar los estudios científicos en España.

Muñoz Peralta escribió algunas obras médicas que no interesan a nuestro objeto [11]. Más importancia ofrece su opúsculo de polémica contra el *Galeno ilustrado*, de López Cornejo, cuyo larguísimo título [12] manifiesta bastante-

---

[11] Méndez Bejarano cita un «Escrutinio físico-médico de un específico de las calenturas intermitentes», Sevilla, 1699, y «Triunfo del Antimonio», Córdoba, 1702.

[12] *Galeno ilustrado, Avicena explicado y doctores sevillanos defendidos. Refútase la nueva con la antigua Medicina, y manifiéstase que ni Hypócrates, Galeno, Avicena, ni los prácticos antiguos, ignoraron lo más de lo moderno, y que de ello se ha deducido y trasladado lo más útil. Dase a entender quan perni-*

mente el objeto de esta obra, una de las muchas que suscitó la controversia en torno a la Regia Sociedad, y buen exponente de la terrible decadencia en que estaba sumida la enseñanza tradicional. Uno de los aprobantes de esta obra, el carmelita Francisco Navarro, escribía: «Aunque no fuera de tanta obligación la veneración a los maestros y la defensa de los Padres, sólo por lo antiguado en las doctrinas merecen veneración, como decía San Basilio: *Quidquid antiquitate excellit, venerandum est...* Y es cuerda resolución llegar a entender no se aventajan nuestros discursos a aquellos a que nuestros maestros no asintieron. Lo contrario es caer en novedades, que no sirven más que de alterar los ánimos, como decía San Juan Crisóstomo: *Novitas omnium animos offendit.*»

El texto de López Cornejo respira este mismo horror a las novedades, este culto exagerado a la autoridad de los antiguos. No vale la pena hacerle el honor de una exégesis detallada; baste decir que hace cargo a los espagíricos, es decir, a los químicos, de abandonar la doctrina de los cuatro elementos, sustituyéndola por la teoría de los ácidos y álcalis. Se indigna de «el desprecio y poco respeto a las leyes de estos Reynos que mandan no se admita otra Medicina que la de Galeno, Hipócrates y Avicena»; pero lo que le parece peor es que se haga escuela aparte, trastornando toda la

---

cioso es regularmente usar de los medicamentos espagíricos o chímicos, y especialmente minerales o antimoniales... por Alonso López Cornejo, Maestro en Artes y Philosophia, Cathedrático que fue de Prima de la Universidad de Sevilla... Sevilla, sin año (1699?), XXIII, + 252 páginas.

común Filosofía: «Delirios como los de Helmoncio y blasphemias como las de Paracelso, y errores que coinciden con los maniqueos de su discípulo Severino, con las paradojas de Scheveumano y a este tenor otros recientes escriptores no son tolerables». Contra los que negaban las cualidades ocultas endereza una lista de sesenta y cinco preguntas, de las que copiamos, para muestra, algunas:

Pregunta 1.ª: «¿Por qué algunos hombres tienen tal antipatía con los gatos que no pueden tolerar su presencia? Y ¿por qué otros se desmayan viendo el queso? ¿Y otros viendo aceitunas?»

Pregunta 6.ª: «¿Por qué en presencia del diamante no suspende el acero? Y ¿por qué la sangre del cordero ablanda el diamante?»

Pregunta 12: «¿Por qué la madera que se corta en creciente de luna se pudre y la que se corta en menguante no se apolilla?»

Pregunta 34: «¿Por qué la rémora, un pez tan pequeño, detiene un navío?»

Pregunta 46: «¿Por qué el león tiene miedo del gallo y huye de él, y oyéndole tiembla?»

Pregunta 60: «¿Por qué a vista de Teruel, en un pedazo de monte, en un lugar que llaman Congut [13], cría la tierra huesos y calaveras de hombres como si criara hierba?»

No es preciso seguir copiando para darse cuenta de que una ciencia que se defendía con tales argumentos estaba putrefacta. La *Residen-*

---

[13] Se trata, evidentemente, del famoso yacimiento terciario de Concud, tan rico en fósiles (aunque no precisamente humanos).

cia piadosa[14] con la que Muñoz Peralta contestó a López Cornejo no es una obra de grandes vuelos, ni tampoco lo precisaba para responder a tal cúmulo de inepcias. En uno de los preliminares, el Doctor Juan Cabriada, protestando contra los tradicionalistas acérrimos que decían no haber descubierto los modernos nada sustancial, sino sólo voces y términos nuevos, exclamaba: «Son cosas nuevamente descubiertas o solamente voces el uso secretorio de las glándulas, la circulación de la sangre, los tubos y canales excretorios nuevamente descubiertos, los vasos linfáticos, el suco pancreático, el fermento del estómago en cuya virtud se elabora el chilo... los vasos lácteos, los conductos salivales...?» Muñoz Peralta, por su parte, censuraba la identificación que hacían sus contrarios entre la doctrina aristotélica y el Cristianismo. «Tuvo gran valimiento en estos antecedentes siglos la Philosophia de Aristóteles; pero en este felice, donde ha habido más libertad y adelantamiento en la ciencia se ha ido dexando, así por su oscuridad como por lo poco cierta en lo experimental, y por esta razón, los mismos que se criaron en ella, advirtiéndola defectuosa la han dexado, y admitido la más cierta y experimental moderna, precisa

---

[14] *Residencia piadosa a la obra del Dr. López Cornejo... Pruébase que con su obra queda Galeno deslustrado, Hypócrates, Avicena y Aristóteles agraviados, y los Doctores Sevillanos ofendidos... Escrita por* ———, *médico de esta muy noble ciudad de Sevilla, cathedrático que fue de Vísperas en su Universidad, Presidente actual de la Tertulia Hispalense y Médico de Cámara del Rey Ntro. Sr. Córdoba, sin año* (1700?) XVII+88 *páginas.* Hay un ejemplar de este raro folleto en la Biblioteca Universitaria de Sevilla.

a los que paran en la contemplación de las cosas naturales, y especialmente a los médicos.»

El principal interés del texto de Peralta reside en el conocimiento de gran número de obras filosóficas y científicas extranjeras, cuyos autores cita, aunque tan deformados a veces que resulta difícil identificarlos: entre otros menciona «al eruditísimo Pedro Gasendo... el doctísimo Olao Borrichio..., la philosophia de Clauberquio, la de Antonio Legran, la de Colberto, la de Dujamel, la Borgoniense, la de Esparleste, la de Maynan, los fundamentos de Syppeo en Philosophia y Medicina, los de Junken, la Philosophia de Juan Clérico, la Phisiología insigne de Estair, la Philosophía experimental del doctísimo Boyle y todas sus obras, cuyos experimentos han reducido infinitos aristotélicos a lo mejor, la Philosophía compendiosa de San Romain, la libre Philosophía de Cardoso, la de Caramuel, los experimentos de Juan Mayón, los de Estalpacio, los de Cranen, los de Harbeo, la Philosophía contracta de Glaubero, la de Bernier, la de Perault, y otras muchas que no he visto y espero ver presto. Si el Sr. Doctor hubiera leydo estas philosophías conocerá en qué bajo estado se halla oy en toda Europa la de Aristóteles.»

Evidentemente, nuestro autor ignoró las grandes posibilidades que ofrecía la renovación del aristotelismo auténtico. De igual modo otros españoles de la centuria que entonces alboreaba fueron víctimas de un ambiente intelectual y de un sistema educativo que les hizo pensar que la renovación sólo podía venir de la ruptura con el pasado inmediato y la recepción de las nuevas corrientes filosóficas de ultrapuertos; esto quizá fue un error, pero dis-

culpable en vista de las circunstancias. Y en
cuanto a las ciencias experimentales, no cabe
duda de que España no tenía otra opción: había que ponerse a la escuela de las naciones
que se nos habían adelantado gran trecho en
el progreso científico.

En resumen: Muñoz Peralta no fue un talen-
to original ni pretendió serlo; pero hay que
reconocerle el mérito intelectual y el valor moral de haber sido el primero en ir contra una
corriente a la que la inercia y la rutina daban
un peso incontrastable, y en haber abierto las
primeras brechas en el círculo encantado que
mantenía espiritualmente aislada a España desde hacía varios decenios.

II.   EL PROCESO INQUISITORIAL DEL DOCTOR DIEGO
      MATEO ZAPATA.

En su lucha contra la ciencia degenerada de
su tiempo, Muñoz Peralta no estuvo solo; entre
la brillante falange que combatió a su lado, el
más destacado, el de más hondura filosófica,
fue Diego Mateo Zapata o López Zapata [1], cuya
carrera presenta mucha analogía con la de Muñoz Peralta; nacieron casi al mismo tiempo,
presidieron la formación de la Regia Sociedad
Médica Sevillana, ciudadela de la naciente
ciencia experimental y de la nueva Filosofía

---

[1] No ha podido aclararse por qué en algunos escritos, e incluso en la relación de su causa, se inter-
cala el apellido López, que falta en los títulos de
sus obras e incluso en su partida de nacimiento. Es
un hecho extraño, aun teniendo en cuenta la anarquía
que en aquella época reinaba en cuanto a la adopción
de patronímicos.

atomística; consiguieron el cargo de médicos reales y se introdujeron en la más alta sociedad madrileña; sufrieron proceso inquisitorial, acusados de judaizantes, al mismo tiempo; fueron prontamente rehabilitados y debieron de morir casi a la vez. Tan sorprendentes analogías no pueden ser sólo efecto del azar; es posible que se apoyaran mutuamente para conquistar el favor de la Corte; es casi seguro que los mismos celos profesionales y científicos ocasionaran las denuncias ante la Inquisición de Cuenca en un momento en que en toda España se recrudecía (por última vez) la persecución contra los judaizantes; y podemos conjeturar que los mismos altos valimientos sirvieron a uno y otro para burlar el rigor de aquel temible Tribunal y la enemistad de sus émulos.

Tenemos mayores precisiones biográficas de Zapata que de Muñoz Peralta, puesto que las fechas del nacimiento y óbito de este último sólo podemos inferirlas por aproximación, mientras las del primero son conocidas. En su partida de nacimiento, publicada por Pío Tejera [2], se dice que fue bautizado en Murcia el 1 de octubre de 1664; era hijo de Francisco Zapata, escribano, y de Clara Mercado. A falta de investigaciones sobre su ascendencia, sólo podemos decir que, según resulta del proceso que se le siguió, sus progenitores, probablemente oriundos de Portugal, fueron encausados como judaizantes; el padre salió absuelto, pero la madre fue recluida y, si hemos de creer la confesión que el temor al tormento arrancó

---

[2] José Pío Tejera: *Diccionario biográfico y bibliográfico de autores murcianos.*

a Mateo Zapata, en la propia cárcel instruyó a su hijo en la ley de Moisés.

La carrera médica que eligió era, como es sabido, la favorita de hebreos y conversos, y en ella alcanzaron una pericia que sus propios adversarios hubieron de reconocer. Después de cursar en Murcia los estudios preparatorios pasó a Valencia; nacido en el seno de una clase media acomodada, podía permitirse los dispendios necesarios para cursar estudios universitarios sin mendigar becas (muy difíciles de conseguir para quien no pudiera sujetarse a una información de limpieza de sangre) ni descender a la categoría de *sopista*. Es posible que los últimos años de su carrera los cursara en Alcalá de Henares.

El aprovechamiento con que terminó sus estudios le permitió darse a conocer, muy joven aún, por medio de una *Apología* de la Medicina galénica, dirigida contra una obrilla insultante y pretenciosa. *El mundo engañado por los falsos médicos*, publicada en 1690 por Gazola, médico de Verona, residente a la sazón en Madrid, que pretendía fundar su fama sobre el descrédito ajeno. El Protomedicato y el cuerpo médico en general se sintieron tan vejados por la agresión de Gazola como satisfechos de la réplica del joven doctor, quien desde entonces encontró el más favorable ambiente en la Corte. En 1700 ingresó en la recién nacida Sociedad Médica sevillana, de la que fue nombrado Presidente en 1702, aunque no parece haber residido nunca en Sevilla, por lo que dicho nombramiento hay que estimarlo como reconocimiento a la protección que constantemente dispensó a dicha institución, protección que estaba en condiciones de asegurarla gracias a la posición que se había granjeado en la Corte, primero como médico favorito de la nobleza, incluyendo al cardenal Portocarrero, Presidente de Castilla, duque de Medinaceli y otros grandes señores, y poco después como médico de la Real Familia. Los dictados de «Príncipe de la Medicina» y «Avicena del siglo», dentro de su exorbitancia, ilustran el extraordinario renombre que alcanzó.

Después, las noticias escasean mucho; se sabe que cuando los austríacos ocuparon Madrid en el curso de la Guerra de Sucesión, Zapata siguió a Felipe V a Valladolid, rasgo de fidelidad que debió agradecer mucho en un momento en que se registraban tantas defecciones a su alrededor. Quizá por eso sus enemigos nada pudieron contra él reinando el primer Borbón; y no debe ser mera coincidencia que tanto él como su compañero Muñoz Peralta fueran arrastrados a las cárceles inquisitoriales en 1724, es decir, cuando Felipe V, ya por la aguda neurastenia que padecía, ya por ponerse en condiciones de optar a la Corona de Francia, cuya vacante parecía inminente, abdicó en su hijo Luis, momento que aprovecharon los rivales de ambos médicos. Pero el reinado de Luis I fue brevísimo y tal vez por ello, al volver el antiguo personal gobernante al Poder, los dos fueron libertados con leves penas. Con mucho fundamento puede sospecharse que los autos de fe de Cuenca no fueron sino parte de las oscuras intrigas que agitaban la Corte y dividían a los partidarios del antiguo y del nuevo rey.

La sentencia lo condenaba a un año de cárcel, diez de destierro de Madrid, Cuenca y Murcia y veinte leguas en contorno y confiscación

13

de la mitad de sus bienes; pero fue dictada en 1725, meses después de la muerte de Luis I, y tan seguro estaba Mateo Zapata de que en la Corte hallaría el mismo valimiento de antes, que en seguida se presentó en ella y continuó ejerciendo sus funciones como si nada hubiese ocurrido, a despecho de las representaciones de sus *queridos colegas* del Protomedicato. La verdad es que, cualesquiera que fuesen sus antecedentes familiares, no hay motivos serios para pensar que no fuera un sincero cristiano; como otros conversos, quiso hacer pública ostentación de su piedad edificando en su ciudad natal la iglesia de San Nicolás de Bari, donde está enterrado. Su muerte, según el epitafio de su tumba, acaeció en 1738, a los setenta y tres años de edad.

Esta es, a grandes rasgos, la carrera de aquel sabio, merecedora de más profundas y detenidas investigaciones. De su actividad intelectual tampoco podemos ocuparnos aquí con detalle; sus dos obras principales fueron la censura que antepuso a los *Diálogos* de Avendaño y el *Ocaso de las formas aristotélicas*. Ambas forman parte de la polémica entre peripatéticos y *novadores*, que fue el único acontecimiento intelectual importante en la primera mitad de nuestro siglo XVIII, eco debilitado de aquella intensa fermentación espiritual que Paul Hazard ha retratado con magistrales rasgos.

Alejandro de Avendaño es, como ha hecho notar el P. Ceñal, un seudónimo de fray Juan de Nájera, de la Orden de los Mínimos, uno de los que tomaron parte en aquella controversia en favor de las nuevas ideas antes de volver, al fin de su vida, a las tradicionales[3]. Bajo aquel seudónimo dio a luz en 1716 unos *Diálogos filosóficos en defensa del atomismo y respuesta a las impugnaciones aristotélicas del R. P. Mr. fray Francisco Palanco.* A este libro antepuso una larguísima censura de 146 páginas Mateo Zapata, censura que más bien es un tratado independiente, en el que la crítica de Palanco va acompañada por una defensa de las nuevas teorías físico-filosóficas, en especial del cartesianismo, aunque él se declara más afín a Maignan que a Descartes. La erudición de que hace gala Zapata, dice el señor Mindán, «es grandísima, y da muestras de conocer muy bien todo el movimiento filosófico europeo. Zapata es, sin duda alguna, el alma de todo el movimiento hacia la filosofía moderna en España en el primer tercio del siglo XVIII»[4].

Entre las réplicas que suscitó se halla la de Juan Martín Lesaca: *Formas aristotélicas ilustradas a la luz de la razón, con que responde a los diálogos de D. Alejandro Avendaño y a la censura del Dr. Diego Mateo Zapata* (1717). Largo tiempo meditó la respuesta Zapata, pues hasta 1724 no tuvo listo su «Ocaso de las formas aristotélicas que pretendió ilustrar a la luz de la razón el Dr. Juan Martínez de Lesaca...» De «obra notabilísima» la calificó la indiscutible autoridad de Menéndez Pelayo en su *Inventario bibliográfico de la ciencia española;* pero el proceso inquisitorial de su autor

[3] Después de volver al redil aristotélico publicó unos *Desengaños philosóphicos*, Sevilla, 1737.

[4] Manuel MINDÁN: «Las corrientes filosóficas en la España del siglo XVII» (*Revista de Filosofía,* año XVIII, 1959, núm. 71).

impidió de momento su publicación. Parece como si después de 1725 se aplacara la virulencia de aquella disputa, tal vez porque el percance sufrido por Zapata infundiera prudencia a otros y los hiciera más cautos al consignar sus opiniones por escrito. El *Ocaso* se publicó póstumo, en 1745, pero esta obra se ha hecho tan rara que el P. Ceñal, especializado en el estudio de esta época, confiesa no haber visto ningún ejemplar.

Estas someras noticias bastan para dar idea de la considerable importancia que, dentro del chato y gris panorama intelectual de su época, tuvo el Dr. Diego Mateo Zapata. Como contribución al estudio detenido que algún día habrá que consagrarle, inserto a continuación un extracto de su causa inquisitorial. Sobre el valor de los datos contenidos en ella, es difícil pronunciarse. El acusado sólo confesó ante la amenaza del tormento, retractándose de sus declaraciones más tarde; este ardid, que repitió varias veces, no le hubiera valido de nada de tratarse de un personaje oscuro e insignificante; pero sus jueces temieron, indudablemente, pronunciar una sentencia demasiado rigurosa contra una personalidad tan relevante y bien relacionada; además, es posible que no vieran muy claro en el fondo del asunto y tuvieran en cuenta la parte que en el mismo debieron jugar las querellas personales y de escuela. Es imposible creer que Zapata fue un apóstata; su vida entera, sus escritos, el favor constante de que gozó en medio de mil ojos vigilantes son otros tantos argumentos en contra; pero sí es muy verosímil que se relacionara con personas de ascendencia judaica, que abundaban en su profesión y fuera de ella;

que conservara por la antigua Ley y sus adeptos una nostalgia sentimental; incluso que en
sus años juveniles participara en alguna ceremonia ritual judaica, sin prestarle el valor
de una adhesión doctrinal; estos hechos, conocidos o adivinados, deformados por sus émulos, algunas palabras imprudentes o mal inter-
pretadas, debieron constituir la base de la acusación.

*Causa que se le hizo a Diego Matheo López
Zapata, judío, médico de Madrid.*

A falta de proceso original, publicamos el siguiente extracto, sacado del ms. 10.938 de la
Biblioteca Nacional, folios 173-183:

«En el Auto particular de Fe celebrado por
el Santo Tribunal de la Inquisición de Cuenca
en el día 14 de enero de 1725, en que salieron
seis estatuas y dos mugeres relaxadas por cul-
pas de judaísmo, salió también Diego Mateo
López Zapata, soltero, de profesión médico, de
edad de 59 años, natural de la ciudad de Murcia, residente y vecino de Madrid. Salió al auto
en cuerpo, descubierta la cabeza, con el sambenito y media aspa y una vela de cera amarilla
en las manos, y después de los relaxados, estando en pie en el pulpitillo, se le hizo relación
de su causa, que fue muy prolixa y excedió de
tres quartos y medio de hora. Esta se reduxo
a que por el Señor Inquisidor que hace veces
de fiscal se le acusó que siendo christiano bautizado y confirmado había apostatado y pasán-
dose a la ley caduca y muerta de Moysés, siendo hereje apóstata judaizante, guardando sus
ritos y ceremonias, encubridor de apóstatas,

herejes judaizantes; y en particular le fue haciendo diferentes cargos de haber observado los sábados por fiestas y haber hecho varios ayunos en observancia de la Ley de Moysés, procurando inducir a otros, negando la venida de Nuestro Señor Jesucristo, con otros graves y enormes excesos; y que así en sus audiencias como en la de acusación estuvo en todo negativo, y no haber cometido lo que se le delataba y argüía.

Que habiéndosele dado en publicación los testigos que contra él deponían, se mantuvo obstinado, negativo de ser falso cuanto se le imputaba; y en su vista se le proveyó de abogado con quien tratase su defensa... que habiéndose concluido se decretó cierta diligencia que parece sería tormento; y estando a vista de su execución, prorrumpió en esta voz: «¡Ay, Señores! Yo quiero confesar y decir la verdad. Y que dándole tiempo para ello, dixo: Que siendo de edad de diez a doce años y hallándose su madre en la cárcel de la Penitencia del Tribunal de Murcia, donde fue reconciliada, pues aunque su padre estuvo igualmente preso en las cárceles de dicho Tribunal salió bien, sin imponérsele pena alguna, la expresada, su madre, le instruyó en la observancia y ceremonias de la Ley de Moysés, oraciones y ayunos que había que de guardar, y que era la buena y segura para vivir, morir y salvarse; y que la tuviese oculta en su corazón sin revelarlo ni manifestarlo a nadie. Que en lo exterior y aparente executase lo que hacían los christianos de la observancia de sus fiestas y ejercicios de piedad para que no fuese descubierto; y con efecto abrazó en su corazón la Ley de Moysés, obrando con su madre los referidos ritos y ceremonias. Que después, estando más instruido en Philosophía, pasó a la ciudad de Valencia a estudiar Medicina, donde halló un médico también judío, y mutuamente se declararon por creyentes y observantes de la referida Ley de Moysés, y de quien fue muy ayudado y favorecido.

Que concluyendo el estudio de la Medicina pasó a la Corte, asistiendo en el Hospital General, y continuando en su ejercicio y profesión encontró otro médico también judío; que se declararon mutuamente, y, con otros, en dicha Corte de Madrid; y con cierto suxeto tuvo una conversación en defensa de la Ley de Moysés, impugnando la verdadera de Nuestro Señor Jesucristo, y que el tal suxeto manifestó gran complacencia de oír sus sutilezas y interpretaciones a diferentes salmos y textos; y después hizo relación negando la Trinidad de personas, y que sólo se había de creer en un solo Dios, Soberano y Poderoso, previniéndole se lo participase a otro suxeto observante de la Ley de Moysés que padecía algunas dudas y escrúpulos, quedando de acuerdo en salir cierto día a la Casa de Campo.

Que en fuerza de lo acordado, el otro suxeto buscó a su confidente y le dio parte de lo que había oydo de dicho reo; y saliendo al tiempo y sitio capitulado se anticipó a alabarle las grandes prendas que le había participado su amigo tenía; y que el dicho Zapata le respondió: la prenda principal de que blasono es ser judío, con cuya declaración mutua le propuso sus dudas, fundadas en textos de la Sagrada Escritura; que también se hizo relación de ellos con las respuestas cavilosas que dio Zapata, y quedaron muy sosegados y conformes en la prosecución de la Ley de Moysés.

Que después de lo referido, por el año de 1689, con concurso de otros profesores (de la Ley mosaica), estando en Madrid hizo el ayuno solemne de la Reyna Ester, en que intervinieron ocho personas, cinco hombres y tres mujeres, entre ellos uno que llamaban el Sabio, quien hizo la Reza, y concluida ésta, los hombres se sentaron en la mesa con las monteras puestas, y las mujeres en el suelo por más penitencia, y que el Sabio partió ocho pedazos de pan, los bendijo, les hechó sal y ceniza y después fueron cubiertos con un velo, y que también se bendijo el vino, pero que éste no se cubría. Que el pan se repartió entre los ocho, que comieron, los cinco sentados en la mesa con los manteles puestos, y las mujeres en el suelo, y que no bebieron vino por más penitencia; y que pendiente del techo sobre la mesa había una lamparilla de hoja de lata con siete mecheros, cubierta con otra hoja de lata que hacía las luces opacas y funestas, y concluida la cena se volvió a la Reza.

Que el día siguiente concurrieron los mismos, comiendo pescados salados, de escamas, frutas y legumbres, habiendo precedido en una y otra función lavarse las manos y la cara, y executado la Reza, que se hacía en el suelo; y concluida la comida se desnudaron de medio cuerpo arriba y unos a otros se dieron veinticuatro azotes, y que a él se los dio el Sabio, y que las mujeres por decencia se echaron velo sobre la desnudez, y prosiguieron con otros ritos y cerimonias y enviaron a uno de ellos a ver si había salido la estrella, y volviendo a dar la noticia dieron gracias a Dios Omnipotente por haberles dado fuerzas para executar aquel ayuno.

Que el 15 de mayo de 1690, habiendo estado en la parroquia de San Andrés, y habiendo fiesta y sermón de San Isidro, que predicó un religioso graduado, pasó a la casa de unos profesores de la Ley de Moysés, diciéndoles cómo el frayle era un majadero, y que había querido comparar y exceder a San Isidro con Moysés, refiriendo lo que executó con la vara en la piedra del desierto para que saliese agua, y lo obrado por San Isidro con la hijada, vituperando al predicador, que todo eran patrañas y embustes de estos cristianos; donde se volvieron a tener otras conferencias, ensalzando la Ley de Moysés y satisfaciendo a los reparos que le ponían de los textos de la Sagrada Escritura ...y que había visto la Biblia Hebrea, atribuyendo que la latina estaba adulterada; y que por el odio que tiene a los psalmos, lo que rezaba era portugués, sin *Gloria Patri*, y que dichos observantes le decían que ellos estaban muy firmes en la Ley de Moysés, y que los reparos que le hacían eran por oírle declarar los textos de la Sagrada Escritura, y a esta proporción otras muchas conferencias con judíos de Madrid, exhortándolos a perseverar en su creencia.

Que después de algún tiempo, estando enfermo cierto profesor de la Ley de Moysés de mal de orina, dixo era preciso echarle unas candelillas [5], a que le replicó que antes se dexaría morir, cogiéndole las manos; pues era

---

[5] *Candelillas* se llamaban las sondas utilizadas en las enfermedades del aparato urinario. El enfermo en cuestión temía se le aplicaran por estar circuncidado.

hacer manifiesto ser judío por la señal que tenía; y que se advirtió llamar cierto barbero que no lo conociera... y lo instruyó para que lo pudiese executar. Y, últimamente, hasta el año 1707, confesó otras particularidades y conferencias tenidas con otro médico judío; y que éste le decía tenía en buen estado para reducir un pasante suyo, y que no entraba mal en la creencia de la Ley de Moysés; y que le replicó fuese con tiento porque no lo descubriese... y confesó otros casos en orden a la Iglesia Católica y predicación de los Apóstoles, impugnándolo todo, y que a todos los martirizaron por embusteros, con otras abominaciones contra ellos y demás santos de nuestra Religión, adulterando la inteligencia de crecido número de textos de la Sagrada Escritura, de que se hizo relación que no es capaz de poderse recopilar.

Concluida esta prolixa y voluntaria confesión, no estaba testificada según pareció en la mayor parte de ella, y como executada con la conminación del tormento, pasado a que se ratificase en ella, después de 24 horas la revocó, y que era falso cuanto había confesado, y aunque se volvió a repetir la execución de la primera diligencia, executó lo mismo, de confesar y revocar al tiempo de la ratificación, y como éstas tienen su número fue preciso cesar en ella.

Y por sentencia definitiva fue condenado a que saliese al auto con sambenito de media aspa y vela muerta, y que se hiciese relación de su causa con méritos, y que abjurase de vehementi, sujetándose a las penas de relapso; y que concluida la función y vuelto al Tribunal se le quitase el sambenito; un año de cárcel

en la de la Penitencia, subiendo con los demás
que hay en ella los días de fiesta a la Iglesia
Catedral a la misa mayor, y los sábados por
la tarde a la Salve de Nuestra Señora de la
Porte (sic) donde rezase cinco padres nuestros
y cinco avemarías con su *Gloria Patri.* Que se
señalase persona docta que le instruyese en
los misterios de Nuestra Santa Fe y diez años
de destierro de Madrid, Cuenca y Murcia y
veinte leguas en contorno, y confiscación de
la mitad de sus bienes aplicados al Fisco.»

6. DON LEANDRO FERNANDEZ DE MORATIN Y LA SOCIEDAD ESPAÑOLA DE SU TIEMPO *

Leandro Fernández de Moratín nació en 1760 y murió en 1828. Como muchos otros españoles ilustres, vivió en el límite de dos edades; su existencia fue profundamente afectada por aquella gigantesca convulsión de la Guerra de la Independencia, que fue, a más de una gesta guerrera, una revolución material y moral tan profunda, que el destino de sus protagonistas (todos los españoles, toda España) fue desviado y, en muchas casos, invertido. Para unos fue la ocasión de su celebridad, el comienzo de su vida pública. Otros vieron su existencia deshecha; tal fue el caso de Moratín, con la diferencia de que, mientras muchos de éstos consiguieron rehacer su vida, regresar a su patria, e incluso desempeñar en ella un importante papel, Moratín, enrolado sin convicción en las filas del Intruso, arrastrado por las circunstancias y por su propia timidez, expatriado, no por orden superior (en realidad, fue tratado benignamente), sino por su propio sentimiento de inseguridad, por miedo al ambiente revolucionario en que vivía España, arrastró una existencia fantasmal hasta que murió, menos olvidado de lo que él creía por sus con-

* Publicado en la *Revista de la Universidad de Madrid*, volumen IX, núm. 35.

temporáneos, que le habían perdonado su debilidad y apreciaban su labor literaria. Así lo
demuestra la edición que, apenas muerto, hizo
de su teatro la Academia Española.

En este año del centenario otros se ocuparán
con superior competencia de la trayectoria biográfica de Moratín y señalarán cómo su actividad creadora se quiebra en 1808. El Moratín
del destierro nos inspira más compasión que
simpatía. Parece como si hubiera querido justificar su deserción ennegreciendo su imagen
de España. El tono en que escribía a sus familiares y amigos no deja lugar a dudas: «No sabéis en qué país vivís…» «Eso se africaniza
por instantes.» Perdido el contacto con España,
su escasa producción literaria final, limitada
a una traducción libre de Molière (*El médico
a palos*, 1814), algunas poesías de circunstancias y una obra de erudición sobre los *Orígenes
del teatro español*, en la que trabajó toda su
vida, tienen para nosotros un valor documental muy escaso. Frente a un Lista o a un Quin-
tana, que, formados en las postrimerías del
XVIII, se adaptaron a las condiciones de la naciente Era y contribuyeron a configurarla, Moratín, aunque su cultura y sus viajes parece
debieran haber incrementado su receptividad,
ya por su natural limitado y hermético, ya
porque los acontecimientos revolucionarios le
sorprendieron en la edad madura, formado ya
el carácter y falto de plasticidad para asimilar
nuevas impresiones, adoptó frente a las novedades una actitud negativa, lo mismo en política que en literatura. Aunque vivió lo bastante
para haber podido aspirar las auras románticas, fue hasta el fin un adepto del clasicismo
y del antiguo régimen.

La biografía de un hombre representativo puede ser un buen hilo conductor para orientarse en el dédalo de una estratificación social complicada; ejemplo, el magnífico *Lista* de Juretschke. Pero de Moratín lo que interesa no es la vida, sino las obras, y de éstas, casi sólo las anteriores a 1808. Moratín fue un introvertido que ni en su existencia personal ni en los partos de su fantasía se fundió nunca plenamente con la realidad circundante. Aunque colocado por las circunstancias en un magnífico observatorio, puesto en contacto con los hombres más eminentes de su tiempo, su círculo de intereses resulta más bien mezquino. La apelación a su timidez no explica ni disculpa todo; hay tímidos con intensa vida interior que hallan en la pluma un desquite a su fracaso personal. La verdad es que el comediógrafo madrileño estaba incapacitado para vivir con intensidad las dos grandes pasiones de su tiempo: la religiosa y la política, y por eso, aunque el episodio de su afrancesamiento no le hubiera arrojado al ostracismo, hubiera sido incapaz de representar un papel en el agitado escenario peninsular, ni aun siquiera de comprender el ímpetu de las corrientes que socavaban un edificio secular; corrientes cuya violencia salvaje le asustó de tal manera, que ello, más que imaginarias persecuciones, fue lo que le llevó a buscar un refugio en extraña tierra.

Igual limitación hallamos en cuanto a los tipos sociales que pone en escena; una exégesis oportunista de los preceptos clásicos le permitió pintar exclusivamente mesócratas animados por pequeñas pasiones y preocupados por minúsculos problemas: comerciantes, hidalgüelos, algún militar, sumisas hijas de familia, son sus protagonistas. El verdadero pueblo está ausente de sus comedias, así como las clases elevadas. Estas mismas limitaciones facilitarán, sin embargo, la tarea que aspiran a cumplir estas pocas páginas; serían totalmente insuficientes para bosquejar una imagen algo completa de la sociedad española de la época, y no menos para estudiar ese gran giro histórico que comenzó en 1808 y que tal seducción ejerce hoy sobre muchos de nuestros más destacados historiadores. Pueden, tal vez, esclarecer algunos aspectos de la sociedad española coetánea en dos de los temas caros a Moratín: la mesocracia, a la que perteneció, y el papel de la mujer, tratado con tal reiteración y cariño por aquel solterón ansioso de afecto, que en la letra escrita buscó la evasión de mal conocidos fracasos sentimentales.

* * *

La sociedad española prerrevolucionaria era, a la vez, igualitaria y jerárquica. Si definimos como sociedad estamental aquella que está distribuida en grupos jerarquizados, bien separados entre sí por criterios no económicos, teóricamente rígidos, con existencia legal y efectos jurídicos, claro está que en ningún tiempo la sociedad hispana respondió con exactitud a estas características; pero bajo los Austrias se aproximó bastante a ellas. Las dos clases privilegiadas (nobleza y clero), por una parte, y el Estado General, por otra, no se definían por criterios crematísticos: había hidalgos mendigos y plebeyos muy ricos. La base de la distinción era institucional, y, aún más, familiar y ambiental (herencia, educación, tradiciones, es-

píritu de cuerpo, consideración debida a una
superioridad aceptada). La ley reconocía estas
diferencias por medio de privilegios legales en
materia de impuestos, penalidades, etc. En la
práctica, el criterio económico nunca dejó de
influir, y el reconocimiento de los estamentos
como cuerpos de derecho público sufrió un
golpe mortal con la eliminación de la nobleza
de las Cortes de Castilla a partir de 1538. Desde
entonces, las agrupaciones nobiliarias no reba-
saron el marco local. La Iglesia tampoco tuvo
una representación de ámbito nacional, pues
la Congregación de las Iglesias de Castilla sólo
agrupaba al alto clero secular, y su papel se
limitó a la administración de las cargas finan-
cieras que sobre él pesaban. Esto quiere decir
que el absolutismo austríaco se había adelantado al borbónico en la eliminación de todo
lo que en el sistema estamental significase auténtica autonomía o veleidades de poder, y la
supresión de su rango político no podía dejar
de ser para las clases privilegiadas una merma
de su rango social, por lo menos en cuanto las
dejaban indefensas, primero frente al reformismo monárquico, y después, frente a las reivindicaciones del tercer Estado.

Lo que puede falsear en este punto nuestra
visión es el acostumbrado retraso de los textos
legales respecto de la realidad viva. Los privilegios de la hidalguía, aunque vaciados de la
mayor parte de su sustancia, seguían teóricamente vigentes. La Novísima Recopilación, pro-
mulgada en 1805, todavía reiteraba en el libro VI casi todas las leyes anteriores sobre
distinción de estados promulgadas desde el Or-
denamiento de Alcalá, como si nada hubiese
cambiado en el transcurso de cinco siglos. Des-

pués de los dos paréntesis constitucionales, hasta los comienzos del reinado de Isabel II, fueron restaurados los señoríos jurisdiccionales, los mayorazgos, las probanzas de limpieza y nobleza. La tenacidad en mantener los señoríos y mayorazgos puede explicarse por motivos económicos; pero ¿qué significación podían tener las idas y venidas de los informantes por los polvorientos caminos de España para escudriñar si el quinto abuelo de un pretendiente a guardamarina descendía de madre plebeya o había ejercido un oficio mecánico?

Más temprana y completa fue la degeneración hacia el puro formulismo de otra división social de naturaleza no ya estamental, sino próxima a la de casta: la distinción entre *cristianos nuevos* y *viejos*, que empezó teniendo un fundamento religioso y luego se convirtió en racial. Esta diferencia sí que era teóricamente insalvable y, además, sin relación con la anterior; la mayoría de los plebeyos alardeaban de *limpieza de sangre*, mientras que muchos nobles no podían hacer lo mismo. En la época que estudiamos, esta institución había llegado a una fosilización completa; en apariencia, no sólo no perdía, sino que ganaba terreno. Las informaciones de limpieza, limitadas en un principio a las Ordenes Militares y a ciertos colegios, cabildos y comunidades, había ido poco a poco extendiendo su ámbito de tal manera, que ya en el siglo XVIII se exigían para el ingreso en modestísimas cofradías, y en no pocos gremios artesanos. Pero las informaciones, convertidas, por lo regular, en pura rutina, no tenían ya más consecuencias que hacer gastar dinero en diligencias y, de tarde en tarde, afrentar a algún desdichado a quien su mala suerte o sus escasas simpatías personales valían la triste sorpresa de sacarle a relucir el sambenito de algún antepasado. No por inoperante dejaba de constituir este rasgo una parcial derogación del carácter estamental de aquella sociedad. Y aún aparecería éste mucho más matizado si el espacio disponible nos consintiese tratar de los curiosos estados intermedios entre burguesía y nobleza que existían en los países de la Corona de Aragón y del carácter peculiar de la hidalguía vasca, tan diverso, en ciertos aspectos, de la castellana.

Aun con estas derogaciones y las que continuamente le imponían las exigencias de la vida material, este edificio conservaba las líneas generales de su arquitectura al comenzar el siglo XVIII. Pero en la segunda mitad del mismo, sin cambio legal ni transformación aparente, no podía caber duda a los observadores bien informados, de que había llegado a ese estadio de decrepitud en que los privilegios han perdido su primitiva relación con una función o un mérito personal y se habían convertido en atributos honoríficos de una clase, deseables por sí mismos, no como pruebas de la aptitud de sus poseedores, sino como medios de ostentación [1]. Un hidalgo ya no podía justificar sus privilegios con los servicios que prestaba a sus paisanos, ni tampoco se hacían las informaciones de limpieza de sangre para averiguar quiénes eran buenos cristianos, sino porque era un criterio convencional de estimación. Tal situación se prestaba demasiado a la crítica para mantenerse perpetuamente; más bien debemos admirarnos de que sobreviviera tan largo tiem-

---

[1] De una manera general ha tratado este problema Thorste'n VEBIEN, *Theory of the leisure Class*, 1949.

po a las circunstancias que le habían dado origen. Los más cultos y clarividentes miembros de las clases privilegiadas fueron los primeros en denunciar la caducidad del sistema. El gobierno *ilustrado*, sin abolirlo, suprimió las injusticias más evidentes. La igualdad ante el impuesto llegó a ser una realidad tras la supresión del *servicio ordinario y extraordinario*, único que quedaba de carácter específicamente plebeyo. La tortura judicial, también reservada a los plebeyos, fue suprimida de hecho en los últimos años de la monarquía absoluta, antes de serlo también de derecho por los legisladores de Cádiz y por Fernando VII en 1814. Sin embargo, aún se obstinaron los privilegiados en sostener pequeñas, pueriles distinciones que, sin proporcionarles gran beneficio, les concitaban mucha animosidad. La vieja estratificación social se derrumbó por sí sola porque era supervivencia de una época ya pasada; una nueva debía surgir espontáneamente. Esta fue una de las causas del nacimiento de la clase media.

Resulta notable comprobar que, aunque hacia 1800 el sistema fuese ya una pura ruina, una gran parte del pueblo español (y no sólo del sector privilegiado) permanecía sentimentalmente apegado a él. Quizá porque lo concebía de un modo más realista, menos estático que las leyes y los reglamentos. Que las laboriosas informaciones de hidalguía respondiesen a una realidad o fuesen un formulismo, le traía sin cuidado; no se atribuía ningún deshonor al hecho de introducirse en la clase superior por caminos excusados, y si el pretendiente mantenía buenas relaciones con sus vecinos, podía estar seguro de que, llegado el momento, depondrían en su favor. Tampoco era envidiada la hidalguía por los privilegiados tributarios, que habían quedado prácticamente anulados. Lo que el pueblo entendía por hidalguía en aquellas fechas era una calidad que elevaba sobre la masa a los hombres de valer y prestigio, ricos, cultos, influyentes y dotados de esa distinción natural que, sin necesidad de coacción externa, se granjea la estimación y el respeto de los demás. Así creyeron pensadores como Feijóo y Jovellanos que podría renovarse y subsistir el viejo estamento nobiliario. Un noble liberal, el conde de Toreno, se hacía eco de esta realidad cuando combatía el sistema bicameral, pues, decía, si hubiese una Cámara baja plebeya, ninguna persona de su posición querría formar parte de ella, «y no habiendo persona alguna acomodada y rica que en España no se repute por noble, todos los hombres honrados se desdeñarían de ser individuos de la Cámara meramente plebeya. Siendo esto así, ¿quiénes vendrían a constituir esta Cámara? Personas sin educación, sin intereses, que, o introducirían la anarquía, o harían nacer en la Cámara alta una aristocracia peor que el despotismo. Cítasenos a Inglaterra; pero ¡qué diferencia! En aquel país sólo hay una clase alta de nobles, y no se llaman tales una porción de ricos propietarios, de grandes capitalistas, que vienen a formar la Cámara baja; no así entre nosotros, que a toda persona que se halla con mediana fortuna o en algún destino público, se le tiene, como he dicho, por noble, y odioso sería e imposible escudriñar su alcurnia»[2].

_____

[2] *Diario de Sesiones de Cortes*, 13 de septiembre de 1811.

Descontado lo que pueda haber de ponderación en estas palabras de Toreno (que, por cierto, procedía de la región asturiana, donde los prejuicios nobiliarios eran todavía muy vivos), parece justa, en términos generales, su apreciación: los españoles reconocían espontáneamente superioridades sociales a las que daban el nombre tradicional de nobleza, aunque no coincidieran con el sentido legal de esta palabra. De esta manera, la nobleza, que comenzó siendo el reconocimiento del éxito y del mérito individual, tras un largo paréntesis en el que se trató de vincularla a la sangre y la herencia, volvió a ser, en parte, lo que fue en su origen: un testimonio de público reconocimiento de la ascensión social de una familia; y mientras no se demuestre que la primitiva nobleza tuvo el monopolio del valor y la virtud y lo transmitió íntegro a sus descendientes, dicha actitud debe estimarse como una victoria del realismo de la raza sobre las lucubraciones de los teóricos de la nobleza y sobre un formalismo jurídico en plena desintegración.

Agreguemos que, mientras los nobles inteligentes reducían a su justo valor los privilegios y diferencias de clase, mientras el pueblo estaba dispuesto a acatar la supremacía de todo el que sobresaliera con justo título, era en la clase intermedia, sobre todo entre las mujeres, donde todavía se conservaba mucho del antiguo afán de ennoblecimiento que había sido característico de la sociedad de los Austrias. Moratín, de hidalga cuna, nunca concedió importancia alguna a su hidalguía, y en ningún pasaje de sus escritos alardeó de ella; en cambio, pone en boca de un acomodado labrador de Illescas estas palabras, dirigidas a su hermana:

... Te corres de envidia — cuando ves que a las hidalgas las llaman doñas; te lleva ... Dios cuando las ves [sentadas
en la iglesia, junto al banco — de la justicia; y por [darlas
que merecer, por vengarte — de la humillación pasada
eres tú capaz, no sólo — de entregar esa muchacha
a un hombre indigno, sino — de ponerte a la garganta
un dogal...

(*El Barón*, acto II, escena VI.)

Pues bien, esta sociedad, que tenía un respeto innato por las jerarquías naturales, era al propio tiempo igualitaria y democrática más que ninguna otra de Europa. Los extranjeros se asombraban de la llaneza que imperaba en las relaciones entre las clases; de la familiaridad en el trato entre amos y criados, señores y vasallos, y de que en los mejores lugares de los teatros públicos pudieran tomar asiento los menestrales que quisieran comprarlo sin que nadie se escandalizara. ¡Qué contraste con la aristocrática Inglaterra y la *filosófica* Francia, por no hablar de Prusia o Rusia, donde la separación de clases tenía casi la rigidez de un régimen de castas! El fuerte sentimiento de solidaridad y la natural dignidad del español, impropiamente confundida con el orgullo, explican esta familiar convivencia entre las clases más altas y las más desheredadas. «El español se quita el sombrero, pero no agacha la cabeza»; en esta frase de Böhl de Faber está resumida esta conjunción de hermandad y jerarquía que tenía, claro está, sus límites y sus excepciones, pero que, en conjunto, era uno de los rasgos más felices de aquel ambiente social. Gracias a él fue posible que al producirse la crisis de 1808 el pueblo insurreccionado, culpable en muchos sitios de sangrientos excesos, acatara espontáneamente la superioridad de la sangre, la riqueza y el mérito, representadas en las Juntas Provinciales.

Blanco White, al componer, con los recuerdos de juventud, su preciosa visión retrospectiva de España, no olvidó señalar este rasgo tan característico. La separación de clases, visible, no era, sin embargo, tan rígida como en Inglaterra. «Un rabadán o un aperador siempre es invitado a sentarse por su señor mientras habla con él de negocios, y personas de la más alta categoría, cuando, cabalgando a través del país, encuentran un campesino, tienen un saludo amable para él. Sin embargo, excluyen de su club o de la mesa de billar a un hombre bien educado porque no tiene derecho a colocar un *don* antes de su nombre»[3]. Es decir, la actitud de la aristocracia se hacía más exclusiva en la convivencia, sobre todo frente a potenciales competidores, mientras que la ausencia de resentimiento en las clases bajas facilitaba su colaboración con ellas.

Esto nos introduce en otro aspecto de la cuestión: la masa popular no aparece sino como comparsa en los movimientos políticos

---

[3] *Letters from Spain* by Leucadio Doblado (seud.), Londres, 1822, carta 5.ª. Con razón escribió Menéndez Pelayo que, aunque la pasión anticatólica del autor turbe con frecuencia su juicio, estas cartas son de valor inapreciable como pintura de las costumbres españolas y, sobre todo, andaluzas, en aquella centuria. «Para el historiador tal documento es oro.» (*Heterodoxos*, libro VII, cap. IV.)

anteriores a 1868. Luchó bravamente durante la Guerra de la Independencia porque aquél fue un movimiento nacional; en las agitaciones posteriores aparece indiferente o desorientada, sin conciencia de clase ni reivindicaciones propias, como si se diese cuenta de que de aquellas competiciones por el poder que originó el desmoronamiento de la monarquía absoluta, la clase popular se encontraba tácitamente excluida. Algunas anticipaciones, algunos brotes prematuros de rebeldía proletaria que en los núcleos urbanos de incipiente formación pueden advertirse, no alteran esta verdad.

Puesto que la actividad e influencia de la clase popular y de la más elevada aristocracia fue reducida, hay que cargar casi toda la responsabilidad (buena o mala) de la prodigiosa ebullición de aquellos decenios a la cuenta de aquella parte eminentemente activa de la población que, de una manera provisional, y aceptando la terminología usual, llamaremos mesocracia o burguesía; dentro de ella deben englobarse, junto con los miembros de las profesiones liberales, los funcionarios públicos, entre los cuales militares y marinos destacaron con especial relieve; industriales y comerciantes, propietarios rurales y urbanos, una buena parte del clero y no poca de entre las filas de la nobleza, no en cuanto tal, es decir, no como miembros de un grupo estamental, sino por ser con gran frecuencia de aquellos que, por su cultura, riqueza y posición resultaban más accesibles a la influencia de las nuevas ideas y a la tentación de ser protagonistas de los cambios que se consideraban inminentes.

Nada sería, pues, más falso que imaginarse la coyuntura prerrevolucionaria como resultado

de una pugna entre las clases privilegiadas y
el Tercer Estado. Si en la propia Francia, donde dicha antinomia era más visible, no se con-
cibe la Revolución sin la intervención de hombres como Mirabeau, Lafayette y Talleyrand
(sin hablar de los precursores ideológicos, en
gran parte también nobles), menos aún podría
concebirse en España, donde la historia del
reformismo borbónico y de los orígenes constitucionales está esmaltada por una larga serie
de apellidos de rancia hidalguía. Lo que asevera
que, salvo en algunos espíritus retardatarios,
se había superado ya la fase estamental, y los
miembros de las antiguas clases privilegiadas
participaban, con los procedentes del gradual
ascenso de las pecheras, en la formación de la
nueva clase que iba a tomar en sus manos los
destinos del país. Moratín es un buen ejemplo
de esta situación: de carácter hidalgo y hasta
vagamente clerical, por su tonsura y sus beneficios eclesiásticos, no son, sin embargo. estos
rasgos los que definen su personalidad, sino
los de burócrata y hombre de letras.

La nueva clase (como la actual clase media)
era una agrupación ficticia de elementos heterogéneos, sin realidad objetiva. aunque en ocasiones apareciesen circunstancialmente unidos.
Interés por la cosa pública, sed de actividad,
cierta independencia económica y fuerte curiosidad intelectual parecen ser sus notas comunes. Para esclarecer en lo posible sus orígenes
sería indispensable un conocimiento más profundo del que hoy tenemos de la evolución
material e ideológica de nuestro siglo XVIII.

La economía de la época moratiniana también se hallaba bajo el signo de una violenta
crisis. A lo largo de casi todo el siglo, la demo-

grafía y la riqueza habían seguido una curva suavemente ascendente; en la primera mitad, las consecuencias ruinosas de la Guerra de Sucesión, los dispendios de la Corte, las campañas sostenidas en Italia para establecer a los hijos de Isabel de Farnesio, habían obstaculizado la recuperación del organismo nacional, debilitado por una secular sangría de hombres y caudales. Hambres y epidemias conjugaron también sus efectos, y el resultado fue que el reinado de Felipe V no señaló la franca recuperación que pregonaron sus panegiristas; violentas alteraciones de precios, con cambios en el valor del trigo hasta de 10 a 1 de un año a otro, eran la más clara manifestación de una producción insuficiente y un sistema de distribución completamente desordenado por el intervencionismo y la falta de vías de comunicación. Pueden apuntarse en su haber mediocres intentos de cuño colbertista para impulsar la industria nacional, la supresión de las aduanas entre Castilla y Aragón y el saneamiento de la moneda.

Con Fernando VI la curva toma un signo ascendente más definido: se nacionaliza la política exterior, se restaura la marina, se inician mejoras en todos los ramos de la administración y, a favor de la política de neutralidad, la deuda pública disminuye, la población progresa, y en las regiones periféricas el auge económico es evidente. En contraste con el marasmo en que se debate Castilla, Cataluña multiplica sus fábricas y sus buques. Valencia se rehace de sus pérdidas, la agricultura andaluza conoce una época de prosperidad testimoniada por la construcción de multitud de iglesias, palacios y cortijos de un barroquismo alegre

y original. El progreso continúa en el reinado
de Carlos III, durante el cual, a los focos de
actividad ya citados, se une el de la costa can-
tábrica; comienza la explotación de la hulla
asturiana, aumenta el cultivo del maíz y la pa-
tata y, en general, todas las comarcas litorales
se benefician de la libertad de comercio de las
Indias. También las islas Canarias entraron en
una era de prosperidad, a la vez como etapa
oceánica y como suministradoras de vinos y
productos subtropicales. La disminución del
corso berberisco fue otro factor que favoreció
la recuperación de las regiones costeras.

En este auge económico influían, por una
parte, el crecimiento vegetativo de la población,
que durante aquel siglo pasó de siete a once
millones; este aumento motivó la roturación
de terrenos baldíos y el aumento de precio de
los productos agrícolas, uno de los hechos fundamentales de toda la época que estamos considerando. Al lado de este fenómeno, en cierto
modo automático, las iniciativas gubernamen-
tales, más aireadas por la propaganda, resultan
de interés secundario. Se restringieron los privilegios de la Mesta, pero el permiso de acotar
las fincas, impidiendo la entrada de elementos
extraños, no se promulgó hasta las Cortes de
Cádiz. La técnica agraria no experimentó una
renovación comparable a la que por entonces
se verificaba en Inglaterra: los métodos de cultivo siguieron siendo arcaicos, rutinarios, a pesar de la labor, más ostentosa que eficaz, de
las Sociedades Económicas[4]. En materia de

---

[4] Comparando las Sociedades Económicas con
otras similares inglesas, escribía Moratín desde Londres: «Cualquier descubrimiento halla (en las ingle-

obras públicas, las realizaciones más importantes fueron la terminación del Canal Imperial de Aragón, paralizado desde hacía dos siglos, y los comienzos de la construcción de un sistema radial de carreteras partiendo de Madrid. A pesar de los esfuerzos de Floridablanca, en 1800 sólo se habían construido dos mil kilómetros escasos de carreteras. Poco es, pero hay que reconocer que era la primera etapa de Obras Públicas que conocía España. Ahora bien; para transformar el país hubieran sido necesarios recursos ingentes de los que no se disponía, y los existentes se consumieron en las guerras que sostuvimos bajo los dos últimos Carlos. La obra de repoblación interior, a la que va asociado el nombre de Olavide, se limitó a la creación de una docena de pueblos y a la inmigración de unos centenares de familias alemanas; pobres migajas del inmenso caudal humano que Germania prodigaba entonces por todo el sudeste europeo.

Como queda dicho, el auge agrícola fue indu-

---

sas) un premio seguro. Pero no entra en ella todo el que quiere entrar: no son admitidos sus individuos por un precio infame, sino por elección; no se incorporan en ellas para pedantear, hacer vana y ridícula ostentación de un celo aparente y adquirir por tales medios el favor de la Corte para obtener empleos. Estos cuerpos no se entrometen en tejer cintas, hacer máquinas, plantar árboles, arar la tierra ni dirigir manufacturas; pero estimulan, ilustran y favorecen a los que deben hacerlo. Sus proyectos no se aplauden y archivan; se ejecutan por medio de suscripciones cuantiosas... Si se hace extraño lo poco que han hecho nuestras Sociedades, después de tanto bueno como se ha dicho en ellas..., mayor maravilla deberá causar a cualquiera que las coteje con estas corporaciones tan comunes en Inglaterra.» (*Obras póstumas*, I, 170.) Aunque severa, hay mucho de verdad en esta crítica de Moratín.

dable, aunque más bien extensivo que inten-
sivo. En la industria y el comercio el progreso
fue menos marcado. El fuerte aumento de precios, no seguido de un aumento equiparable
de los salarios, rebajó el nivel de vida de los
trabajadores, mientras que los empresarios
aumentaban sus ganancias. ¿Por qué los capi-
tales así acumulados no fueron utilizados para
financiar nuevas empresas industriales? Tal vez
la coyuntura hubiese evolucionado en este sentido de no haber sido por las guerras con Inglaterra y Francia, que introdujeron una gran
perturbación en los negocios. Muchos años estuvo interrumpido el tráfico con América; los
vales reales emitidos para cubrir el enorme déficit presupuestario causaron una inflación de-
sastrosa. A pesar de todo, se realizaron algunos
progresos, pero, en general, la industria no
salió del marco artesano, y apenas si en Cataluña se dibuja un principio de concentración.
En las ciudades, el taller gremial, donde el
maestro trabajaba según los cánones tradicionales, a veces solo, otras veces ayudado por
un par de oficiales y aprendices. En los campos, una difusa industria rural, rudimentaria
en sus métodos, dirigida a satisfacer las necesidades más primarias, ejercida con frecuencia
por campesinos que simultaneaban el manejo
del telar o el martillo con el de los aperos
agrícolas.

Una burguesía comerciante aparece ya for-
mada desde tiempos anteriores en la Corte y
en los principales puertos. La de Madrid, no
exenta de resabios hebraicos [5], tenía como aris-

_____

[5] Desde Aviñón escribía Moratín, en 1787, comparando la libertad de que gozaban los judíos en los
Estados del Papa con las tenaces prevenciones que

tocracia a los mercaderes agrupados en los Cinco Gremios Mayores, sobre los cuales poseemos una valiosa monografía reciente [6]. La de Cádiz, con gran proporción de cántabros y extranjeros, había crecido enormemente desde el traslado del comercio indiano, antes centrado en Sevilla; era, quizá, con la de Barcelona, la más rica, culta y cosmopolita; desempeñó un decisivo papel en los acontecimientos políticos que marcaron el tránsito de una Edad a otra [7]. Cartagena, Bilbao, Alicante, Málaga, La Coruña y otros puertos también contaron con una influyente clase comerciante.

Sin embargo, en el conjunto del país ésta significaba muy poco. El censo de 1787 sólo enumeraba 6.824 mercaderes y 18.851 comerciantes al por menor. Esta cifra es defectuosa, porque los taberneros y otros detallistas fueron incluidos en otro apartado; pero si entendemos por burguesía comerciante la que posee cierto caudal y un mínimo de ilustración, hemos de atenernos a la primera cifra. Estos grandes comerciantes estaban en su mayor parte especializados en el comercio exterior. El interior era rudimentario por los obstáculos materiales

---

contra ellos duraban en España: «Si le dieran (a un clérigo vecino suyo) autoridad y leña, en un abrir y cerrar de ojos reduciría a cenizas los portales de la calle Mayor, el de Paños, el de Provincias, la subida de Santa Cruz y la calle de Postas.»

[6] Miguel CAPELLA y A. MATILLA TASCÓN: *Los Cinco Gremios Mayores de Madrid. Estudio crítico-histórico*, Madrid, 1957.

[7] Según Pierre Vilar, fueron Barcelona y Cádiz las únicas ciudades españolas donde puede apreciarse una temprana evolución de cuño capitalista («Dans Barcelone au XVIII siècle», Colegio Notarial de Barcelona. *Estudios históricos*, II, t. 51, 1950.)

y las trabas legales. Campomanes creyó dar un gran paso con su decreto sobre la libertad del comercio de granos, pero las consecuencias de siglos de intervención estatal y municipal no desaparecen en un instante, ni se improvisa una clase comerciante con la experiencia y los caudales necesarios. Malas cosechas produjeron un alza en el precio de los cereales, el pueblo acusó de la carestía al decreto de libertad y éste quedó en suspenso. Los *obligados* que suministraban artículos de primera necesidad mediante conciertos con los municipios a precios de tasa, los regatones o detallistas, los vendedores ambulantes, no eran base adecuada para crear una poderosa clase mercantil.

Faltó también en España otra de las ocupaciones características de la alta burguesía de negocios: el arriendo de rentas públicas, que en Francia había dado origen a la poderosa clase de los *fermiers généraux*. Aquí, durante el siglo XVII, los arrendatarios y asentistas fueron sobre todo italianos y portugueses, porque a los naturales faltaban vocación y medios. En el XVIII cesaron los arriendos y las rentas reales se pusieron en administración. Los funcionarios de Hacienda eran numerosos, pero no opulentos. Sin embargo, pueden enumerarse los 25 ó 30.000 empleados públicos en el número de la clase media.

Por su contextura económica retrasada, España no podía crear una burguesía urbana importante. ¿Qué acontecía entre tanto entre las innumerables masas campesinas? Aquí sí encontramos una nueva clase social en plena ascensión gracias a la puesta en cultivo de nuevas tierras y a la subida de los precios agrícolas, consecuencia del aumento de población. Esta nueva clase de hacendados, en parte procedente de la nobleza, pero en mayor medida independientes de ella, fue la que se benefició de la ruina de infinitos pequeños agricultores en el siglo XVII; la que acaparó las tierras que ellos habían tenido que abandonar. Estos campesinos enriquecidos fueron los que compraron la exención de sus villas para mejor mandar en ellas; los que innumerables fuentes coetáneas nos presentan repartiéndose los cargos concejiles, acaparando el disfrute de propios y comunes, eximiéndose de impuestos y arrojando su peso sobre sus humildes convecinos. Esta nueva clase es la que propugnó la Desamortización y se enriqueció con ella [8].

Pero este patriciado campesino, dominante por su volumen, que controlaba la mayoría de la producción nacional [9], en el aspecto ideológico apenas parece haber influido nada. Sus hombres están casi del todo ausentes en las

---

[8] Un tema interesante sería investigar quiénes se aprovecharon de la primera Desamortización, efectuada en tiempos de Godoy. Según D. Pedro Inguanzo, más que los hacendados fueron «los hombres de dinero, vampiros, ociosos, agiotistas, peste de la República, que tanto cunde y se multiplica con estos cebos». En otro lugar les llama *caciques*, primer ejemplo que conozco del empleo de esta palabra en su acepción moderna. (*Carta sobre el dominio sagrado de la Iglesia en sus bienes temporales...*, carta IX, escrita en febrero de 1814.)

[9] Según CANGA ARGÜELLES (*Diccionario de Hacienda*, art. «Estadística»), en vísperas de la Guerra de la Independencia, los productos del agro representaban 8.580 millones de reales; los alquileres de las fincas urbanas, 700; los productos de la Industria, 1.038, y los del Comercio, sólo 466. Hoy la producción agropecuaria no representa más de la cuarta parte de la renta nacional.

nóminas de las Juntas Provinciales y asambleas
políticas. Incluso en las Sociedades Económicas de las pequeñas poblaciones fueron supe-
rados por los clérigos, funcionarios e intelectuales. En general, no parecen haberse preocu-
pado de los cambios políticos más que para
satisfacer su ambición, sus pasiones localistas
y su sed de mando. Sólo en el país vasconava-
rro y en ciertas comarcas de la antigua Corona
de Aragón el campesinado se batió por una
idea: el Carlismo. En las provincias de Castilla,
la atonía política del campo (es decir, de la
inmensa mayoría de la población), en relación
probable con la ruina de todo espíritu público
y de toda institución autónoma, consumada
mucho antes y mucho más intensamente que
en las provincias forales, dejó el campo libre
a los núcleos urbanos.

El carácter estrictamente minoritario de la
burguesía liberal se transparenta a través de
las invectivas de sus escritores contra el *popu-
lacho* realista. No es un fenómeno exclusivo de
España: en Italia el *Risorgimento* fue la obra
de una reducida minoría urbana; en Francia,
París dictó la ley a las provincias hasta 1870;
pero quizá aquí fue más patente la debilidad
numérica de la nueva clase rectora, y esto, uni-
do a sus divisiones internas, fue la causa de la
inestabilidad que siguió a la ruina de la monarquía tradicional. Si, a pesar de todo, con-
servó tan largo tiempo (bajo diversas etiquetas)
el poder, fue gracias a su vocación política, a su
cultura y también a que, con la instauración
del Ejército profesional permanente (una de
las innovaciones trascendentes del siglo XVIII)
tuvo a su disposición la fuerza material.

Esta última consideración nos conduce, den-

tro de esta rápida reseña, a destacar el papel
de las fuerzas armadas en la crisis de aquella
sociedad. Es un ejemplo aleccionador de cómo
elementos estamentales, económicos e ideológicos se entremezclaron para producir una clase nueva, que resultó más capacitada por las
circunstancias para llenar el vacío de poder
que se produjo a comienzos de la Edad Contemporánea.

El Ejército surge como clase de las reformas militares del siglo XVIII que prestigiaron
la profesión y le dieron consistencia, organi-
zación, cuadros y espíritu de cuerpo. La guerra
contra los franceses acrecentó su volumen e influencia, y en los trastornos políticos subsi-
guientes nunca dejó de aparecer en primer
plano. Es lástima que no exista un buen estudio sociológico del Ejército español (me refiero a su porción activa, la oficialidad) durante
la etapa que consideramos, porque presentaría
un interés extraordinario, no sólo para la Historia de España, sino para la teoría de los grupos sociales en general.

El Ejército, aunque se reclutaba casi por en-
tero dentro de la nueva clase media, no se
consideraba parte de ella; no reconocía inter-
mediarios entre él y la totalidad de la nación;
de esta manera entendía compaginar una fuerte
solidaridad profesional y su identificación con
los intereses generales. Ya en la famosa representación del conde de Aranda contra el decreto de 16 de mayo de 1788, que extendía los
honores militares a ciertas altas categorías civiles, al par que defiende su individualidad,
basa la dignidad del Ejército en que es una
síntesis de la nación, en el que todas las clases
están representadas, desde el monarca hasta

el campesino[10]. Cualquiera que fuesen las impurezas de la realidad, en todas sus intervenciones de los reinados siguientes, las fuerzas armadas siempre protestaron que obraban en nombre del interés general, y no cabe duda de que había una gran porción de sinceridad en estas afirmaciones.

La oficialidad, reclutada en su mayor parte de entre la mesocracia (hidalga o plebeya) participaba de sus ideas y sufría de su división íntima. No hubo nunca una política militar; siempre actuaron siguiendo las corrientes predominantes de opinión, ya reformistas, ya tradicionales; fueron realistas, liberales, progresistas o republicanos, como sus compatriotas, con la diferencia de que disponían de medios de acción más poderosos. La lucha por eliminar los residuos de la mentalidad estamental fue aquí más tenaz y la división resultante más dolorosa que en otros grupos, porque la tradición que identificaba nobleza y milicia era muy fuerte. Desde un principio, los Borbones reservaron la oficialidad a los nobles, con lo cual se conseguían dos cosas: atraer los hidalgos a la profesión militar y prestigiar ésta, cuya consideración social había caído muy bajo en la segunda mitad del siglo XVII. Luego hubo que hacer concesiones: junto a los cadetes que estudiaban en colegios, se dio acceso a la oficialidad a plebeyos, por antigüedad en el servicio; y como los hijos de capitanes no necesitaban probar hidalguía para ingresar como cadetes, se abrió así un portillo, cuyas dimensiones no estamos en condiciones de evaluar.

---

[10] No estoy seguro de que esta *Representación* se haya impreso íntegra alguna vez. Hay una copia en la B. N., ms. 7.166.

Parece seguro que durante la guerra de la Independencia ascendió a la oficialidad un número más elevado de plebeyos. Las Cortes de Cádiz, en 1811 y 1813, suprimieron la exigencia de pruebas de nobleza para los cadetes. Restablecidas a raíz del regreso de Fernando VII, fueron de nuevo suprimidas en 1820; terminado el trienio liberal, «los que habían ingresado como cadetes tuvieron que presentar sus pruebas, y los que no lo hicieron se quedaron sin carrera» [11]. ¿Quién podrá calcular cuántos militares fueron así arrojados a la oposición por la monarquía absoluta? Investigaciones sobre la procedencia y la carrera de los jefes que se destacaron en las guerras civiles y pronunciamientos del pasado siglo podrían aclarar este punto.

Es frecuente que las instituciones amenazadas de desaparición extremen su intransigencia en las etapas finales de su vida; en este caso concreto podemos observar un endurecimiento progresivo en la exigencia de las pruebas. Los Guardias de Corps, por ejemplo, no las habían hecho hasta 1749; disposiciones posteriores las hicieron más rigurosas; en 1828 tuvieron que demostrar también nobleza por la rama materna. ¿Es que se consideraba esto como indicio de mayor fidelidad a la persona regia? Abolidas las pruebas en 1836, la Guardia Real y la de Corps siguieron haciéndolas extraoficialmente hasta su extinción en 1841. Las de legitimidad y limpieza de sangre (no va de hidalguía) se exigieron para el ingreso en las academias militares hasta el Real Decreto de 16 de mayo de 1865.

---

[11]   Otero ENRÍQUEZ, «La nobleza en el Ejército», *Revista de Historia y Genealogía*, III, 488 y sig.

Aunque esta cuestión introdujera una división en las filas del Ejército, había otra, la económica, susceptible de unir estrechamente a todas sus clases. La elevación general de sueldos decretada para los funcionarios públicos en el reinado de Carlos III alcanzó también a los militares, al par que su número y prestigio aumentaba por las guerras sostenidas en éste y el siguiente reinado. Durante la campaña de la Independencia surgió un hondo malestar entre los jefes y oficialidad y las autoridades civiles, por motivos profesionales; acusaban a los legisladores gaditanos de incompetencia, favoritismo, indiferencia hacia los sufrimientos y méritos del Ejército. Y esta rivalidad fue uno de los factores favorables a la recuperación del poder absoluto por Fernando VII [12]. Poco tardó en venir el desengaño. La nación había quedado arruinada por la guerra y la independencia de los países americanos; el presupuesto ofrecía un enorme déficit. Había muy poco dinero, y éste no fue bien repartido. Llegaron a deberse no meses, sino años de sueldo a los funcionarios, y no fueron los militares los que menos padecieron. Un detalle tragicómico es la respuesta dada a los marinos de la base de El Ferrol autorizándoles a dedicarse a la pesca, en vista de que habían representado hallarse sin medios de subsistencia. Moratín, en carta a Francisca Muñoz, le decía que no debía sentir haber roto su compromiso matrimonial con un capitán, que ganaba quince o veinte duros al mes. «En la épo-

---

[12] Abundantes datos sobre el descontento del Ejército, en *La política de Fernando VII entre 1814 y 1820*, de María del Carmen PINTOS, págs. 19-29.

ca presente bien sabe usted que es peor que diez años ha; ahora hay dos terceras partes más de oficiales que mantener y dos terceras partes menos de dinero que distribuir... Lo que los militares, sus hijas, mujeres y viudas pueden prometerse es sólo muchísima hambre y necesidad» [13].

Un liberal moderado, haciendo el relato de las causas de descontento público en 1820, escribía: «El Ejército había sido reformado de una manera inconsiderada, pues si bien es indudable que, terminada la guerra, no podía mantenerse en el mismo pie a que había llegado durante aquélla, hubiera debido hacerse con mesura y prudencia, proporcionando salidas a los oficiales, y cuidando, sobre todo, de que la suerte de cada uno fuese lo menos desventajosa posible, destinándole con arreglo a sus circunstancias particulares. Mas no se procedió así, sino que se reformaron regimientos enteros, y todos los oficiales que por esta razón quedaron sin empleo, unidos a los muchísimos que habían estado prisioneros en Francia y regresaron por aquel tiempo, fueron destinados a los pocos cuerpos que quedaban con las denominaciones de *agregados* y *supernumerarios*, pero con todo su sueldo nominal, excepto algunos pocos que pasaron a los regimientos de milicias con la mitad de él. Esta manera de reformar y el desorden que reinaba en la administración, y que hacía que los ingresos no alcanzaran ni aun para cubrir los gastos más

---

[13] MORATÍN, *Epistolario*. Carta fechada en Barcelona, 1846. Veinte duros en aquella fecha podrían representar un valor adquisitivo de ocho mil pesetas de 1973.

indispensables, dieron por resultado que tanto a los empleados civiles como a los oficiales de todo el Ejército se les llegaron a deber muchos meses de paga, y los retirados se morían materialmente de hambre» [14].

En toda revolución, los estímulos materiales y los ideológicos se mezclan en dosificaciones variadísimas. Como la lealtad monárquica del Ejército a fines del siglo XVIII fue quebrantada en los decenios posteriores, en qué grado influyó cada uno de los factores expuestos, qué intensidad alcanzó la penetración de las ideas revolucionarias, primero con la lectura de obras enciclopedistas y de propaganda, muy en boga entre los jefes militares ya desde una época temprana (casos de Aranda, O'Reilly, Ricardos, Alcalá Galiano), luego con el cautiverio en Francia, la idea constitucional y la acción de las logias; he aquí un haz de problemas que por ahora hemos de contentarnos con enunciar a falta de monografías abundantes y precisas. Lo que sí puede afirmarse es que, de todos los grupos que integraban la nueva clase, fue el militar el que con más intensidad vivió aquellas hondas transformaciones y más contribuyó al nacimiento de la nueva sociedad y el nuevo Estado. Su posición respecto a la realeza fue decisiva para la evolución posterior; antes de que en ella se mezclaran motivos interesados, resultó sensible a las críticas que se le dirigían en el seno de la clase ilustrada y que, en general, no llegaron hasta el pueblo. El reformismo

---

[14] P. H. B. *Historia imparcial de la marcha del gobierno representativo en España desde 1.º de enero de 1820 hasta el convenio de Vergara*. Tomo I, Madrid, 1840, pág. 5.

de Carlos III, menos radical de lo que se ha supuesto, no disminuyó un ápice su autoridad, pero en el reinado de su hijo y sucesor, el prestigio de la realeza, quebrantado por las exageraciones de quienes pretendían convertir al monarca en un fetiche, no pudo resistir el contraste entre la exorbitancia de sus pretensiones y la triste realidad cortesana. Documentos tan seguros como los *Diarios* de Jovellanos y las *Memorias* de León Pizarro y Alcalá Galiano patentizan un descrédito de las instituciones, una relajación de los vínculos tradicionales que, si bien pudo en parte ser impulsada por la propaganda exterior, brotaba de manantiales internos.

Sería por mi parte pretencioso y fuera de lugar insistir en un tema ya tratado por plumas tan autorizadas como las de Corona, Seco, Artola y S. Agesta: pero es tan estrecha la vinculación de lo político y lo social que, al menos, una alusión resulta inexcusable. De una manera formal, el problema político se planteaba en torno a los límites de la autoridad regia; la rápida *volteface* de los partidos en presencia mostró que para ellos no se trataba de nada esencial. Hasta 1789 los reformadores fueron los campeones de la omnipotencia regia. Veinte años después, las posturas aparecían cambiadas; por razones meramente circunstanciales se llegaría a identificar tradicionalistas y absolutistas, por una parte; revolucionarios y partidarios de la soberanía nacional, por otra. La monarquía cometió la torpeza de enajenarse la oficialidad de origen no hidalgo mediante el restablecimiento de las pruebas, pero (y esto es lo que demuestra que el régimen estamental era ya algo caduco) muchos generales y ofi-

ciales de la más rancia nobleza combatieron
por el constitucionalismo por motivos puramente ideológicos.

* * *

Lo que acabamos de decir demuestra cuán
simplista, por no decir cuán falso, resulta identificar a la *nueva clase* en pleno ascenso político y social, con la burguesía. Poca fuerza hubiera tenido si se hubiera limitado a recoger
lo que bajo esta palabra se entendía en Inglaterra y Francia; es decir, los miembros del tercer Estado, enriquecidos por las actividades
industriales y mercantiles. Su empuje lo deter-
minó el que en sus filas militaba una gran
parte de la nobleza y del clero. No hay que
confundir la clase burguesa con la ideología
burguesa, que abarca un campo mucho más
amplio. Por lo regular, en cada época hay una
clase social dominante que impone sus valores
y su concepción del mundo a las demás. En
los siglos XVI y XVII predominó el concepto caballeresco de la vida, y a este patrón se ajus-
taban en su conducta incluso los miembros de
las clases más inferiores. En cambio, en el XVIII
la ideología burguesa se impuso a sectores que
no eran burgueses de origen. Cierto es que en
España sólo en pequeña medida fue aceptada
en toda su vigencia, tal como se presentó en
Francia y ha sido analizada de modo insuperable por Groethuysen; sus características típi-
cas: utilitarismo, cosmopolitismo, gusto del
confort, laicismo, etc., dejaron entre nosotros
huellas muy profundas, pero también levanta-
ron resistencias enconadas. Fue, sobre todo,
en el plano religioso en el que se operó la

ruptura, y esta divergencia trajo consigo otras varias: los que se mantuvieron fieles a la fe tradicional, por el mismo caso se sintieron solidarios con la historia y las costumbres de la vieja España; aquellos que, sin romper abiertamente con la Iglesia (fueron muy pocos los que dieron este paso), defendían un concepto puramente secular del Gobierno y de la sociedad, tendieron a criticar en bloque nuestras antiguas instituciones. Por eso, repetimos, habría que profundizar en la evolución religiosa de aquella centuria para comprender la escisión que se operó en aquella clase ilustrada que un tiempo pareció iba a tomar la dirección del país fundiendo dentro del molde de una ideología común, basada en un reformismo optimista y moderado, elementos procedentes de los más variados orígenes.

Lo único que podemos decir aquí es que la escisión se anunció ya desde los comienzos del despotismo ilustrado; pero la fuerza interna de este movimiento y la política de sus ministros consiguió atraerse no sólo a gran parte del episcopado (cosa comprensible, puesto que su nominación estaba en manos de la realeza), sino del clero secular, y aun de parte del regular, como se demuestra, por ejemplo, en los proyectos de reforma de los estudios eclesiásticos. En las Cortes de Cádiz, los eclesiásticos, casi un centenar, eran la clase más numerosa, y no todos militaron en las filas antiliberales; los nombres de Muñoz Torrero, Espiga y Villanueva, entre otros, pueden atestiguarlo. La orientación anticlerical de las Cortes, los excesos del trienio liberal, la Desamortización, fueron otras tantas etapas de un proceso que enconó las divergencias y separó cada vez más al clero de las nuevas corrientes, sin que por ello pueda decirse que formara nunca un bloque compacto. Como en el caso del Ejército, el disolvente ideológico triunfó muchas veces sobre la solidaridad estamental. No me refiero a ciertos casos límite como los de Blanco y Marchena. Más significativo me parece comprobar cómo en las más recoletas abadías la funesta división de los espíritus se manifestó en la formación de bandos. Los hubo en Poblet, poco antes de su extinción; en 1800, toda la comunidad, excepto algunos viejos, era de ideas liberales. En 1820 había ya una abierta lucha entre realistas y constitucionales [15].

Muchos regulares vieron sin disgusto, y aun con júbilo, la supresión de los conventos. En 1814 fueron reintegrados a ellos por una orden real, donde fueron elemento de perturbación hasta que vicisitudes posteriores los convirtieron de nuevo en exclaustrados, no todos de buena fama. En el extremo opuesto se hallaban los que, por motivos ideológicos o por las torpes violencias de los llamados liberales, engrosaron las filas carlistas. Entre ambos, la masa que siguió fiel al gobierno constituido, por inercia más que por convicción. ¿Cómo iba a defenderse eficazmente un clero tan profundamente dividido?

Sería del mayor interés poder remontar hasta el origen de la disidencia, en la que, desde el comienzo del XVIII, hubo ya, soterrada, una polémica religiosa. No digo que estuviera bien fundada; sin duda tenían razón Feijóo, Piquer y los académicos sevillanos cuando reprocha-

15 Toda y Güell, *La destrucció de Poblet*, 1935, páginas 11 y sig.

ban a sus adversarios abusar del recurso a la autoridad y del espantajo de la heterodoxia en cuestiones meramente científicas. Pero, con razón o sin ella, la disputa tomó un cariz confesional, como no podía menos de suceder en una cultura profundamente sacralizada, en la que los límites entre lo temporal y lo espiritual tendían a borrarse. Así como era constante el recurso a la intervención de la Divinidad en la vida corriente, el elemento confesional se introducía en los debates filosóficos, la polémica sobre los teatros y bailes, la resistencia a la penetración de las ideas y costumbres extranjeras, y hasta en la misma guerra dinástica con la que se inauguró el siglo. Esta tendencia no pudo por menos de amplificarse y, hasta cierto punto, justificarse con los acontecimientos revolucionarios del exterior y la propia evolución interna de España. Dentro de su complejidad, la lucha de partidos en el límite de las dos edades recibió de la disidencia religiosa lo esencial de su implacable agudeza, que luego, conforme avanzaba la centuria decimonónica, sin desaparecer nunca, se fue complicando con problemas económico-sociales.

La evolución religiosa de Alcalá Galiano, tal como nos la describe en sus *Memorias*, es típica por la pintura del ambiente y las influencias que se ejercían sobre un noble ilustrado de fines del siglo. Nacido en 1789, recibió una educación piadosa; a los once años jugaba a decir misa y predicar sermones. Por entonces, en casa de su tío Vicente, adepto de Adam Smith, republicano teórico, descubrió, camufladas en su librería, bajo rótulos inofensivos, las obras de Montesquieu, Rousseau y Voltaire, y leyó algunas, aunque sin penetrar su sentido a causa de su corta edad. A los trece años embarcó como guardiamarina y empezó a alardear de irreligión, «achaque, dice, común de aquellos tiempos». Una señora lo delató a la Inquisición, la cual se limitó a reprender a su padre. Reflexionando, después de una vida tormentosa, sobre aquellos años juveniles, no atribuía el cambio a sus precoces lecturas, sino al ambiente que se respiraba en el *Bahama*, cuyos oficiales regresaban de una estancia de tres años en Brest, contagiados de ideas republicanas e irreligiosas [16]. No hay que olvidar que aquí, en Brest, durante la estancia de la escuadra española (1791-1802), funcionó la primera logia de esta nacionalidad, de la que existe constancia documental, según ha demostrado Demerson [17]. En el momento de zarpar, acordaron reanudar sus sesiones en Cádiz, que resulta así ser el primer centro masónico de la Península. Las noticias sobre actuaciones anteriores de la masonería en nuestro suelo son demasiado vagas y poco dignas de crédito, así como las acusaciones de haber pertenecido a ellas los más influyentes ministros de Carlos III [18].

---

[16] *Memorias*, I, 45, 58, 61 y 62. En cambio, su otro tío, Antonio, consejero de Hacienda, ante las enseñanzas de la Revolución, abandonó sus ideas reformistas; evolución que tampoco fue infrecuente y cuyo más notable ejemplo lo suministró Floridablanca, que terminó aborreciendo las *novedades*, entregado a la piedad, y aun trató de favorecer a los jesuitas, sus víctimas, desde la presidencia de la Junta Suprema.

[17] *Une loge espagnole maçonnique a Brest*. B. Hi., LVII, 1955.

[18] El P. Pérez Goyena, reaccionando contra ciertas exageraciones, trató de reducir a sus justos límites la acción de la secta durante la Guerra de la Indepen-

Si buscásemos una figura que, frente a los reformadores extranjerizantes, simbolice la reacción del espíritu tradicional, con sus grandes virtudes y sus innegables limitaciones, podríamos hallarla en la del beato Fray Diego de Cádiz, el hombre de cultura exclusivamente eclesiástica que nunca quiso aprender francés en odio a los malos libros que escritos en esa lengua nos llegaban [19]. Vio que la amenaza venía directamente de la Corte y se enfrentó con valentía con los todopoderosos ministros regalistas cuando gran parte del clero, empezando por el episcopado, se refugiaban en un cómodo conformismo. Sus sermones en la Corte obtuvieron escaso fruto, con gran desilusión de su director espiritual, el padre González, que había acariciado la esperanza de una *conversión* de la familia real. El estallido de la Revolución Francesa proporcionó al Beato una ocasión única para redoblar sus esfuerzos contra la impiedad. ¿No era aquel acontecimiento la más cabal justificación de sus quejas y profecías? En *El Soldado Católico en guerra de Religión* pintó la guerra contra la Convención como una auténtica cruzada, y no se mostró

dencia. (*La Masonería en España durante la Guerra de la Independencia*, «Razón y Fe», XXII (1908), 413-428). Aunque se haya exagerado el papel de la Masonería, fue lo bastante importante como para justificar investigaciones sobre un tema que hasta ahora apenas ha sido tratado más que en forma folletinesca o irresponsable. En la *Historia de las Sociedades Secretas*, de don Vicente LA FUENTE, aunque tan deslabazada como todas sus obras, hay, sin embargo, muchos datos aprovechables.

[19] V. su biografía por el P. Fr. Sebastián de UBRIQUE, I, 43, de la que hemos tomado otros rasgos para componer esta breve semblanza.

blando con la plebe sevillana por la indiferencia con que acogió la noticia de las derrotas en el Rosellón y Cataluña.

Por desgracia, los mismos hechos que a unos abrían los ojos, a otros los confirmaban en su temeridad: durante su misión en Galicia comprobó entre los guardiamarinas de El Ferrol un ambiente irreligioso y disipado que, conjugado con lo que nos cuenta Alcalá Galiano de su niñez, hace sospechar que las ideas revolucionarias nos llegaron, en buena parte, por mar, aunque la casi desaparición de nuestra Marina después de Trafalgar le impidiera desempeñar un papel político comparable al del Ejército. El combate de fray Diego sólo terminó con su vida. En el año de su muerte (1801) aún tenía pendiente un proceso acerca de proposiciones suyas sobre las relaciones entre la potestad temporal y la espiritual.

La santidad personal del Beato, su intenso, extremado españolismo, los bienes que hizo con sus misiones en ciudades y pueblos, corrigiendo los vicios, la usura, las rivalidades y los abusos de poder son la parte más luminosa de su carácter y su actuación. En la otra columna del balance habría que inscribir su actitud puramente negativa ante la cultura y las aspiraciones del mundo secular, sus violentas, inexplicables diatribas contra el teatro y contra todo lo que oliese a diversión profana, su incapacidad para discernir las fuerzas creadoras que iban envueltas en el alud revolucionario y las convulsiones que acompañaban el nacimiento de la nueva Edad. La visión pesimista que da de su época es inaceptable. ¿Cómo es posible admitir su tesis de que la derrota de nuestros ejércitos en la frontera de los Pirineos se debía a la irreligiosidad y corrupción del pueblo español?[20].

* * *

Si fuera lícito contraponer lo social a lo histórico, deberíamos centrar estas dos polaridades en la hembra y el varón en cuanto las cualidades de la primera (sentimiento, tradicionalismo, estabilidad) se oponen a la razón que planifica el futuro, el individualismo, la insatisfacción, en una palabra, a todas las virtudes masculinas que actúan como motores del cambio histórico; de tal forma que, según estamos hoy presenciando, no hay más seguro indicio de la disolución de antiquísimas estructuras sociales, que han resistido al paso de cien conquistadores, que el cambio radical en la situación y mentalidad de la mujer.

Un indicio de que, a pesar de las apariencias, la Sociedad española del Antiguo Régimen cambió poco, lo hallamos en la solidez con que la familia, la institución conyugal y la situación social de la mujer mantuvieron hasta bien entrado el siglo XIX) sus características tradicionales. En el desarrollo de la situación prerrevolucionaria francesa las damas de la aristocracia y la burguesía estuvieron siempre en primera fila, como favoritas de monarcas y ministros, musas de literatos, directoras y animadoras de salones. Participaron en todas las lu-

---

[20] **Expuesta en su** *Memorial a Carlos IV... sobre los medios espirituales para el buen éxito de la presente guerra contra la sediciosa Asamblea de Francia.* Escrito en 1794, se publicó, póstumo, en Sevilla, 1813.

chas, estuvieron mezcladas a todas las intrigas, no se asustaron de ninguna audacia. Allí constituyeron una fuerza histórica. Entre nosotros, nada comparable; ni una sola figura femenina que recuerde a la Pompadour, Mme. Stael o Carlota Corday.

Esto no es decir que el papel de la mujer española fuera irrelevante. ¡Lejos de eso! Fue una auténtica fuerza social, y como tal, anónima, oscura, impersonal. En cuanto abandonamos la débil capa superficial, batida por los vientos que llegaban del exterior, la encontramos en las zonas profundas del alma nacional, firme en su fe, inaccesible a las novedades, entusiasta de las viejas esencias nacionales hasta el sacrificio más heroico. Por eso, cuando aquella enorme convulsión que fue la Guerra de la Independencia, trazó como un corte geológico que dejó al descubierto hasta las capas más profundas de aquella sociedad española que, por primera vez desde hacía siglos, luchaba por su misma existencia, la mujer española salió de su anonimato dejándonos ejemplos admirables de entereza.

Las obras de Moratín son preciosas para el estudio de la mujer española en los años finales del antiguo régimen. Su producción dramática, aunque de reducido volumen, presenta una galería de figuras inolvidables. El enredo amoroso es banal; los acentos de la pasión parecen negados a su mesurada musa; los caracteres son poco firmes. Lo que domina en el teatro moratiniano es el drama de la mujer subyugada por las conveniencias sociales y por una educación que la convertía en un ser pasivo, incluso cuando se hallaban en litigio los sentimientos más caros de su corazón. Aquel solterón empedernido parece haber sentido en lo más sensible de su espíritu el drama íntimo de tantas jóvenes a quienes la presión social, el egoísmo o la incomprensión de sus parientes, condenaban a la soltería o a enlaces que repugnaban a su corazón.

Aunque el asunto parezca diverso, es fácil ver que en todas sus comedias late la misma preocupación. En *El Viejo y la Niña* nos presenta a una jovencita condenada por un tutor avariento a un matrimonio desigual. En *El Barón*, es la propia madre quien trata de forzar los sentimientos de su hija para casarla con un supremo prócer que ha sabido halagar su vanidad y no es más que un aventurero. Semejante es la trama de *El sí de las niñas*, su obra maestra; también aquí una madre despótica impone a la dulce Paquita un enlace con un anciano, sin que la pobre niña se atreva a contrariarla abiertamente. En *La Mojigata* (la más endeble de sus fábulas) se plantea con caracteres más generales el problema de la educación y gobierno de la doncella: debe respetarse su libertad, como sostiene Don Luis, o someterla estrictamente a una patria potestad tiránica, según el criterio de su hermano Don Martín. Es claro que en éste personificó Moratín ciertos abusos tradicionales; la moraleja es que tal educación sólo es buena para formar hipócritas (Doña Clara, o sea, La Mojigata). Incluso en *La Comedia Nueva* o *El Café*, a pesar de su finalidad de polémica literaria, hay también un tipo femenino muy de la época: la pobre Mariquita, que cifra su esperanza de casorio en el estreno de la comedia, cuyo éxito le ha de proporcionar la dote necesaria.

No trato de investigar los elementos autobiográficos que Moratín vertió en estas obras. Quizá aquel tímido que, a pesar de la simpatía que le inspiraban las mujeres, nunca se casó, reflejaba en ellas sus propios rasgos: inseguridad, encogimiento, opresión del medio social. Las féminas que aparecen en los sainetes de Don Ramón de la Cruz son más resueltas, más dueñas de sus actos. Puede tratarse de una diferencia temperamental entre ambos artistas, o bien de que pintaban medios sociales diferentes; el de Don Ramón es el medio desgarrado de las majas y manolas, en el que la sujeción femenina era pequeña y el problema del matrimonio no se presentaba con los caracteres dramáticos que siempre ha tenido en la clase media española. Puede argüirse a Moratín de visión reducida, pero no falsa; su veracidad, dentro del marco en que él se movió, está comprobada por otras muchas fuentes.

El siglo XVII había heredado del anterior un concepto de la mujer en el que se mezclaban elementos extrañamente discordantes: de un lado, el sentimiento caballeresco, que la hacía merecedora de protección en cualquier circunstancia; el caballero que no arriesgara su vida en defensa de una dama, aunque fuese desconocida, quedaba deshonrado. Y lo mismo que a la espada de los caballeros tenía derecho a exigir el homenaje de la pluma de los poetas y del rendimiento de los galanes. La literatura caballeresca nacida en la Baja Edad Media había ensalzado a la mujer hasta convertirla casi en una deidad; estas ideas y costumbres se habían propagado por círculos cada vez más amplios hasta convertirse en patrimonio de todo el pueblo.

Con esta corriente coexistía otra mucho más

antigua que consideraba a la mujer como ser imperfecto, que debía estar sometida al hombre por ser claramente inferior a él. Los rastros de esta opinión son numerosos; citemos uno: un mediano poeta aragonés recordaba que Tales de Mileto se congratulaba de tres cosas: en primer lugar, de ser hombre y no bestia; en segundo, de ser varón y no hembra; en tercero, de ser griego y no bárbaro. A nuestro poeta le parece discutible la última proposición, pero las otras dos le parecen perogrulladas. *Quis enim nisi stupidus aut ab humano sensu alieno ea negabit?* [21]. Así eran colocadas en el mismo plano la diferencia de sexos y la que separa al hombre de los irracionales. Durante la Edad Media, esta tendencia fue reforzada por otra de origen eclesiástico cuya oposición a la caballeresca es evidente; cierta literatura ascética representó a la mujer como un peligro espiritual tanto más temible cuanto se presenta bajo seductoras apariencias. También sobre este extremo las referencias son demasiado numerosas para que necesiten ser alegadas [22]. Esta tendencia se suavizó sin desaparecer nunca, antes bien, algunos santos varones, generalmente de los que habían buscado refu-

---

[21] Juan SOBRARIAS: *Oratio in laudibus Alcagnicis* (GONZÁLEZ DE LA CALLE: «El poeta J. Sobrarias», en *Universidad*, 1933).

[22] «Foeminarum cum clericis nullo pacto conjuncta permittitur conversatio: janua diaboli, via iniquitatis, scorpionis percussio est foemina, cum proximat ignem accendit» (SAN AMBROSIO: *De Officiis*).

«Mulier est viri naufragium, domus tempestas, quietis impedimentum, vitae captivitas, quotidianum damnum, voluntaria pugna», etc. (SAN MÁXIMO, sermón 39). Análogos conceptos en la homilía 21 de San Juan Crisóstomo.

gio a los peligros del mundo en la paz del claustro, la extremaron hasta un grado que hoy, más que edificante, nos parece ridículo. En una *Vida del P. Tamariz* se cuenta que cierto día, al bajar a la huerta del convento, quedó sobrecogido de indignación y espanto al ver que una persona del sexo opuesto se había introducido por la puerta abierta del huerto hasta la noria. La pronta retirada de la atrevida no la juzgó suficiente reparación; aprovechando que había en la casa obra y albañiles, ordenó que un maestro con dos oficiales removieran y cavaran «todo el camino que había sido pisado y, en su opinión, profanado y aun contagiado con los pies de una muger»[23].

Cómo se armonizaban en la práctica estas dos corrientes contradictorias no resulta difícil de comprender, puesto que aún quedan abundantes residuos de esta doble mentalidad. Por una parte, la mujer era respetada, admirada, venerada casi; por otro, se la trataba como a un menor, y el mismo caballero que la hiciera objeto de los más encendidos homenajes la consideraría incapaz de ocuparse en materias serias y de gobernarse por sí misma. El recato era llevado a extremos pueriles, al menos entre los medios urbanos (en el campo y entre la baja plebe había mayor naturalidad en las relaciones entre los sexos). Algunos escritores comparaban las mujeres con las imágenes sagradas, que deben estar escondidas y

---

[23] Francisco AZEVEDO: *Noticias de la vida, virtudes y dones... del P. Francisco de Tamariz. S. J., Prepósito de la Casa Profesa de Sevilla*, 1707, pág. 25. (El verdadero autor de la biografía, según Uriarte, fue el P. Gabriel Aranda.)

cubiertas de velos para que la familiaridad no engendre falta de respeto. Era corriente la separación de sexos en las relaciones corrientes, en las tertulias y hasta en las iglesias; en los teatros duró hasta comienzos del xix. Se creía que esta rigurosa separación era el mejor medio de preservar su honestidad. Aunque se escucharan quejas sobre la libertad de costumbres que habían introducido los extranjeros durante la Guerra de Sucesión, no hay pruebas de que la situación cambiara sensiblemente, por lo menos hasta los años finales del siglo; un autor de mediados del mismo escribía que permitir que personas de distinto sexo hablen y se sienten juntas era contrario a la *ley de los strados* y peligroso para la castidad. «El mundo político, para desviar estos temores con prevenidas seguridades, señaló distancias en las piezas de cortejo y separó los asientos de manera que a un lado estén las almohadas o taburetes y a otro las sillas» [24]. Pero ya hacia 1800 las damas habían abandonado la almohada morisca y se mezclaban con los varones en la misma pieza, tal como lo vemos luego en las representaciones de las tertulias románticas.

Estos *tabús* sociales pesaban con mucha mayor fuerza sobre las doncellas, hasta el punto de que muchas anhelaban el casamiento sólo por salir de tanto apartamiento y servidumbre. Más aún: en las casadas estaba mal visto que dieran la mano a un hombre o salieran de casa sin el competente acompañamiento. El encierro de las doncellas traía como consecuencia casi obligada que fueran sus padres o tutores los

---

[24] CODORNÍU: *Indice de la Philosophia Moral*, Gerona, 1753, pág. 157.

que les buscasen marido, con las incidencias a que esto podía dar lugar, ya de orden sentimental, ya por culpa de los pícaros intereses. No era raro que un padre obligase a sus hijas a entrar en el claustro por no querer o no poder dotarlas. Esta cuestión de las dotes merecería por sí sola un estudio especial. Con los Austrias había sido una verdadera tragedia para muchos padres de hijas casaderas, a pesar de las leyes que intentaron moderar la cuantía de las dotes[25]. Bajo los Borbones vemos la continuación de los mismos problemas, aunque perdiendo paulatinamente agudeza, síntoma de la continuidad social de un pueblo en lenta evolución. Los nobles valencianos defendían su tradicional privilegio de no devolverla en ningún caso. Los escritores ilustrados, como antes los arbitristas, veían en la exigencia de crecidas dotes uno de los mayores obstáculos al aumento de población. Argenti, al proponer su abolición para fomentar los matrimonios, se hace cargo de la principal objeción: sin dote, nadie querría casarse, «sujetándose de balde a carga tan pesada y perpetua; pues si hoy dando a las señoras mujeres crecidas dotes son pocos los matrimonios que se efectúan, ¿qué sería indotadas? A esto responde las mujeres serían entonces deseadas sólo por su virtud; se moderarían los gastos de joyas y galas que arruinan a las familias; habría menos raptos; no se mezclarían las familias nobles con las de plebeyos

---

[25] Esencialmente la de 1623, reiterada en 1723 y vigente aún cuando se recopiló la Novísima (leyes 7 y 8 del libro X, título 3.º). Una manera frecuente de eludirlas era mejorar a los descendientes de la hija que se casaba (CASTRO: *Discursos sobre las leyes y sus intérpretes*).

enriquecidos; se evitarían los pleitos dotales, que pasaban de tres mil; ni entrarían tantas mujeres sin vocación en los conventos por no tener dote y vivirían con más honestidad las viudas» [26].

En el fondo, la cuestión de las dotes sólo era una manifestación de que entre las clases elevadas la mujer era considerada como un objeto precioso e inútil, ocasión de grandes gastos improductivos. La clase media adoptó por mimetismo este criterio; la inferior se vio, en general, libre de estos convencionalismos sociales, y gracias a ello las relaciones entre los sexos fueron más sanas, alegres y naturales. No dispongo de espacio para desarrollar este punto, que me parece es fundamental para el estudio de la sociedad, pero el hecho en sí es indiscutible. En las clases burguesas, la combinación del exagerado paternalismo educativo, incapacidad económica y, a veces, piedad mal entendida [27]; en la clase aristocrática, por su cosmopolitismo, y en las inferiores, por su vida más sencilla y natural, las condiciones eran diversas; en toda la Iberia del Noroeste, las *filandonas, fogueras*, fiestas y romerías, ofrecían un ambiente de libertad de relaciones bien distinto de la segregación femenina que en otros lugares prevalecía. La autoridad eclesiástica inter-

---

[26] Felipe ARGENTI LEYS: *Discursos políticos y económicos*, Madrid, 1777, discurso V.

[27] Al decir esto no pienso tanto en la figura de *La Mojigata*, que es de las menos felices que han salido de la pluma de MORATÍN, como en datos contenidos en obras serias, por ejemplo, la *Familia regulada* o los *Desengaños místicos*, del P. ARBIOL, sobre las casadas que, llevadas de una falsa piedad, no querían pagar el débito a sus maridos (pág. 62).

vino para evitar excesos, y la precaución no debía ser superflua, porque un hombre tan exento de prejuicios como Feijóo se mostró adverso a las romerías; es verdad que otra personalidad ecuánime, Jovellanos, las defendió como recreación lícita; y sin duda así era en la gran mayoria de los casos, pero el antiguo proverbio *ir romera y volver ramera* indica que las quejas no carecían por completo de fundamento. ¿Habrá que poner en relación esta mayor libertad de la mujer en los medios rurales con el récord de nacimientos ilegítimos que ya entonces ostentaba Galicia, o se debe a otras causas poco estudiadas?

Los bailes populares eran otro de los ingredientes del ambiente rural, y también excitaron las sospechas de los rigoristas. Conocidos son los incidentes a que dio lugar la predicación de unos misioneros en Valmaseda a fines del siglo por llamar *serrallo* y *campo de Venus* al lugar donde tradicionalmente celebraba sus bailes la villa; incluso el tamborilero, en su opinión, era indigno de los sacramentos. El Concejo, justamente indignado, se dirigió a las Universidades de Zaragoza y Valladolid exponiendo que los acriminados bailes sólo se verificaban las tardes de los días festivos, al son del tamboril, en presencia de las autoridades y con tal recato, que las parejas no se cogían por las manos, sino por pañuelos. Los franciscanos de Zarauz, causantes del alboroto, se defendieron con un escrito que, en parte, es una palinodia [28].

---

[28] Fray Antonio PALACIOS: *¡Viva Jesús!* Respuesta satisfactoria por el Colegio de Misioneros de San Francisco, de Zarauz, a la consulta y dictámenes impresos por la villa de Valmaseda con ocasión de una proposición sobre bailes equivocadamente atribuida a dos

En una pastoral del obispo de Vich, Muñoz y Guil, en 1751, censuraba duramente la desenvoltura de las catalanas: «¿Ahont está ja aquella honra y punt de Catalunya en la criança, reculliment y rubor de as minyonas o noyas? Com se ven per aqueixos carrers, los mateixos passos que fan los minyons, fan també a grans vols las minyonas entre sí o entre ells; no hi ha diferencia en la educació, los mateixos jochs inmodests que practica lo un sexo, practica lo altre, ja sia saltant, ja sia ab altres accions indecents; de hont resulta que desde petitas perden lo rre del pudor y vergonya que posá la naturalesa en ellas para contenirlas»[29]. Más débiles son las huellas de esta relativa libertad de costumbres en el Sur. En Andalucía, incluso el porte de velo, reminiscencia morisca, no había desaparecido del todo; el jesuita italiano Gervasoni vio algunas tapadas en Sevilla, y Blanco White cita Olvera entre los pueblos en los que aún se conservaba esta costumbre.

---

misioneros del sobredicho Colegio... Pamplona, 1791. Extensa referencia sobre este suceso en el artículo correspondiente del *Diccionario* de Madoz.

[29] Esta época tan denigrada pareció luego felicísima cuando el arzobispo de Tarragona, Mon y Velarde, escribió su pastoral sobre la corrupción de las costumbres, «conforme al encargo de S. M. Fernando VII en su R. Decreto de 9 de octubre de 1814». Entre otras cosas, censuraba «aquexos balls estrangers, y mes estranys encara a la severitat de nostres costums, s'van tocant els excessos de la impudicia; estreventse entre brassos els balladors quand no fa encara cinquanta anys que allargaba ella y ab prou pena, un guant, per escusarse d'entregar els mes minim dels seus dits...» También censura que las «dona y doncella ja no recelan mirar de fit a fit als fadrins, delicte que no s'perdonaba en la criansa exacta de las antiguas espanyolas».

Que el mundo está perdido y que la culpa debe atribuirse al poco recato de las mujeres, es un lamento que se encuentra, con lastimosa monotonía, en las obras de los moralistas de cualquier lugar y de cualquier época. El grado de veracidad que se les deba atribuir es otra cuestión muy distinta. No eran pocos los que, como el padre de *La Mojigata*, pensaban que sólo una vigilancia muy estricta de la mujer y una disciplina implacable podrían evitar sus deslices. Como exponente de esta escuela rigorista podemos recordar al P. Matías Sánchez, S. J. Su tratado comienza con las ponderaciones habituales sobre la corrupción de las costumbres. «No creo —dice— haya quexa tan frecuente como la de que está perdido el mundo. Esto se clama en los púlpitos, se grita en las calles, se abomina en las Cortes y aun en las más humildes chozas se lamenta.» El remedio, a su parecer, consistía en la buena educación de los hijos y en una estricta disciplina conyugal, basada en la potestad del marido. Esta potestad se extiende a la corrección de la esposa; en esto concuerdan los teólogos; la dificultad está en el modo. «Para esto —agrega— ninguna otra regla ocurre que la prudencia. Esta hará distinguir la mujer señora de la plebeya, porque la distinción de ambas merece distinto tratamiento, aun quando ambas sean dignas de castigo. A una mujer noble no es razón que su marido la dé de palos ni de azotes; pero a una plebeya que advertida dos y tres veces no se enmienda de sus graves vicios, bien puede corregirla aun a golpe que la duelan por algún tiempo, pero no la lastimen. ¡Oh! No plegue a Dios que algún necio use mal de esta sana doctrina» [30]. Respecto a los hijos, no había escrúpulos nobiliarios; un padre consciente de sus deberes no debería escatimarles los golpes en su propio bien, según los consejos del *Eclesiástico*: «Qui diligit filium assidue illi flagellat... Tunde latera ejus dum infans est.» Justo es añadir que este rígido censor defendía la libertad de las doncellas en cuanto a la elección de cónyuge.

Muchas páginas podrían llenarse también con citas referentes a los vestidos y escotes de las mujeres, que, realmente, llegaron en ocasiones a ser inmodestos. Sin embargo, considerando con imparcialidad el conjunto de datos que poseemos, es difícil creer que durante el siglo XVIII se relajaran los severos lazos que hacían la fortaleza de la familia española; por el contrario, numerosos indicios apuntan hacia una depuración de las costumbres. La propia Corte dio el ejemplo; bien al contrario de sus parientes franceses, los Borbones españoles no tuvieron entre sus defectos el de la liviandad disfrazada con el nombre de galantería. La clase media ya hemos visto que era de un recato excesivo; en los medios rurales se advierte la disminución de corruptelas que en los siglos anteriores estaban bastante extendidas; por ejemplo, el convivir como casados los que aún no estaban más que desposados [31]. Los escritores reformistas eran bastante tradicionales en este

---

[30] *El padre de familias brevemente instituido en sus inmensas obligaciones*, Málaga, 1740, Relección 1.ª.

[31] Puede referirse a una supervivencia de esta costumbre una *Provisión del Regente de la Audiencia de Valencia para contener el detestable abuso del trato familiar que con el nombre de galanteo tienen entre sí los otorgados antes del matrimonio*, Valencia, 1758.

punto; un Cabarrús que preconizaba el divorcio, el reconocimiento de los ilegítimos y el restablecimiento de las mancebías [32], aparece como una excepción. No menos conservadoras eran las leyes; recordemos las leyes de Carlos III prohibiendo a los cadetes, alumnos universitarios y menores de veinticinco años en general, contraer nupcias sin consentimiento paterno. El objeto declarado de estas disposiciones era evitar los matrimonios desiguales [33].

El cambio en las costumbres se limitó a ciertos aspectos no esenciales; hubo menos rigidez hacia 1800 en el trato de la mujer, educación de los hijos y separación de sexos; disminuyó la tiranía del falso honor y de los celos; las tragedias calderonianas siguieron gozando de gran popularidad, pero cada vez correspondían menos a la realidad corriente. Un jurista de fines del siglo atestigua que la mayoría de los maridos burlados se contentaban con la reclusión de la infiel [34]. Seguían vigentes, sobre el papel, las antiquísimas leyes sobre el castigo de los adúlteros, pero aquella que los ponía en poder del marido agraviado para que las matase por su mano si le placía, aunque inserta en la *Novísima*, había caído en completo desuso [35]. De completo acuerdo con la realidad, en

---

[32] *Cartas sobre los obstáculos que la naturaleza, la opinión y las leyes oponen a la felicidad pública.* Carta 5.ª.
[33] Estas leyes figuran en el libro X, título 2.º, de la Novísima.
[34] Álvarez Posadilla: *Comentarios a las leyes de Toro.*
[35] Incluso antes, su aplicación fue excepcional. Sólo recuerdo que una vez en el siglo XVII se intentara practicar esta bárbara ceremonia en Sevilla; el acto

ninguna de las comedias moratinianas, aunque se tocan puntos delicados de honor y celos, hay escenas de violencia.

Las ideas exageradas que sobre este aspecto de nuestro carácter se habían formado los extranjeros, están refutadas en un pasaje de las *Cartas* de Blanco White: «Una doncella no debe ser vista (en España) sola fuera de su casa, ni sentarse en ella con un hombre, aunque las puertas estén abiertas; pero tan pronto como se casa puede ir sola donde le plazca y ser acompañada por un hombre varias horas diarias. Tenéis en Inglaterra extrañas ideas sobre los celos de los españoles. Puedo aseguraros que si en algún tiempo fueron los maridos españoles como los representan las novelas y los antiguos dramas, ninguna raza de Europa ha experimentado un cambio más completo»[36].

Quizá fuera esta humanización de las formas lo que hacía pensar a muchos que la influencia extranjera había corrompido nuestras antiguas costumbres, pero puede asegurarse que, si hubo en este punto contaminación, fue más superficial que la ideológica. La mujer española siguió siendo, gracias a sus virtudes, el gran elemento de estabilidad social que siempre había sido. Hay un párrafo de Fernán Caballero que expresa admirablemente la identificación sentimental de la mujer con los valores religiosos y patrióticos: es aquel en que una andaluza de vieja cepa sabe por su hijo soldado que en Dinamarca sobra la nieve, pero no hay

terminó con un gran escándalo y la huida de los culpables, favorecida por los religiosos que los asistían y el pueblo.

[36] *Letters from Spain*, Londres, 1822, carta 2.ª.

aceite, pan blanco, frailes ni sacramentos: «de espanto se quedó hecha estatua. Pero de ahí a un rato, cruzando sus manos con gozoso fervor, exclamó: «¡Ay, mi sol! ¡Ay, mi pan blanco! ¡Mi iglesia, mi Madre Santísima, mi tierra, mi fe y mi Dios Sacramentado! ¡Dichosa mil veces yo, que he nacido y mediante la misericordia divina he de morir en ella! Gracias a Dios que no fuiste a esa tierra, hijo mío. ¡Tierra de herejes! ¡Qué espanto!»[37].

Este arrebato de entusiasmo, que seguramente no inventó la insigne novelista, es de una emoción contagiosa. Por desgracia, los valores emocionales que encarnaba la mujer rayaban a más altura que los intelectuales que debía representar el hombre.

* * *

Terminaré estas deshilvanadas consideraciones, sugeridas por la lectura de las comedias y cartas de Moratín, con una reflexión final. La vida y la obra del ilustre comediógrafo madrileño demuestra hasta qué grado un hombre culto y bien situado para seguir la marcha de los acontecimientos puede ser sorprendido por ellos. Moratín vivió y murió en una desorientación completa, sin comprender qué era lo que arrastraba a España y a él mismo a un destino trágico tan contrario a sus inclinaciones. Yo diría que este hombre carecía de todo sentido histórico porque vivía sumergido en factores sociológicos elementales. No sintió la religión como problema; mucho menos la política. El anhelo y hasta la noción misma de

---

[37] *La familia de Alvareda.* Obras completas, I, 338.

cambio, devenir (la entraña de la histórico)
le eran desconocidos. Fue clásico no sólo por
la fecha de su nacimiento, sino porque comprender el Romanticismo era para él una imposibilidad radical. En cambio, ¡qué profundamente vive ciertas constantes elementales de
la existencia humana, y en especial la relación
entre hombre y mujer, no como drama amoroso, sino como punto de engarce entre indi-
viduo y grupo, entre lo individual y lo colecti-
vo! Por eso su producción, que para la historia
política es de nulo interés, para la historia social es de bastante importancia, más que por
lo que dice, por lo que inconscientemente deja
adivinar acerca de lo que era la sociedad española, o mejor dicho, de cómo aparecía, vista
a través de un limitado temperamento.

7. REFLEXIONES SOBRE «LAS DOS ESPAÑAS» *

En sus prólogos a la gran historia colectiva de España, publicada bajo su dirección, y luego reunidos y publicados en obra aparte [1], don Ramón Menéndez Pidal, que aunaba (rara cualidad) la minuciosidad documental del especialista con la capacidad de grandes síntesis, abocetó con maestría insuperable una serie de frescos sobre nuestro pasado histórico, en los que nunca deja de sentirse, expresa o subyacente, la preocupación por el presente y el futuro de nuestro pueblo; característica ésta también que separa al verdadero historiador del mero erudito. Quizá la parte más apreciada y discutida de ese libro ha sido la dedicada a *Las dos Españas*, escrita bajo la impresión del tremendo drama que nuestra patria había vivido, como Larra, su precursor en este punto, sintió también el desgarramiento ideológico que opuso unos españoles a otros, primero con libros; luego, empuñando armas fratricidas. Reconoce también Menéndez Pidal, como precedente de esta concepción histórica, el «hermoso libro» del hispanista portugués Fidelino de

* Artículo publicado en la revista *Cuadernos Hispanoamericanos*, octubre-diciembre 1969.
[1] *España y su Historia*. Madrid, 1957, dos volúmenes. El apartado referente a *Las dos Españas*, en el volumen I, pp. 89 y ss.

Figueiredo [2]. Pero él, en su densa síntesis, va más allá que estos precursores, considerando «este trágico dualismo..., extendido más allá de los últimos siglos, a lo largo de toda la historia, pues no es sino un necesario efecto de nuestra ingénita extremosidad. Una lucha de tendencias opuestas, sobre todo entre tradición e innovación, constituye la vida normal de todos los pueblos; pero en España se da regularmente con una exacerbación que en otros pueblos sólo aparece en excepcionales momentos críticos». Es decir, que, según su sentir, esta división es un rasgo constitucional debido a nuestro carácter extremoso, hasta el punto de constituir una constante de nuestra historia lo que en otros pueblos es sólo un accidente temporal.

La gravedad de estas afirmaciones es tal que, procediendo de pluma tan autorizada, sorprende que hayan provocado alusiones, juicios aprobatorios o condenatorios, dependientes de determinadas actitudes ideológicas o políticas, pero no estudios profundos [3] que aclaren si, efectivamente, somos una excepción entre los demás pueblos europeos y estamos condenados a una permanente situación de abierta o larvada guerra civil. Las cuestiones secundarias implicadas en esta tesis principal son también de gran interés. Ante todo, una de tipo meto-

---

[2] *As duas Espanhas.* Coímbra, 1932. Es un conjunto de conferencias sobre la España moderna y contemporánea en que reúne varios temas bajo el *leitmotiv* de dicha dualidad.

[3] No puede considerarse tal el de Carlos ROJAS: *Diálogos para otra España,* Barcelona, 1966, aunque encierra gran caudal de citas y algunas observaciones agudas.

dológico: ¿Pueden divergencias de orden puramente espiritual producir tan hondos enfrentamientos? Porque Menéndez Pidal no las pone en relación con hechos de tipo socioeconómico. No niega que éstos puedan influir; los omite simplemente; pasa por alto la cuestión, ya porque no se reconociera competente en este campo, ya porque, tratándose de un simple esbozo, no considerase necesario profundizar en esta cuestión. Ahora bien, no hay que profesar el marxismo para creer que en las luchas del pasado siglo se afrontaron no sólo ideas, sino intereses. ¿Hubiera derivado la inicial simpatía de gran parte del clero español por las nuevas ideas hacia una aversión tajante si los liberales no hubieran socavado sus bases materiales de existencia? Esta es una de las muchas preguntas que vale la pena de formularse y tratar de contestar antes de poder abarcar en toda su complejidad los problemas de nuestro siglo XIX.

Se ofrece luego otra cuestión previa no menos compleja: ¿Cuáles son las líneas de fractura entre las dos Españas? La más relevante parece ser la que separa la ortodoxia y la heterodoxia. Otra bipolaridad, a la que Menéndez Pidal da gran importancia, se refiere a la actitud ante la ciencia, relacionada con el grado de apertura hacia el exterior. *Grosso modo* (pues hay muchas excepciones), el europeísmo supone la aceptación de una visión racional del mundo, que conduce a un progreso científico, mientras el aislamiento, símbolo del misoneísmo y la xenofobia, conduce al estancamiento espiritual y la esterilidad científica. Sólo de pasada alude don Ramón a otro factor de contraste: el de unidad política nacional

frente a las tendencias centrífugas. Aún puede
añadirse otro, al que sólo alude de pasada:
el de libertad política y despotismo. Todos estos factores pueden mezclarse, formando variedad de combinaciones, aunque la pereza mental y la tendencia natural del espíritu humano
a la simplificación pretendan crear prototipos
y sienta cierto malestar ante las figuras que,
como Jovellanos o Unamuno, no se dejan enca-
sillar, calificándolas de *contradictorias*, sin que
se acierte a explicar en qué consiste la contra-
dicción. La fusión en un bloque de ortodoxia,
centralismo, autoritarismo y desconfianza hacia las ideas procedentes del exterior se basa
en premisas gratuitas, y los que han identifica-
do en el pasado a ese bloque con España han
hecho un gran daño a este nombre entrañable.

Last but not least, un estudio a fondo (del
que no pretenden ser ni siquiera una introducción estas someras líneas) investigaría la
licitud de extender unas constantes a lo largo
de toda la historia de un pueblo, remontando
paternidades y deduciendo filiaciones; apasio-
nante tarea, digna de un cumplido historiador
que sepa esquivar sus escollos; pues si la historia es continuidad, es también una manifestación de la libertad humana, es decir, creación
continua, que añade sin cesar algo nuevo a lo
ya adquirido; y si a veces parece que su curso
se remansa y deja de fluir, es para recuperar
después el tiempo perdido, adquiriendo velocidad impetuosa, una vez que ha derribado los
obstáculos que suponen la inercia de las instituciones. Por eso, todas las filiaciones y todas
las *supervivencias* hay que examinarlas con
lupa para convencerse de que no guardan vino
nuevo en odres viejos. En la historia nada se

repite, nada se transmite sin agregados que
alteran su contenido original. Uno de los fenómenos que pasan por más conservadores, por
más arcaizantes en nuestra historia contemporánea es el del carlismo. Sin embargo, es innegable su carga revolucionaria, manifestada, por
ejemplo, en su repudio de la legitimidad dinástica, hecho que no es de hoy; ya en el siglo
pasado los carlistas habían manifestado su decisión de no admitir como rey más que a quien
perteneciera a su partido. En este sentido, el
carlismo es un fenómeno típico del siglo XIX,
como no podía menos de ser, a menos de admitir que la historia es un galimatías o un
almacén de objetos sin vida.

Sin embargo, para mí la más polémica de las
afirmaciones de don Ramón en sus antes citadas líneas es la de que la imposibilidad de
convivencia pacífica es una constante hispáni-
ca. Me parece discutible la existencia de las
constantes en general y la de ésta en particular, como no bien demostrada. Ninguno de los
autores españoles o extranjeros que con anterioridad al siglo XIX han descrito el carácter
español anotaron esa característica; ninguno
habló de nación escindida ni de nación ingo-
bernable; más bien les daba nuestro pueblo
una impresión de gran unidad espiritual, compatible con la diversidad regional y basada en
el respeto a su religión, sus reyes y sus tradiciones. Los que así hablaban traducían impresiones directas y verdaderas; pero al suponer aquellos caracteres inmutables eran víctimas de una ilusión, ni más ni menos que los
que ahora sostienen la tesis opuesta. No hay
caracteres nacionales fijos; hay, sí, caracteres
dominantes de tipo sociocultural en cada épo-

ca, a los que han de plegarse, por fuerza o de grado, los disidentes; tales dominantes son los que dan exteriormente esa sensación de unidad, y basándose en ella se forjan *estereotipos*, o sea, tópicos que son aceptados e incluso reaccionan sobre la realidad, asimilándola a estos modelos artificiosos. Recientes estudios de psicología colectiva [4] han mostrado la inanidad de tales *caracteres nacionales*, cosa que para los historiadores hubiera debido ser siempre evidente, pues ¿quién reconocería, por ejemplo, en la Alemania bucólica de las pequeñas cortes del XVIII los antecedentes de la Alemania hitleriana? ¿O a los ingleses groseros y vulgares que pintó Hoggart en sus respetables nietos de la era victoriana? Precisamente respecto a España los estereotipos sufrieron cambios radicales y muy repetidos: desde la imagen del español de sangre mezclada y fe sospechosa, que todavía era frecuente en la Italia renacentista, a la que hizo de él el prototipo de la ortodoxia; de la que nos representaba como nación altiva y dominante a la que, después de 1660, nos caracterizó como conjunto de holgazanes y mendigos, que no debía inspirar temor, sino lástima; de la que encarnó a España en una Castilla grave y austera a la que, bajo los trazos risueños de Andalucía, descubrieron los románticos. No; para bien o para

---

[4] Véanse, entre los trabajos últimamente aparecidos en España, los artículos de Otto KLEINEBERG: «Retratos mentales» (*Revista de la Universidad de Madrid*, XI, 1962, núm. 41); José A. MARAVALL: «Sobre el mito de los caracteres nacionales» (*Revista de Occidente*, 1963, núm. 2), y C. DE CASTRO AGUIRRE: «Estereotipos y caracteres nacionales» (en la misma revista, 2.ª época, núm. 23).

mal (para bien en este caso), no podemos atribuir al hombre español un carácter determinado con marca de destino inesquivable. Las naciones no *son;* se hacen; se hacen ellas mismas, las hacen las circunstancias, y hasta son en parte producto de imágenes convencionales, a las que tratan de adaptarse. Sin admitir esa variedad de compartimientos, ¿cómo nos explicaríamos el contraste entre la España pacífica del XVIII y la barahúnda que le siguió?

Menéndez Pidal recoge huellas del dualismo hispánico ya en la Edad Media. Pero es al llegar la Moderna cuando el problema adquiere carácter conflictivo, a pesar del esfuerzo hecho por los Reyes Católicos por completar la unidad territorial con otra unidad espiritual y moral. La oposición llega a su climax bajo Felipe II, pues todos parecen de acuerdo en que la Castilla de Carlos V era, como su soberano, erasmiana y cosmopolita. Con intención laudatoria unas veces, acusatoria otras, se identifica a Felipe II con España o, al menos, con Castilla, que era su porción más dinámica. Quizá inconscientemente se extreman los contrastes entre padre e hijo, atribuyéndolas a diferencias temperamentales y sin tener en cuenta el cambio de clima histórico que había obligado a Carlos a empuñar las armas en Mühlberg. El irenismo es carolino y el fanatismo es filipino; ésta es la conclusión a que nos llevan no sólo los adversarios de Felipe, sino ciertos apologistas aún más comprometedores. Se perdona a Carlos más fácilmente Villalar que a Felipe la muerte de Lanuza, aunque la primera tuviese consecuencias mucho más graves para Castilla que la segunda para Aragón. Fidelino de Figueiredo quería simbolizar las dos Españas en Felipe II y Don Quijote; en el primero personificaba la reacción bajo todas sus formas; en el segundo, la eterna aspiración a la libertad[5]. ¡Qué contraposición más incongruente! ¿Acaso Don Quijote, hidalgo y celoso de sus privilegios como tal, incluso el de apalear a un escudero que se desmanda; Don Quijote, católico sincero y respetuoso de los poderes establecidos, pertenecía a *otra España* que su soberano? Si fuera lícito personificar de esa manera, más justo nos parecería encarnar una España en fray Luis de León y otra en su perseguidor, León de Castro. Fray Luis sufrió prisión por defender su libertad intelectual, y se lamentó de que hubiera en España un «rebaño sarnoso», al que él mismo pertenecía por el sambenito de su pentabuelo judío. León de Castro era, en cambio, la encarnación perfecta del inmovilismo tozudo y la intransigencia cerril. La dificultad reside en alcanzar los valores medios si personalizamos casos tan extremos.

Es innegable que bajo su apariencia monolítica («Un monarca, un imperio y una espada») nuestro siglo XVI escondía fuertes tensiones sociales, políticas, religiosas e intelectuales. Los textos que se refieren a la «natural oposición» entre nobles y plebeyos, aunque no autoricen a hablar de guerra civil latente, sí explican que la nobleza, simpatizante en un principio

---

[5] Fidelino de FIGUEIREDO llega a más; asegura que no podrá haber comprensión entre españoles y portugueses mientras los primeros se obstinen en repetir que Felipe II éra el pretendiente con mejores derechos al trono lusitano, y que trató de ser gentil con los portugueses. ¿Sería preciso, pues, callar la verdad, falsear la historia, para conquistar el aprecio del pueblo vecino?

con el movimiento de las Comunidades, se apartara después de él y lo combatiera. Lo mismo ocurrió a mediados del siglo XVII, cuando el descontento general se tradujo en revueltas populares. Sospechando la posible radicalización de todo movimiento popular, la nobleza se mostró siempre dispuesta a ser el instrumento de orden público (es decir, de orden político-social), que el antiguo régimen nunca llegó a organizar.

Refiriéndonos a la disidencia religiosa, ¿ se limitaba a los judaizantes perseguidos, a los moriscos oprimidos, a los pequeños y mal definidos grupos de alumbrados y reformistas? Para ello habría que estudiar cómo actuaba el hombre español libre de toda coacción. En la mayoría de los casos seguía comportándose como católico sincero; pero los numerosos casos de apostasía entre los cautivos de Africa, entre los curas y frailes, que se iban a Ginebra o Alemania «para vivir con más libertad», y la rápida degeneración de la práctica y la vida cristianas en las selvas y desiertos del Nuevo Mundo son indicios de que las precauciones de la Inquisición no eran superfluas. No faltaban moniciones pesimistas: «Si Dios por su misericordia no hubiera puesto a España un muro de fuego, que es el Santo Oficio, la peste de la irreligión de Alemania hubiera penetrado en España... Inclinación a la libertad hallo más que en Alemania... y tanta rotura en lo que toca a la sensualidad» [6]. Aunque estas palabras

---

[6] Fray Felipe de MENESES: *Luz del alma cristiana*, Sevilla, 1555, folio 19. Sobre este autor, véase BATAILLON: *Erasmo y España*, p. 542 de la edición de Méjico, 1966.

fuesen exageradas, el peligro de una escisión existía, y en un ambiente libre de coacciones no hubiera dejado de manifestarse. Lo mismo podría decirse en el orden temporal. El descontento ante el creciente absolutismo estatal era grande al terminar el reinado de Felipe II. La identificación de este monarca con su pueblo es muy discutible; sobran las pruebas de que la mayoría de sus vasallos, desde los cortesanos hasta la ínfima plebe, estaban hartos de las guerras, de los impuestos y de la glacial severidad de un rey cada vez más aislado, más inaccesible [7].

Sin embargo, sería exagerado hablar en el siglo XVI de «dos Españas». Sólo contaba una, católica, monárquica y caballeresca, aunque englobara en su seno gérmenes de discordia y disidencia más numerosos de lo que se piensa. Con más razón puede negarse que existiera tal ruptura en el XVII; la única honda escisión interna que se dio en él fue de orden político: resistencia de Portugal y Cataluña a identificarse con una España que ya no significaba un área cultural de convivencia, sino que se iba convirtiendo en una complicada maquinaria estatal; pero este factor disgregatorio es dejado a un lado por Menéndez Pidal, quizá por pertenecer a otro orden de hechos, por no ser posible relacionarlo con disidencias de tipo religioso o cultural. Precisamente en estos últimos aspectos el XVII presenta una gran unidad, una unidad negativa podríamos decir. Van des-

---

[7] Interesantes detalles sobre la impopularidad y aislamiento del viejo rey en el panfleto titulado *Las causas de que resultaron el ignorante y confuso gobierno...*, B. N., ms. 7715.

apareciendo los últimos restos del hebraísmo español; unos se refugian en tierras del Norte; los otros, asimilados, no tienen mayor preocupación que hacer olvidar su origen. Los moriscos son expulsados, y en una de sus obras primerizas Velázquez representó su miserable éxodo bajo la mirada severa de España, que, bajo la forma de una matrona, armada y coronada, contemplaba el destierro de aquellos hijos espúreos [8]. Quizá fue la primera obra pictórica en que se afirmó que la frontera entre la España y la anti-España la marca la ortodoxia católica. En cuanto a disidencia intelectual, no era posible que la hubiese, pues al terminar aquel siglo apenas existía actividad intelectual digna de mención. En el reinado de Carlos II, las más diligentes investigaciones no han logrado sacar a luz más de media docena de filósofos y científicos, y éstos, muy de segunda fila. ¿Cómo se había llegado a tal situación?

También en este caso la culpa se hace recaer sobre Felipe II, con sus decretos de 1558 y 1559 sobre censura de libros y prohibiciones de estudiar en Universidades extranjeras. Detengámonos un momento en este segundo cargo. Se fundaba el decreto en tres razones: la necesidad de proteger a las Universidades españolas, la de disminuir gastos y la de evitar

---

[8] Karl JUSTI: *Velázquez y su siglo*, I, 234. Conocemos este cuadro, que debió perecer en el incendio del Alcázar regio en 1734, sólo por referencias. Digamos, de pasada, que a pesar de ciertas interpretaciones literarias, lo que sabemos de Velázquez encaja plenamente dentro del «sistema establecido».

Tampoco nos convence mucho Marañón cuando nos habla de un Greco rodeado en Toledo de cristianos nuevos, de antiinquisitoriales y antifilipistas. Tales afirmaciones requieren una demostración más precisa.

el contagio de las nuevas ideas. Esta última, enunciada vagamente y en tercer lugar, se asegura que era el verdadero motivo, siendo las otras dos simples pretextos. Pero tratándose de materias de fe, el Gobierno español no tenía por qué emplear subterfugios; además, las razones aludidas en primer lugar eran ciertas; las Universidades españolas padecían, por varias causas, una disminución de alumnos, y las dificultades monetarias en aquel año 1559, situado entre dos bancarrotas de la hacienda filipina, eran muy serias; nada tiene de extraño que se pretendiese «ahorrar divisas», en el lenguaje de hoy.

Podríamos argüir también que de hecho la comunicación no se cortó; que la pragmática no fue bien obedecida[9]; que al autorizar la concurrencia a las Universidades de Nápoles, Roma y Bolonia se aseguraba, a través del muy activo foco intelectual que seguía siendo Italia el contacto con el resto de Europa. Pero el argumento capital contra una supervaloración de tal medida es que los progresos de la ciencia europea se hicieron, casi en todos los casos, al margen de la Universidad; fueron obra de individuos aislados o de academias particulares o reales. Entiéndase bien; no es que disculpemos la pragmática filipina, que fue, sin duda, un gran error. Lo que negamos es que tuviera la gran influencia que se le atribuye. Fue sólo

---

[9] A comienzos del XVIII era costumbre que los estudiantes catalanes recibieran grados en la Universidad de Toulouse. (RUBIO BORRÁS: *Historia de la Universidad de Cervera*, I, 166.) Con posterioridad al decreto de 1559 fueron bastantes los españoles que aprendieron y enseñaron en Universidades extrapeninsulares.

un factor concomitante con otros que actuaron con más eficacia como aislante. Cuando el trinitario fray Salvador de Mallea escribía: «Es un medio muy importante (para conservar la Religión) el prohibir trato y comunicación con estrangeros, porque con ellos entran las heregias y vicios» [10], no hacía sino traducir la desconfianza hacia los extranjeros y su ciencia de un gran sector de la enseñanza oficial, pues no hay que olvidar que gran parte de las cátedras universitarias estaba en poder del clero regular, que sería el que (con excepción de los jesuitas) se opondría con más fuerza a la penetración de nuevos saberes.

La identificación de la ciencia tradicional (reducida a unos menguados restos del Peripato) con la ortodoxia y la hispanidad, la sospecha de que lo extranjero, sobre todo si era nórdico, debía ser anticatólico y antiespañol, se fue forjando durante el siglo XVII, antes de salir a luz en las polémicas del XVIII. La raíz de este sentimiento hay que buscarla en una serie de causas complejas: falta de curiosidad científica, desconocimiento de lo que se escribía en el extranjero (casi todos sus detractores hablaban de oídas) y, no en último lugar, resistencia a la desvalorización de unos saberes que había costado mucho aprender; sobre todo cuando no se poseían otros. Este era el caso de la Física aristotélica y la Medicina galénica en nuestras Universidades. En último término, la cuestión viene a reducirse a la ausencia de unos centros privados de enseñanza e investigación (academias o *tertulias*) en los que, sin

---

[10] *Rey Pacífico y Gobierno de Príncipe Católico*, Génova, 1646, folio 17 vuelto.

el lastre de una educación rutinaria, seguir los progresos que en los demás países se realizaban.

Esta tendencia aislacionista se reforzó con el misoneísmo, la falta de espíritu crítico y el exagerado concepto del valor de la autoridad. Refiere Melchor Cano «haber conocido a un sacerdote que tenía por verdaderas las historias de Amadís y don Clarián, alegando la misma razón que el ventero de Don Quijote, es a saber: que cómo podían decir mentira unos libros impresos con aprobación de sus superiores y con privilegio real» [11]. Con *razones* parecidas taparon la boca a sus escasos impugnadores los defensores de fábulas históricas y tradiciones infundadas, que convirtieron nuestra historia en una maraña caótica. Y en este punto, las responsabilidades son universales: el clero regular, incluso los jesuitas (Padre La Higuera); el secular, encabezado por el arzobispo de Granada, Vaca de Castro, defensor acérrimo de los plomos del Sacro Monte y sus estupendos dislates; la Inquisición, que impidió correr la refutación de Nicolás Antonio, y seglares como Tamayo de Vargas, gran fabricante de infundios. Todo el mundo, de acuerdo en engañar y dejarse engañar. No se puede decir que en el XVII hubiera, desde el punto de vista intelectual, dos Españas. Había una sola, que cada

---

[11] CANO: *De locis...*, libro IX, cap. 7.º. MENÉNDEZ PELAYO, que en los *Orígenes de la novela* recoge este pasaje, creo que fue traicionado por su memoria en esta ocasión; no el ventero, sino el propio Don Quijote fue el que arguyó con estas razones al canónigo; lo que, dicho sea de paso, no favorece la interpretación modernista que F. de Figueiredo da del hidalgo manchego (*Quijote*, parte 1.ª cap. 50).

vez se iba distanciando más del resto de Europa.

Sin embargo, López Piñero nos ha enseñado que antes de finalizar aquella centuria había ya algunos espíritus, aunque pocos y aislados, que lamentaban aquella situación y deseaban ponerle remedio. Es significativo que uno de los más tempranos precursores, Juan de Cabriada, después de lamentar que, «como si fuéramos indios, hayamos de ser los últimos en recibir las noticias y luces públicas que ya están esparcidas por Europa», proponga la creación en la Corte de una Academia Real de Ciencias, sin duda por desesperar que pudiera hacerse nada útil dentro de las Universidades [12]. Cabriada, como el P. Zaragoza, era valenciano y estaba muy en contacto con Italia, país donde, sobre un fondo de ideas de Telesio, Bruno y Campanella, se aceptaban otras cartesianas y gassendistas, todas las cuales convenían en rechazar la Física aristotélica. En cambio, Sevilla, con sus numerosas colonias de ingleses, franceses y hanseáticos, estaba muy en relación con los países nórdicos. Influencias levantinas y sevillanas llegaron a Madrid y crearon allí un tercer foco. De lo que era el ambiente intelectual de la Corte en el primer cuarto del siglo XVIII puede juzgarse por los recuerdos que consignó Sarmiento en sus *Reflexiones literarias* [13]. El único librero extranjero era un

---

[12] Citado por LÓPEZ PIÑERO en su artículo «La introducción de la ciencia moderna en España» (*Revista de Occidente*, febrero de 1966). Aún esperamos la obra fundamental que anuncia sobre este tema.
[13] *Semanario Erudito*, tomo XXI, 99-273. En cambio, en 1636 había varios libreros franceses establecidos en la calle Mayor (RODRÍGUEZ VILLA: *La Corte y la monarquía de España en 1636-37*, pág. 69).

tal Avison, «que traía tal cual libro de fuera
y lo vendía a su antojo». En 1725 puso tienda
el francés Barthelemy, y poco después los italianos Repeti y Baroni. Aunque en 1743, cuando él escribía, todavía veía un nivel de lecturas bajísimo, reconocía que en los dos últimos
decenios se había avanzado.

El foco valenciano tuvo su centro en dos tertulias: la del marqués de Villatorcas, a la que
acudían los *atomistas* Corachán y Tosca y el
deán Martí, y la del conde de Alcudia. El sevillano comenzó en la tertulia o academia fundada en 1697 por los médicos revalidados, es
decir, aquellos que no habían cursado estudios
en la Universidad. Estaban muy al tanto de las
novedades científicas, de los descubrimientos
químicos y anatómicos, mientras en las cátedras se seguía estudiando a Hipócrates y Galeno. La circular que a las demás Universidades
envió la de Sevilla denunciaba a los que «intentaban persuadir doctrinas modernas cartesianas, parafísicas y de otros holandeses e ingleses». Pero ¡oh poder del ambiente! Los doctores sevillanos se indignaban de que los llama-
ran *novadores*, palabra que en España sonaba
a sospechoso; se esforzaban por entroncar sus
doctrinas con los filósofos griegos, con los Padres de la Iglesia y con los filósofos españoles,
como, un siglo más tarde, Campomanes y Martínez Marina invocaban a cada paso nuestra
antigua legislación y nuestros escritores clásicos en apoyo de las reformas.

¿Es simple coincidencia que dos de los fun-
dadores de la Sociedad Sevillana, Juan Muñoz
Peralta y Diego Mateo Zapata, fueran procesados por judaizantes? No me atreveré a decidir este punto. Me limitaré a recordar el nom-

bre de otro médico, que nació en Portugal, pero enseñó en Salamanca y ejerció en Valladolid y Madrid: Isaac Cardoso, médico y filósofo, criptojudío, cuya *Philosophia Libera*, impresa en Venecia en 1673, corrió sin obstáculos por España, y está impregnada de un eclecticismo que alía doctrinas tomistas con otras de Telesio y Campanella y con un atomismo que más parece proceder de Vallés y Gómez Pereira que de Gassendo [14]. No es preciso invocar un factor religioso o racial para explicar la reacción de algunos espíritus contra el enquistamiento intelectual que asfixiaba a España. Cierto que sobre los médicos en general pesaba la sospecha de ser *ex illis*. Pero hay otras razones para explicar que fueran ellos los avanzados en la lucha por la modernización de la ciencia y la comunicación más intensa con los demás países. No se consideraba entonces a la Medicina como ciencia natural ni como saber especializado; se le daba una orientación filosófica, lo que explica que ellos se interesaran por la filosofía, e inversamente, que los hombres de formación humanística como Feijóo tuvieran aficiones médicas. Aunque su formación fuera libresca, su profesión les obligaba a vivir en contacto con la realidad viva. Tenían libertad individual, no estaban encadenados a una escuela; exceptuando a los propietarios de cátedras, no tenían por qué temer el apartarse de las opiniones recibidas. Un dominico que se apartase de Santo Tomás, un jesuita que no opinase como Suárez, se convertía en un paria dentro de su Orden. Este no era el caso de los

---

[14] CEJADOR: *Historia de la Literatura Española*, V, 110.

médicos. El choque entre dos tipos humanos de formación tan distinta tenía que ser total, y los adversarios de las novedades no dejaron de invocar el argumento patriótico y el religioso, estrechamente unidos; había que rechazarlas por venir de extranjeros y por proceder de herejes. En vano protestaba uno de los doctores sevillanos: «Que algún médico doctor del Norte decline de alguna verdad católica o no mire con respeto al oráculo supremo de la Iglesia, para el intento de la Medicina, ¿qué importa? ¿Siguió Hipócrates el camino y luces de la ley de Dios? ¿Abrazó la fe cristiana Galeno?»[15]. Estos argumentos no hacían mella en sus opositores, que repetían incansablemente, como fray Luis de Flandes: «Introducir plantas venidas del Norte, donde los autores viven helados en la fe y caridad, y conveniendo todos ellos al desprecio de la Physica pitagórica, de la Metaphysica platónica y de la Lógica aristotélica y de los Santos Padres en cuanto filósofos, es motivo para recelar que los herejes, con sus halagüeñas razones, nos quieran introducir su veneno en la dorada copa de la experimental Philosophia»[16]. Los argumentos que usaban llenan de estupor al más avezado a leer dislates y muestran hasta dónde había caído el nivel de lo que podía considerarse como la ciencia oficial; Alonso López Cornejo, tras de tronar

---

[15] Miguel MELERO: *Examen pacífico de la Alegación Apologética de D. Christoval Ruiz de Pedrosa*, Córdoba, 1700, 2.ª parte, pág. 65.

[16] *El antiguo académico contra el moderno scéptico*, I, 39. En otro pasaje, para demostrar que la Química no es invención de los modernos, recuerda que Moisés quemó el becerro de oro, lo redujo a polvo y lo dio a beber a los israelitas, «lo que naturalmente requiere operación química» (pág. 77).

contra «las fantásticas experiencias de los nor-
distas», arguye que Dios no iba a revelar a los
herejes de preferencia a los católicos, las propiedades de los medicamentos [17]. Fray José de
Muñana niega sea lícito apartarse de los filósofos antiguos, aun en materias puramente naturales, y da la siguiente razón de que su filosofía no puede ser superada por los modernos:
«Los antiguos filósofos fueron de ingenio más
agudo que nosotros porque disfrutaron mejor
temperamento (clima), alimentos de mayor sustancia y del vigor de una naturaleza que estaba
aún en pleno crecimiento» [18].

La polémica entre tradicionalistas y *novadores* siguió su curso, con muchas derivaciones
que no son del caso. Sabida es la furia con que
fue atacado Feijóo, aunque su pensamiento era
más bien ecléctico. No es superfluo hacer constar que en Levante no fue la oposición tan desaforada, lo que seguramente está en relación
con la actitud más acogedora hacia las nuevas
ideas de la Universidad valenciana, como ha
demostrado Peset Llorca [19]. Parece como si la
división política entre la corona de Castilla y
la de Aragón tuviera cierta vigencia cultural,
incluso en el siglo XVIII; en la segunda, que no
llegó durante el Siglo de Oro a las altas cimas
de Castilla, tampoco el declive fue tan profundo. Mayans, cuya figura se agiganta cuanto

[17] *Galeno ilustrado...*, artículos I y X. Sevilla, sin
año (1699?). López Cornejo había sido Catedrático
de la Universidad de Sevilla.
[18] *Dignitas Aristotelis Acclamata...* Hispali, 1702,
conclusión 2.ª.
[19] «La Universidad de Valencia y la renovación
científica española» (*Bol. Soc. Castellonense de Cultura*, XLII, 1966).

mejor se la conoce[20], vio contrariados sus intentos de restaurar la crítica histórica, pero no desde Valencia, sino desde Madrid. Valencia influyó en Cervera, la nueva Universidad catalana, que nació bajo el influjo retrógrado de don Luis Curiel; pero después se mostró bastante abierta a las nuevas corrientes. Y el valenciano Piquer fue el que, con su moderación habitual, escribió el *Discurso sobre la aplicación de la Philosophia a los asuntos de la Religión.*

Ya para la fecha de la publicación de esta obra (1757) los ánimos se habían calmado mucho. En mi opinión, la polémica entre tradicionalistas y *novadores*, que llena la primera mitad del siglo XVIII, no tiene mucho que ver con la que en la segunda mitad opuso los *ilustrados* y *jansenistas* a sus contradictores. El tono, los temas, las preocupaciones, eran otros. El aspecto científico ya no era materia de controversia. Ya no se temía que los herejes *nortistas* empañaran la pureza católica de España con sus máquinas e invenciones; ahora era de Francia de donde se temía la invasión heterodoxa, y la actitud de fray Diego José de Cádiz, que nunca quiso aprender francés por odio a las doctrinas que de allí venían, puede servir de símbolo de esta actitud.

Se acusa a los ministros de Carlos III de haber ensanchado la grieta entre las dos Españas; en realidad, trabajaron por cerrarla, ya modificando los añejos planes de estudios uni-

---

[20] Una excelente semblanza de Mayans, encuadrada en el ambiente de su época, en *Ilustración y reforma de la Iglesia*, de don Antonio MESTRE. Valencia, 1968.

versitarios para hacerlos más acordes a la realidad de su tiempo, ya con la creación de las sociedades económicas, cuya composición, tan equilibrada, era un llamamiento a la colaboración de todas las clases sociales en una tarea común. Trataron de suavizar los enfrentamientos de carácter social con medidas como la habilitación de *chuetas* mallorquines para los cargos públicos, leyes en favor de los trabajadores (pago preferente de sus deudas, declaración de no ser deshonrosas las profesiones manuales) y sobre todo en beneficio de los campesinos (suspensión de los desahucios de tierras, suavización del régimen señorial). Se cicatrizaron las heridas causadas por la abolición de los fueros decretada por Felipe V. Carlos III fue muy popular en Cataluña, que muy pronto, en la gran prueba a que la sometió la invasión francesa, iba a demostrar el grado de su adhesión a la patria común.

Al iniciarse el siglo XIX España estaba más unida que en cualquier momento anterior. Las divergencias que existían en la sociedad española eran las normales en un grupo humano en pleno crecimiento y transformación. La oposición entre partidarios de lo antiguo y de lo nuevo era un fenómeno que abarcaba a toda Europa; ni revestía aquí especial gravedad ni nada hacía prever que podía degenerar en luchas sangrientas y enconos mortales. La cuestión estriba, pues, en averiguar por qué a lo largo del siglo XIX se radicalizaron tanto las posiciones opuestas. Una explicación podría ser que, con anterioridad a 1808, las divisiones no podían plantearse más que sobre planos intelectuales, teóricos; después de esa fecha se materializaron en hechos, pues el Estado se convirtió en una presa para los más fuertes. La caída de la monarquía absoluta dejó un vacío de poder que sólo imperfectamente fue llenado por nuestra débil burguesía. Esta carencia de las instituciones dejó en determinados momentos el campo libre a grupos violentos, que, aun siendo minoritarios, imprimieron carácter a la vida pública española durante ciertos períodos de nuestra Edad Contemporánea. No hay que excluir la posibilidad de que ciertos rasgos estructurales, ya físicos (acusada compartimentación geográfica), ya humanos, hayan podido acentuar estas causas de división y estos brotes de violencia.

Sin embargo, considerándolo todo con serenidad, puede sostenerse que los desgarramientos internos de la España anterior a 1808 no fueron superiores a los de las restantes naciones europeas, y aún podría decirse que fueron inferiores a los que sufrieron, por ejemplo Francia o Alemania. Cabe entonces suponer que la discordia y la violencia que caracteriza nuestra historia más reciente no son inheren tes al carácter de nuestro pueblo, sino produc to de circunstancias temporales que también otras naciones las han sufrido y las han supe rado. Por fortuna, en este aspecto, *España es diferente.*

3543045